Juliette Gréco, 1927 in Montpellier geboren und korsischer Abstammung, erhielt in Paris Schauspielunterricht. Nach dem Krieg begann sie in den Existentialistenkellern von Saint-Germain-des-Prés zu singen. Ihre tiefe Stimme, ihre stets in Schwarz gewandete Erscheinung und ihre Lieder machten sie bald weit über Frankreichs Grenzen hinaus berühmt.

Vollständige Taschenbuchausgabe
Droemersche Verlagsanstalt Th. Knaur Nachf., München
Lizenzausgabe mit freundlicher Genehmigung
des Scherz Verlags, Bern und München

Titel der Originalausgabe »Jujube«
Einzig berechtigte Übertragung aus dem Französischen
von Anette Lallemand

Umschlaggestaltung Adolf Bachmann, Reischach
Umschlagfoto Felicitas Timpe
Druck und Bindung Elsnerdruck, Berlin
Printed in Germany 5 4 3 2 1
ISBN 3-426-02344-X

# Juliette Gréco:
# Ich bin, die ich bin

Erinnerungen

Knaur

*«Ich weiß nicht, was «Ich» eigentlich bedeutet. Ich bin immer «Wir» gewesen: Jujube, das Kind, und Gréco, die etwas entrückte schwarze Gestalt auf der Bühne. Jedenfalls haben sie beide das Buch geschrieben.»*

J. G.

ISBN 3-426-02344-X 880

# *Jujubes Großvater und seine Frau – Jujubes Schwester*

Der dick gepolsterte Lehnsessel im Salon rechts vom Kamin ist der Großmutter vorbehalten. Heute hat sich die Kleine wieder einmal dahinter verkrochen. Der weitgespannte Kupferfächer, der dem Feuer verbietet, den wie ein Frühlingsgarten mit Blüten übersäten rosa Hochflorteppich anzuknabbern, fasziniert sie.

Man vermutet sie beim Spielen im Garten, im richtigen, dem großen hinter dem Haus.

Dabei sitzt sie in der Klemme... Die Großmutter hat den Salon betreten und in ihrem Sessel Platz genommen. Die Kleine lauscht gespannt. Die Großmutter fächelt sich Kühlung zu und befingert die an goldener Schnur aufgereihten Perlen, die als Kranz ihren hübschen Hals zieren, ihn einmal umrunden und dann bis zum Nabel herabfallen, wo das hochnäsige Lorgnon angekettet ist.

Sie neigt sich vor, die Stellung ihrer beiden zierlichen Füße prüfend, die wie die einer Puppe auf dem bestickten Bänkchen ruhen.

Das Zimmermädchen klopft, zeigt sich kurz und meldet: »Mademoiselle Merdiane, Madame.«

»Macht doch die Fenster auf!« wettert der Großvater,

der auch flüchtig reingeschaut hat und türenknallend gleich wieder verschwindet.

Die Kleine lacht lautlos in sich hinein.

»Wie geht es Ihnen, meine Liebe?« usw. Einlullend, das Gesumm der beiden alten Damen.

»Und was machen die lieben Kleinen?«

»Ha, die Große ...«

Es folgt eine Litanei rühmlicher Eigenschaftswörter.

»Die Kleine hingegen ...« Die Stimme erstirbt zu einem Flüstern. »Ich glaube, die ist geistig völlig zurückgeblieben, es ist nichts aus ihr herauszuholen; und was noch schlimmer ist, sie leistet bei allem passiven Widerstand.«

Das Löffelchen klirrt auf der Untertasse. Das Urteil ist gefällt. Konfitüre, Kekse, vertrauliches Getuschel, Prothesengenuschel.

Zurückgeblieben, das kann man noch verstehen, aber was war das für ein Widerstand? fragt sich die Kleine. Den Augenblick nutzend, da die beiden sich von ihren Sesseln erhoben, um vom Balkon aus die Rosenbeete zu bewundern, huscht sie aus dem Zimmer. Lautlos schlüpft sie in die Veranda, in das Reich des Großvaters, der zwischen dem riesigen Bücherschrank und dem dickbauchigen Sekretär auf hochbeinigem Schemel vor seinem Architektentisch thront. Er hat sein Taschenmesser hervorgeholt und spitzt seinen Bleistift. Die Kleine schnuppert: das riecht nach verwundetem Holz. Als er das Messer wieder einsteckt, wagt sie sich näher; ohne sich umzudrehen, legt er seine Hand auf ihr Köpfchen und macht sich wieder an die Arbeit.

In einer Ecke hat die Kleine ihren Teddybär versteckt. Hier darf sie bleiben, auch wenn die Großmutter nichts davon weiß, was diese im übrigen um nichts in der Welt (des kleinen Mädchens) interessieren würde. Die Welt der

Großmutter ist wohlgeordnet, genau abgesteckt, ebenfalls behütet. Luxuriös. Ihr Gatte hat ihr ein ebenerdiges Haus entworfen, so daß sie nur die Stufen der Freitreppe zu steigen hat. »Mein Herz klopft zum Zerspringen«, pflegt sie dabei zu sagen – und sie lächelt.

Auf dem Nachttischchen neben ihrem Bett stehen in artigen Flacons, sorgfältig in ihre weißen und blauen Pappschächtelchen verstaut, allerlei Tropfen. Für den Fall... Wenn sie im Winter ausgeht, trägt die Großmutter einen Mantel aus Feh, und damit er etwas lebhafter wirkt, heftet sie auf den passenden Muff ein Sträußchen Parmaveilchen. Im Sommer hellen weiße Spitzen oder Stickereien den schwarzen Seidenkrepp auf. Auch der Fächer ist nicht immer derselbe. Wenn die Sonne kommt, ist er spanischer; doch stets ist er sehr klein, denn ihre Hände sind sehr klein, flink wie Vögel. Ihre Hüte sind zu jeder Jahreszeit von grausamen, mörderischen Nadeln mit harten Edelsteinköpfen durchstochen. Ihre Hunde mag sie gern. Sie besuchen sie täglich: Perl, der graue russische Windhund, die vier Pekinesen, der Pommernspitz... Und absolut alle Rechte genießen die dem Großvater verhaßten Pinseläffchen, die bei jeder Gelegenheit die Blumenvasen umwerfen oder mitten im Winter die Mimosen zausen.

Eine eigenartige Frau, diese Großmutter. Sie studiert die Haushaltsbücher und erledigt ihre eigenen Ausgaben wie auch die der Dienstboten, für die sie nur abgrundtiefe Verachtung übrig hat. Sie denkt in Kastenkategorien: es gibt sie, die Großmutter, und mit großem Abstand die anderen. Aber sie stammen nicht aus derselben Welt und gehören auch nicht derselben Welt an. Jene gehören zur Rasse der »Domestiken«, vor denen man sich in acht nehmen muß. »Dieses Gesindel kann weder lesen noch schreiben, aber würde sich glatt erfrechen, Widerworte zu geben, wenn man einen Befehl erteilt! Wem kann man denn heute noch trauen, meine liebe Merdiane?«

Die Stimme dringt durch die halbgeöffnete Tür. Die Kleine schaut zum Großvater auf. Über seine Arbeitsplatte geneigt, zieht er Linien, und diese Reißschiene läßt sie von einer schrecklichen Stadt träumen, die genauso aussehen könnte. Inzwischen gibt es sie schon. Der Großvater lächelt grimmig unter seinem Schnauzbart. Er hat es auch gehört, aber er weiß ohnehin, daß die Großmutter eifersüchtig ist auf das portugiesische Zimmermädchen, dieses junge dunkelhaarige Geschöpf mit dem schweren Knoten im Nacken, der olivfarbenen Haut und den gierig dürstenden minzgrünen Augen.

Die Kleine mußte schon einmal nachmittags hinter den Türen des unteren Teils vom Eßzimmerbuffet, in dem sie sich versteckt hatte, dem dröhnenden Anprall eines wütenden Wortgefechts standhalten.

Noch am gleichen Abend gingen sie aus, ins Grand Théâtre, ein altes Liebespaar; und Opernarien singend, vermutlich auch leicht beschwipst, kehrten sie zurück. Über diesen Fall wurde niemals mehr gestritten, und nie mehr ward die junge Frau gesehen. An jenem Abend hatte sie noch die Stufen der Freitreppe gescheuert, an deren unterem Ende ihr Koffer ihrer harrte. Großmutter war im Abendkleid auf ihrem Balkon gestanden, hoch aufgerichtet, aus Herrschaftsaugen strahlend lächelnd. Der Großvater suchte wohl nach seinem Kragenknopf... oder sollte er es vorgezogen haben, nichts zu sehen?

Ein beruhigendes Hintergrundgeräusch, das Geplauder von Großmutter und der »lieben Merdiane«. Großvater steht auf, räumt behutsam Reißschiene und Bleistift beiseite, rollt das Pauspapier zusammen und versetzt der Kleinen damit einen sanften Hieb auf den Kopf. Das bedeutet, daß er jetzt fort muß. Sie folgt ihm bis zum Gartentor und sieht ihm nach, wie er davongeht. Dann kehrt sie ins Haus zurück, betritt das Speisezimmer, öffnet die untere Buffettür und macht sie hinter sich zu. Sie legt sich hin und erzählt sich eine Geschichte. Alarm! Die »liebe Merdiane« geht. Die Kleine kriecht aus ihrer wohligen Einsamkeit und läuft in ihr Zimmer. Diesmal wird es keinen Skandal geben. Niemand sucht sie. Sie wird Schulaufgaben machen. Sie überwacht die verstreichende Zeit. Dann holt sie Oursine, ihren Teddy, und beschließt, sich in den Weinkeller zu verziehen... Das ist einer von Jujubes Lieblingsplätzen, dort ist es behaglich, es duftet nach Holz, und die in ihrem Behälter schwimmende Essigmutter fasziniert sie. Sie bettet Oursine in einen alten pelzgefütterten Fußsack und inspiziert die in ihren Regalen liegend aufgereihten Flaschen. Großvater liebt seine Flaschen, er blickt sie zärtlich an, wenn er in den Keller kommt, und macht nicht einmal Licht, sondern bringt eine Kerze mit, vermutlich, um sie nicht zu stören. Jujube tastet sich zu Oursine zurück und starrt den Bär im Halbdunkel an. Sie nimmt ihn aus dem Fußsack und preßt ihn an sich. Er ist weich, anschmiegsam, sein Näschen ist mit schwarzem Zwirn locker angenäht, und auch seine Augen sind schwarzglänzend. Sein Fell ist glatt, fast weiß, er muß einem gefallen. Er horcht und sieht aus, als hörte er. Die Nähte auf Armen und Beinen und vor allem die auf seinem Bauch tun arg weh. Auch auf der Innenseite der Schenkel und Hände, ja, sogar unter den Füßen, ist er genäht worden. Jujube fürchtet sich. Sie weiß noch nicht, warum, aber sie verwahrt dieses unbekannte Warum im Garten ihres Gedächtnisses. Dort wird es blühen. Die Eingangstür ist ins Schloß gefallen.

Jetzt ist der Augenblick da.

Als sie oben ankommt, sitzt Großvater bereits in seinem Sessel, die Beine von sich gestreckt, und am Ende seine großen Füße. Es ist Jujubes Aufgabe, ihm die Schuhe auszuziehen. Sie ist die Kleinste, und er hat sie gern. Traumverloren schnürt sie die von Erdkrusten schweren Halbstiefel auf; das ist Baustellenerde, die an seinen Sohlen klebt und die er abends mit heimbringt. Sie kniet vor ihm, aber das ist ihr genauso selbstverständlich, genauso vertraut wie das Knien in der Kirche. Dann bringt sie dem Zimmermädchen die nutzlos gewordenen Kleidungsstücke und kommt schnell zurück, denn jetzt darf sie spielen, an dem Mann hinaufklettern und wieder und wieder die braunen Flecken auf seinen Händen zählen. »Großvater, erklär mir's noch einmal, was bedeutet das? Sag, warum hast du das?« Und abermals erzählt er: »Siehst du, das sind Erdflecken, und wenn mein Handrücken eines Tages ganz davon bedeckt ist, dann muß ich dem Ruf Folge leisten und in die Erde zurückkehren.«

Die Kleine stellt sich taub, streichelt ihm das Ohrläppchen und das Haar, sie will die Augen nicht senken, will nicht mehr sehen, denn sie hat Angst zu verstehen. Sie klettert hinunter und geht stumm aus dem Zimmer. Die Schwester ist da, sie spricht mit der Großmutter. Jujube liebt ihre Schwester. Man holt die beiden, damit sie sich für die Nacht zurechtmachen. Sie tauschen Badewannengeheimnisse aus, kichern, verstummen aber ostentativ, sobald jemand das Bad betritt. Sie sind in Hochstimmung, denn morgen wird ein Fest gefeiert. Feierliche Erstkommunion für die Große, private für die Kleine.

Jujube hat den Konditor kommen sehen; es war schon recht spät heute abend, als er mit seinem Gehilfen die zwei riesigen, in Gaze gehüllten Tortenaufbauten brachte. Sie haben sie auf einem Regal oberhalb des großen Küchentischs abgestellt. Jujube läuft das Wasser im Mund zusammen... Das Abendessen erscheint ihr viel länger als gewöhnlich. Großvater schneidet wie jeden Abend dünne Scheiben trockenen Brotes in seine Suppenterrine. Er hat sein eigenes, ihm allein vorbehaltenes Service und Besteck. Die Suppenterrine ist klein und rund, und eine Rose dient zum Abheben des Deckels. Er ist es auch, der nach dem Tischgebet ein kleines Kreuz in den frischen Brotlaib ritzt, bevor er ihn anschneidet. Er nimmt in seinem Armstuhl Platz, hebt den Blick, und nun darf man sich setzen. Jujubes Schwester sitzt ihr gegenüber, und Großvater und Großmutter schauen einander von den beiden Tischenden her an. Wie jeden zweiten Abend quellen Buchstaben in der Suppe. Jujubes Schwester formt ein Wort auf dem Tellerrand und dreht ihn so, daß Jujube leichter lesen kann. Sie hat eine ganz eigene Art, ihr Schwesterchen anzusehen und dadurch zum Lachen zu bringen; das weiß sie auch, und heute abend tut sie es wieder. Das Alphabet, das weichlich-träge in Jujubes Mund herumschwamm, wirbelt über den Tisch und kleckst auf das Tuch nieder...

»Ausgerechnet am bedeutendsten Abend deines Lebens! Welch eine Schande! Geh sofort zu Bett!«

Fein, denkt die Kleine, dann kann ich in Ruhe abwarten, bis alle eingeschlafen sind. Sie hat ohnehin von einer anderen Nachspeise geträumt. Kaum ist das letzte Licht gelöscht, steht sie auf, schleicht in die Küche, klettert auf den Tisch und bewundert die Torten aus nächster Nähe. Zwischen den mit Karamel in den Teig eingegossenen Cremehütchen sitzen niedliche kandierte Walderdbeeren. An jeder zweiten ergötzt sich ihre sündige Zunge. Das Jesuskind wird am nächsten Morgen auf Zucker gebettet werden. »Sakrileg!« wehklagt die Großmutter, als sie, aus der Messe heimkommend, die Untat entdeckt. Der Kleinen ist das piepegal. Das Haus ist voller Gäste, es gibt herrliches Essen, erlesene Weine, Champagner und allerlei Kuchen, und keiner hat auch nur gewagt, die unwürdige Jujube zu erwähnen. Sogar auf Fotografien wird dieser gesegnete Tag festgehalten!

Ihre Schwester ist schön in ihrem langen weißen Kleid mit den unzähligen Plisseefältchen; der Schleier wird am Scheitel von einer Krone aus Satinrosen gehalten, und auf Gürtelhöhe baumelt ein Pompadourbeutelchen, das Maria Luisa, ihrer Urgroßmutter, gehört hat und in seinem Inneren einen Rosenkranz aus Kristall- und Goldperlen sowie eine nagelneue Armbanduhr birgt.

Noch drei Jahre, und dann bin ich an der Reihe, denkt Jujube. Ob ich dann auch eine eigene Uhr kriege? Zum Mittagessen durfte ihre Schwester den Schleier abnehmen. Aber Jujube, die man zur Feier des Tages mit einem Lockenkopf verschönt hat, fühlt sich nicht recht wohl in ihrer Haut. Am Abend hatte man ihre Haare, mit Zuckerwasser getränkt, auf Papierstreifen gewickelt und mit einer flachen Brennschere zu Löckchen gepreßt, und jetzt klebt ihr mit Pomponröschen aus Organza besetztes Krönchen. Heiß war ihr schon geworden, aber inzwischen schert sie nichts mehr, sie amüsiert sich, ist glücklich, keiner paßt auf sie auf, und sie kann beobachten.

Morgen wird wieder Montag sein, schon jetzt ist fast Montag, und dann muß man wieder in die Schule. Zu den säkularisierten Schwestern. Flache Schuhe, schwarzes, bis zum Knöchel reichendes Kleid. Madame Daniel ist die hübscheste. Sie hat lange rote Haare, die sie, zu Zöpfen geflochten, als Schnecken über die Ohren legt. Ihre Augen sind blau. Ihre Haut milchig. Und das alles für die Katz ... Sie gibt Zeichenunterricht, und Jujube kann nicht zeichnen. Wirklich Pech, denn zum ersten Mal wollte sie jemandem gefallen. Aus, der Traum. Die anderen gefallen ihr nicht, sie wird sich nicht anstrengen und schließlich von der Schule fliegen wie später noch mehrmals. Waren die Motive auch unterschiedlicher Art, so war ihr Ziel immer das gleiche: an keinem Ort zu bleiben, den jemand anders für sie ausgesucht hat. Sie will selbst wählen, sie, nur sie allein, die anscheinend doch gerade erst sprechen gelernt hat. Die Glocke verkündet den Unterrichtsschluß. Und daheim erwartet sie das schon berühmte »Du hast dir also wieder einmal kein bißchen Mühe gegeben.«

Heute, am freien Donnerstag, ist Jujube allein im großen Garten hinter dem Haus. Sie zerquetscht Blütenblätter. Sie will auch »Prozeduren« herstellen! Es gibt nämlich je nach Jahreszeit die »Dahlien-«, die »Ringelblumen-«, die »Veilchen-«, die »Rosen-Prozedur« und viele andere mehr. Wunderheilmittel gegen Beschwerden aller Art. Fingerhut gibt es hier nicht. Der hilft angeblich der Großmutter; schade, denn Jujube würde gerne andere pflegen, versorgen, heilen, egal wen. Sie hat Durst nach dem Butterbrot mit Schokoladenstreuseln von vorhin. Das schmeckt gut. Sie wird aus dem Bottich trinken, wo der Gartenschlauch angeschlossen ist, weil dort an der Oberfläche so schöne regenbogenfarbene Inselchen schwimmen. Die Großmutter erwischt sie dabei und schreit angstvoll: »Das ist doch fauliges, stinkendes Brackwasser!«

Mag sein, aber schön ist es, schön wie die kleinen tanzenden Lichter hinter den Vorhängen, die die nach innen gekehrten Blicke verbergen. Faulig? Und wenn schon... Die Erwachsenen sind's ja auch, dabei nicht einmal schön, nicht einmal geheimnisvoll. Vor ihnen sollte man sich fürchten. Sie gleichen doch einem brüchigen Stein. Nutzlos. Lustig wäre es, diesen Stein zurückzuverwandeln in das, was er wirklich ist, in Staub. An einem Donnerstag, wo die Langeweile so unerträglich schal ist, an einem dieser Donnerstage, wo man sicher sein kann, daß ein Fausthieb, ein Fußtritt, genügt, um diesen an Leib und Seele Abgestumpften den Garaus zu machen.

Jujube würde gerne Eis essen gehen. Kommt nicht in Frage. Sie darf nicht raus. Sie trottet in den hintersten Winkel des Gartens und vermatscht in einem Holzschälchen Wasser und Erde zu Brei. Sie spielt Eisverkäuferin. Sie ist traurig, sie macht sich selbst etwas vor. Viel lieber belügt sie andere. Ein verpatzter Donnerstag! Sie geht zum Haus zurück, schaut auf die Wanduhr über dem Eingang und lauert auf die Rückkehr des Großvaters. Wie jeden Abend...

Während der Pause bleibt Jujube allein in einer Ecke des Schulhofs sitzen. Geistesabwesend. Sie hat zwar versucht, mit den anderen Ball zu spielen, aber ihr fehlt der Ehrgeiz, zu gewinnen; zumindest lohnt sich das nicht wegen einem so dämlichen Ding wie dem Ball. Um der anderen willen vielleicht, wenn es ihr gelänge, mit den anderen zu reden, ja, wenn die anderen... Aber die anderen ähneln sich doch alle, sind alle von derselben Sorte, derselben Rasse. Sie halten zusammen. Jujube ist allein. Sie versteht diese Aufregung, dieses Geschrei nicht. Sie möchte heimgehen.

Der Mai ist warm in diesem Jahr, und jeden Abend beschert er ihr einen Augenblick vollkommenen Glücks.

Jujubes Großvater war protestantisch gewesen, aber durch die Fürsorge seiner katholischen Frau und die der heiligen Jungfrau von Lourdes bekehrt worden.

Er hatte an heftigen Magenschmerzen gelitten, trank

das Wasser der Grotte und konnte bereits im Zug, der ihn zum Familienschloß zurückbrachte, ohne Beschwerden Tomatensalat essen. Ein Wunder? »Ein Wunder«, befanden Geistlichkeit und Medizin einhellig. Der Großvater wußte, was sich gehörte, und wurde somit glühender Katholik.

Der Monat Mai ist auch der Marienmonat. Und so geht Jujube jeden Abend zu festgesetzter Stunde allein mit ihrem Großvater zur Maiandacht. Den Hin- und Rückweg machen sie zu Fuß, die Frühsommerabende sind mild.

Sie liebt diese Zweisamkeit. Stolz, geradeaus schauend, stapft sie dahin, am ausgestreckten Händchen diesen Mann, der ihr Großvater ist. Er gehört ihr. Jeder Besuch in der Kirche Notre-Dame-des-Anges kommt einer neuerlichen Vermählung gleich, inmitten der Altäre, der Gesänge, des Weihrauchdufts und jener einzigartigen Stille, die dazu beiträgt, den Ort als einen geheiligten erscheinen zu lassen. Jujube beschert jeder dieser Abende ein neues Fest für Leib und Seele. Der Großvater hat die Gabe, der Stille zu lauschen. Auch Jujubes Stillschweigen.

Nachher, wenn sie von ihren Traumreisen zurück ist, wird sie ihm ihre Lektion aufsagen, rittlings auf dem langen, festen Schenkel des Großvaters wippend, und wenn er zufrieden ist, wird er den Arm nach jenem grünen Panzerschrank ausstrecken, auf dessen Tür, als wär's nichts weiter als ein Besenschrank, immer die Schlüssel stecken, und dann wird er ein Glasröhrchen voller Goldstücke herausholen und eines davon in Jujubes gerundete Handfläche legen. Kurz darauf wird er es wieder an sich nehmen, um es in einem anderen, der Kleinen vorbehaltenen Röhrchen zu verwahren. Das ist ein festes Ritual. Und wenn sie dann herunterklettert, wird sie sachte das hohe, unbewegliche Knie streicheln und davonlaufen.

Jujube hat Fieber; ihre Schwester muß seit dem Morgen das Bett hüten. Die lieben Kleinen haben die Masern. Sie werden in das farblich dazu passende rote Zimmer mit dem riesigen Bett verbannt. Mehrere Tage lang werden sie allein bleiben und die Zeit nutzen können, um einander Geschichten zu erzählen. Wenn es Nacht wird, kuscheln sie sich aneinander, und nun beginnt der Wortwechsel.

»Die beste Frucht ist der Pfirsich«, beschließt die Große.

»Die Aprikose«, entgegnet Jujube.

»Was ewig währt, ist das Wichtigste...«

»Nein, das ist das Unendliche«, erwidert Jujube mit schwachem Stimmchen.

Schon ist die Schlacht in vollem Gange, mit blutrünstigen, messerscharfen Fingern fallen sie übereinander her, Ungeheuern gleich, bringen die andere zum Weinen, werden ihr – als plötzlich die Tür knarzt. Sie schließen die Augen wie zwei Puppen, vollendet aufeinander abgestimmt, dank regelmäßiger Übung. Feindinnen, aber auch Komplizinnen. Sie bedienen sich auch einer eigenen, von A bis Z erfundenen Sprache. Sie haben die gleiche Methode, Wörter zu entstellen, unvorhersehbar, geheimnisvoll verschlüsselt, nicht zu enträtseln von den anderen, die das rasend macht.

Sie haben auch eine gewisse Art zu singen, die so unverschämt klingt, daß sie auf der Stelle bestraft werden. Sie pfeifen auf die anderen und machen auch kein Hehl daraus.

Wie Zwillinge hielten und halten sie zueinander, kämpfen sie gegen alles, was der anderen zustoßen, und für alles, was der anderen Freude machen könnte. Was sie glücklich machen könnte, die andere, die geliebte. Ihre Mutter hat bis zum letzten Tag ihres Lebens vergeblich versucht, sie zu verstehen.

Mit oder ohne Masern – furchterregend und fordernd

sind sie geblieben; nichts hat die Kindheit auszulöschen vermocht, die noch heute in diesen beiden Frauen schwelt.

»Du bist verrückt«, pflegt die Große zu sagen, mit teuflischem Lächeln. Sie gefällt sich in dieser Rolle. Und der wilde Wildkatzenblick belauert jede Regung der Schwester.

# Die Urgroßmutter

Jujube könnte diesen Mann, der ihr Großvater ist, unablässig anstarren: selbst wenn er sitzt, ragt er noch heraus aus diesem Meer, dessen Wogen, Gewalten und Freuden stets weiblichen Geschlechts waren, Besitznahme und Nachkommenschaft inbegriffen. Allein die Toten sind männlich... In dieser Familie gibt es nur Witwen und Töchter.

Er hat ein Faible für seine Schwiegermutter. Eine außergewöhnliche Person, diese Maria Luisa. Blutjung verwitwet (wie zu erwarten) und Mutter einer Tochter (wie zu erwarten). Allein mit diesem zarthäutigen, feingliedrigen, sommerblonden Kind. Ein prachtvolles Geschöpf, bekrönt von smaragdgrünen Augen, die jeden reichen Gatten, jede Mitgift an Glanz übertreffen und geradezu überflüssig machen.

Duchêne, der Lakai Maria Luisas, überschreitet in seinem Diensteifer fast die Grenzen des Erlaubten. Er ist ihr Schatten, kümmert sich um die Pferde, hält die Kutschen instand und begleitet »Madame« auf ihren Ausflügen.

An warmen Tagen, wenn Maria Luisa beschließt, ihren Landbesitz zu inspizieren, brechen sie auf, hoch zu Roß, und sobald Maria Luisa Müdigkeit verspürt, hält sie an im Schatten eines Baumes und läßt sich nieder. Duchêne befreit ihre zierlichen Füßchen vom Schuhwerk, und während er nach einer Ähre sucht, schlüpft Maria Luisa aus ihren Strümpfen. Er kommt zurück, kniet nieder und streicht der traumverlorenen »Herrin« sanft über die Fußsohlen. Plötzlich hat sie genug davon, er dreht sich um, sie zieht ihre Strümpfe wieder an, und er schnürt ihr mit gesenktem Blick die Stiefeletten. Maria Luisa ist eine blendende Reiterin, wie später auch ihre Tochter und ihre Enkelin.

Duchêne weiß auch, wo die geheimste Leidenschaft von »Madame« glüht: in Spanien, bei den Corridas! Es kommt vor, daß sie mitten in der Nacht anspannen läßt, um rechtzeitig dabei zu sein und sich ihrem Lieblingsmartyrium hinzugeben. Dort wird sie hemmungslos, springt auf, schreit, schleudert Börse, Fächer und Schuhe in die Arena, unter dem erschreckten, aber wachsamen Blick von Duchêne, der später hinuntergehen wird, um dem blutroten Sand so viel wie möglich wieder zu entreißen. Lustvoll erschöpft, pflegt sie ihm dann bis zur Rückkehr zum Schloß die Zügel zu überlassen.

Da ist sie ja, ihre Tochter; fast schon fünfzehn Jahre alt. Jeden Morgen zur gleichen Zeit öffnet sie weit ihr Fenster und tritt hinaus auf ihren Balkon, eine kleine Gießkanne in der Hand, um die Blumen, die die Kästen zieren, zu versorgen.

Ihre Mutter sieht ihr dabei zu, und seit einigen Tagen verfolgt sie auch das seltsame Gebaren eines hübschen und unverkennbar reichen jungen Mannes, der Gott weiß woher kommt. Sobald er am Gittertor des Schlosses vorbeifährt, erhebt er sich von seinem Sitz, lüftet, sich tief zum Gruß verneigend, seinen Hut und verschwindet – bis zum nächsten Tag. Zeigt sich das junge Mädchen nun genau zu der Stunde, da er vorüberfährt, oder fährt er vor, sobald sie auftaucht? Wie dem auch sei: der jährlich veranstaltete Frühlingsball wird Maria Luisas Neugier befriedigen, denn sie hat ihn selbstverständlich eingeladen. Er ist dreißig Jahre alt, nicht unvermögend und irgendwie geheimnisumflort, und all das gefällt ihr. Kurz darauf hält er um die Hand der Tochter an, und sie erklärt sich bereit, sie ihm zur Frau zu geben, sobald sie fünfzehn Jahre und drei Monate alt sei, wie das Gesetz es befiehlt.

Es war ein sehr schönes Fest. Als Hochzeitsgeschenk erhielt die Kindfrau eine Puppe von der Größe eines dreijährigen Babys in voll eingerichtetem Puppenhaus, mit einer kompletten Aussteuer in winzigen Schränken, mit Geschirr, Spielzeug und Schmuck... und zur leichteren Zähmung der Kindfrau gab es noch ein beheiztes Palmenhaus voller exotischer Vögel, groß genug, um darin spazierenzugehen. Das wichtigste unter allerlei weiteren Geschenken waren zwei Schlüssel: einer zu ihrem eigenen und einer zu ihres Mannes Schlafgemach.

Mehr als ein Jahr sollte er warten, bis seine Kindfrau an der Tür kratzte und darum bat, bei ihm schlafen zu dürfen. Sie liebten sich, fuhren auf Hochzeitsreise nach Paris, entdeckten alles gemeinsam, feierten jeden Anlaß und nahmen eines Abends im Séparée eines für seine Seezungen in Muschelsauce berühmten Restaurants ahnungslos ihre letzte Mahlzeit in trauter Zweisamkeit ein. Denn – o weh! – ein fauler Fischer mußte diese Weichtiere wohl vom kupfernen Bug eines am Kai vertäuten Schiffes, wo sie seßhaft geworden waren, abgelöst haben. Er starb daran, sie nicht. Sie kehrte zu ihrer Mutter zurück und weinte ein paar Monate lang. Aufrichtig.

Nachdem die zwei Trauerjahre, die man dem Respekt

vor dem Toten schuldet, vorüber waren, beschloß Maria Luisa, erneut zum Frühlingsball einzuladen. Ihre Tochter und auch sie selbst brauchten Zerstreuung.

Seit zwei Monaten zierten bereits schüchterne, auf den schwarzen Satin gestickte rosarote Blüten Charlottes Gewänder. Ihr Ballkleid wurde atemberaubend. Verschämt und durchschimmernd zugleich, machte es so manchen Verehrer träumen, aber nur ein einziger hatte der jungen Frau zu gefallen vermocht. Sie verriet es ihrer Mutter, die unverzüglich eine Begegnung herbeiführte. »Ich weiß zwar nicht, von wem du sprichst«, meinte sie nur verwundert. Dann sah sie ihn, empfing ihn mit erlernter Höflichkeit, doch kaum hatte sich die Tür hinter dem unglückseligen jungen Mann geschlossen, explodierte sie: »Wie kannst du nur daran denken, einen Mann mit solch riesigen Füßen zu heiraten!«

Die kleine Witwe stürzte davon, schloß sich in ihr Zimmer ein und schluchzte mit ihrer Puppe in ihrem großen kalten Bett. Sie schlief ein, die Tage verstrichen, und schließlich gelang es dem jungen Mann mit den zu großen Füßen doch, Maria Luisa zu gefallen. Er redete über Steine, Architektur, Fortschritt.

Kräftig ist er ja, sagte sie sich, und nicht dumm. Sein Blick gefällt mir. Sie vergaß seine Füße und seine Mittellosigkeit, und er wurde ihr Schwiegersohn. Wahnwitzige Geheimnisse vertraute sie ihm an.

Maria Luisa liebte es, bedient zu werden, und lenkte ihre fünfundzwanzig Domestiken mit fester Hand, doch niemandem überließ sie es, die Hohlfalten in ihre zarte Leibwäsche und ihre Nachthäubchen zu bügeln. Als sie eines Tages wieder damit beschäftigt war, das kleine Fälteleisen über einem Kohlebecken zu erhitzen, ließ sich, eine dringliche Angelegenheit vorschützend, ihr Notar melden.

Man führte ihn in die Wäschekammer, aus der alle Anwesenden wie durch Spuk verschwanden, um den beiden eine freie Aussprache zu ermöglichen. Der Notar war bleich, seine Hände, mit denen er die seiner Klientin ergriff, um sie mit einem respektvollen Kuß zu versehen, waren feucht, und das verabscheute Maria Luisa. Während sie mit der Spitze des schmalen Eisens in der Glut herumstocherte, wagte der Notar den Vorstoß: »Ich liebe Sie, Maria Luisa.«

Woraufhin der Gegenstand seiner Liebe vorsichtig das inzwischen hinreichend glühende Eisen von seinem Gestell nahm und es bedachtsam auf die Wange des bedauernswerten Mannes applizierte. »Gehen Sie jetzt, und erklären Sie alles das Ihrer Frau.«

Obwohl auf ewig gebrandmarkt von diesem auch zum Ausbügeln schamloser Ansinnen geeigneten Eisen, vertrat der Notar auch in Zukunft die Interessen seiner Klientin.

Ihrem zwar sprachlosen, aber gleichzeitig auch entzückten Schwiegersohn vertraute sie ebenfalls an, wie sie ihrer Tochter, die inzwischen seine Frau geworden war, das Leben gerettet hatte. Des Hausarztes überdrüssig, für den sie schließlich nur mehr Verachtung übrig hatte, da ihr Kind dahinsiechte, beschloß Maria Luisa kurzerhand, die Hexe aufzusuchen, die ein paar Kilometer entfernt im Wald hinter dem nächstgelegenen Weinberg hauste. Eines Abends nach dem Essen hieß sie Duchêne ihr Lieblingspferd satteln und eine Laterne mitnehmen. Er tat, wie ihm befohlen, und half Maria Luisa, das Kind auf den Sattel zu heben, den die Mutter bereits im Damensitz erklommen hatte. Das Kind war ohnmächtig und bot einen ergreifenden Anblick. Sein Haar fiel auf die Flanken des Pferdes herab, und der Kopf ruhte auf dem Arm der Mutter. Sie erreichten die Lichtung, wo die Alte hauste, und fanden sie auf der Türschwelle stehen. Wie war sie benachrichtigt worden? Von einem Vogel, vom Raunen in den Büschen? Niemand hat es je erfahren.

»Ich habe dich erwartet, du kommst zwar spät, aber ich glaube, das Nötige noch tun zu können.«

Duchêne ließ das Kind sanft in seine Arme herabgleiten und legte es wie eine gemähte Blüte auf dem Boden der Hütte nieder. »Warte draußen.« Er ging wortlos hinaus. Maria Luisa blieb vor der Tür stehen, horchte auf den Singsang der Alten, die bloßen Hände wie zum Gebet gefaltet, und wartete.

»Komm.« Die Hexe übergab ihr zwei Leinensäckchen und erklärte, wie deren Inhalt dem Kind, das merkwürdigerweise die Augen aufgeschlagen hatte, einzuflößen sei. Eines der beiden Säckchen, daran erinnerte Maria Luisa sich ganz genau, enthielt pulverisiertes Hirschhorn. Jahre später befragte sie hierzu einen Arzt, der sich keineswegs erstaunt zeigte. »Das ist ein altes Hausmittel gegen Blutverlust, meine Liebe.« So lange sie lebte, suchte Maria Luisa keinen Arzt mehr auf. Immer wieder mußte sie an ihren Gatten denken, der auf dem Sterbebett sein seidenes Taschentuch um ihrer beider Handgelenke geschlungen und sie angefleht hatte, ihn nicht zu verlassen. Sie liebte ihn leidenschaftlich, folgte ihm aber nicht nach. Doch die Treue hielt sie ihm ihr Leben lang. Sie fühlte sich schuldig, zu seiner Rettung nicht damals schon die Hexe aufgesucht zu haben, da ihre Tochter Charlotte, wie wir jetzt wissen, geheilt worden war.

## *Die Entdeckung eines Vaters – Der Tod des Großvaters*

Jujube hockt zwischen den Knien des Großvaters und spielt traumverloren mit dem Gürtel ihres Bademäntelchens. Plötzlich steht sie auf, reckt ihren kleinen Körper, so hoch es geht, heftet ihren Blick auf den Großvater und saust davon in ihr Bett, um dieses Bild unversehrt in den Schlaf hinüberzuretten. Oursine ist schon an seinem Platz. Er kann die Geheimnisse des kleinen Mädchens auch im Dunkeln anhören.

Beim Frühstück an einem Morgen, der dem vorigen gleicht wie eine Tasse Kakao einer anderen, wird ihnen erklärt, daß sie heute nicht zur Schule brauchen und unter keinem Vorwand das Haus verlassen dürfen. Die Schwestern blicken einander an. Nach anfänglichem Erstaunen piesackt sie jetzt die Neugierde. Was hat das zu bedeuten? An allen Türen sind die Riegel vorgeschoben, und die Fensterläden sind geschlossen, wie zur Nacht. Der Großvater geht, Unverständliches brummelnd, auf und ab, seinen Stock in der Hand, den er daheim nie benutzt. Die Großmutter sitzt in ihrem Zimmer vor ihrem Handarbeitstischchen und tut so, als sei sie in ihre Stickerei vertieft. Die Dienstboten sehen aus, als hätten sie Angst.

Der Vater der beiden Mädchen hat beschlossen, seine Kinder wieder zu sich zu nehmen. Der Belagerungszustand dauert drei Tage. Über den Garten hinter dem Haus versorgen Nachbarn die Festung mit Lebensmitteln. Die beiden Mädchen sind hellauf begeistert: Alles dreht sich um sie.

In den frühen Abendstunden des dritten Tages willigt der Großvater ein, den Vater anzuhören. Gewittergrollen in der Stimme des Großvaters, Worte prallen wie Revolverkugeln gegen die Wände des Vestibüls. Denn weiter hat er ihn nicht vorgelassen. Plötzlich brüllt der Großvater: »RAUS! Sie sind nichts weiter als ein elender Gauner!« Durch die Ritzen der Fensterläden kann man ihn laufen sehen, seinen Spazierstock wie einen Degen schwingend, den Vater im Galopp vor sich hertreibend. Dann kehrt der Großvater ins Haus zurück, läßt Fenster und Türen öffnen und setzt sich in seinen Sessel, den Stock griffbereit. Jahrelang wird man von diesem Vater nichts mehr hören.

Er war bei der Polizei, ein Korse, dreißig Jahre älter als die Tochter des Großvaters, die Mutter der beiden Mädchen. Angeblich hatte sie ihn wegen seiner Ähnlichkeit mit einem berühmten Minister geheiratet. Mag sein, vor allem wohl, um frei zu sein und in Paris an der Kunstakademie studieren zu können. Aber sie stammten eben nicht aus der gleichen Kinderstube; er schlug sie, sie verließ ihn, er verfolgte sie, sie hängte ihn ab. Unterhaltszahlungen trafen nie ein, und die beiden Mädchen wurden von den Eltern der Mama aufgezogen, welche befanden, er habe sein Recht als Vater verwirkt; sie trugen auch die Kosten des gegen ihn angestrengten Prozesses, den sie gewannen.

Diesen Vater sah Jujube erst Jahre später wieder, nur ein paar Stunden, doch lange genug, um festzustellen, daß er gut aussah, aber beunruhigend wirkte. Fremdländisch.

Seine Augen waren gelb wie die ihrer Schwester, gelb, aber ohne Glanz. Kurzum, es lohnt sich nicht, noch mehr über ihn erfahren zu wollen; es dauert zu lange, einen Vater zu rekonstruieren. Es war zu spät. Die Teile waren abgenutzt.

Heute war schon früh am Morgen der Doktor da. Er sagte, der Großvater müßte operiert werden. Angeblich ist es nichts weiter als eine simple Vorsichtsmaßnahme.

In die Schule muß man trotzdem. Jujube nimmt ihren Platz in den hinteren Bankreihen ein und hofft nur, daß ihr Schweigen nicht gehört werden möge. Behaglich hüllt sie sich in wohlige Stummheit, die als Anomalie ausgelegt werden kann. Genau das ist ihr Ziel... Nur nicht auf Fragen reagieren, deren Antworten man am Abend zuvor auswendig gelernt hat, oder einer Lehrerin, die man sich nicht ausgesucht hat, Hausaufgaben abliefern zu müssen! Der Trick ist einfach, lange genug durchzuhalten, um den verdienten Rausschmiß zu verzögern.

Dieses Verhalten wird ein Leben lang typisch für sie bleiben, mit Ausnahme eines Details: den Rausschmiß wird sie selbst besorgen. Den der anderen. Schweigend wird sie beobachten, wie Gefühle verflachen, echte und geheuchelte Wahrheiten sich abnutzen. Sie wird den Zerfall menschlicher Beziehungen abwarten, um dann Adieu zu sagen. Ohne Gewissensbisse und ohne Bedauern. Die anderen werden nicht verstehen, wie dieses Herz sich zu einer roten und warmen Kammer voll brennender Geheimnisse öffnen und darüber zu einer schützenden Hülle schließen konnte, um dann unvermittelt wieder aufzubrechen und eine funkelnde, blanke Klinge bloßzulegen. Eine schneidende. Der sie sich allein und sprachlos gegenübersahen. Herausgeschnitten. Während das Herz sich über den Wunden wieder schloß und die Narben größtenteils gar nicht mehr spürte. Andere bluten allerdings immer noch.

Wie gewöhnlich werden die beiden Mädchen nach Schulschluß abgeholt, aber diesmal geht's in die Klinik, den Großvater besuchen. Er liegt in einem zu kurzen Bett, und zweimal schon haben eine Nonne und ihr weißer Schleier an der Tür geraschelt, sie nicht weiter öffnend als den schmalen Spalt, der ihr als Mund dient und aus dem es säuselt: »Möchten Sie nicht doch ein Täßchen Sternanis trinken, Monsieur?« Der Blick des Großvaters ist an diesem Abend furchterregend düster. »Nein, nein, und nochmals nein!« Unverkennbar, diese Art Frau macht ihn rasend. Hastig und lautlos, den lauen Tee in der Linken, schließt die Honigsüße die Tür hinter sich. Noch einmal wird sie sich nicht blicken lassen.

Der Großvater winkt die Kleinen ans Bett heran, streicht ihnen über das Haar, und sie sind verlegen. Er lächelt sie an, sie entspannen sich und lächeln zurück; er glättet seinen Schnurrbart und sagt: »Auf Wiedersehen.« Es sollte ein Adieu werden. Am frühen Morgen des nächsten Tages starb er.

Jujube erinnert sich an den Geruch des vom Messer des Großvaters verwundeten Holzes, den Geruch des Architektenbleistifts. »Als ich Oursine operiert habe, wurde er wieder gesund, von meinen Händen genäht. Und die Leute, die lebende Bäume fällen, die würde ich am liebsten töten. Tote – ja aber was ist der Tod? Sie sagen, Großvater sei tot, aber wie wollen sie das sicher wissen?«

Jujube trottet in den Garten hinunter, zur Kiesallee, und läßt sich mit gekreuzten Armen auf die Knie nieder. Mit aller Kraft sucht sie sich den lieben Gott von den Bildern ihres Katechismus zu vergegenwärtigen. Das zunächst unscharfe Bild wird verschwommen und plötzlich gestochen klar. Da ist niemand. Es gibt niemanden, nur sie, die winzig Kleine, die man ohnmächtig und mit blutigen Knien erst nach langer Zeit findet, als eine der Phantomgestalten, die das Zimmer, in dem der Tote aufgebahrt ist, heimsuchen, sich ihrer Abwesenheit bewußt wird. Ihre Augen werden inzwischen von einer bisher unbekannten Einsamkeit gespült sein. Dies ist ihre erste Begegnung mit dem Schlüsselwort ihres Lebens. Einsamkeit. Man hebt sie aus dem Kies der Allee und trägt sie bis zu dem Zimmer, in dem der Großvater, wie sie sagen, ruht. Ihre aufgeschürften Knie und Arme tun ihr nicht weh, sind ihr gleichgültig. Nur mit eigenen Augen sehen will sie nicht, was die anderen ihr zeigen wollen. Sie zwingen sie, ihn zu küssen, diesen lächerlichen, durch ein weißes Tuch lächerlich gemachten Toten; es hält sein Kinn und seinen Mund verschlossen. Wahrscheinlich haben sie Angst, er könnte nochmals etwas sagen; und oben auf dem Kopf ist das Tuch verknotet, wie Schleifen um Ostereier.

»Nein, das ist er nicht, dieses Ding da ist er niemals gewesen, ich glaube euch nicht. Ich werde es euch niemals verzeihen.«

Eilfertig schafft man sie hinaus. Ihr aber wird ihr Leben lang in einem Winkel ihres Geruchsgedächtnisses dieser ganz bestimmte und fade Geruch des abstoßenden Todes verbleiben, unverändert widerlich.

Was den Tod anbetrifft, wird sie auf der Schwelle des Zweifels verharren, aber die Gewißheit, daß man sich auf die Erwachsenen, die richtigen, nicht verlassen kann, hat sie hinzugewonnen. Man kann ihnen in keiner Weise vertrauen. Sie hat es ja soeben erlebt, wie ihr Vertrauen mißbraucht wurde. Man hat dem kleinen Mädchen seinen Schatz geraubt, das einzige, wofür sich zu leben lohnte.

Die Familie soll angekommen sein. Das Zimmer ist voll mit alten Männern und Frauen. Die alten Männer stinken, und die alten Damen sind stachelig und seibern auf die Wange des kleinen Mädchens. Sie vermeinen sie zu küssen. Wer sind überhaupt all diese unbekannten Gestalten? Niemand. Sie hat sie niemals wiedererkannt. Nie. Die Frauen haben einen Bart, und die Männer sind schwammig. Sie wußte nicht, daß es so etwas gibt. Großvater hatte sich fest und weich angefühlt, und sein Bart war so seidig gewesen wie Oursines Fell. Großmutter ist hübsch, lebhaft, frisch. Wer sind denn bloß die anderen? Sie murmeln wie im Beichtstuhl; bestimmt haben sie sich etwas vorzuwerfen.

Großmutter ist ganz in Schwarz gekleidet, bis zu den Schuhen, ganz ohne Schildpatt- oder Silberschnallen, zwei bloße, traurige kleine Schuhe.

Sehr bleich ist sie, die Frau vom Großvater, sie sieht aus, als existiere sie gar nicht mehr, als sähe sie nichts mehr. Vermutlich hat er das Leben derjenigen, die er liebte, mit sich genommen. Sie ist ganz durchsichtig, richtig unwirklich, aber immer noch hübsch. Er liebte sie hübsch.

Die Kleine in ihrem Bett schläft nicht, sie friert, vielleicht für sehr lange Zeit. Sie wird Jahre brauchen, bis sie sich wieder erwärmt, das weiß sie. Sie legt ihren Kopf auf den Bauch von Oursine und starrt in das Licht des ersten Tages dieses neuen Lebens. Gegen sieben Uhr betritt jemand ihr Zimmer und zieht ihr ein graues Flanellkleid mit weißem runden Kragen über. Nie gesehen, denkt die Kleine, ihre Schwester trägt das gleiche, und an den Füßen haben beide schwarze Lackschuhe.

Sie sucht den goldenen Blick der Schwester zu erhaschen, der einzigen, die etwas versteht. Sie müssen Dorschpastete essen, wie am Karfreitag. Ihr ist das alles einerlei: sie wird ihnen böse sein, ihr ganzes weiteres Leben lang.

Wortlos wird Jujube zusehen, wie das Leben derer, die sie liebte, in einem eigentümlichen Schmelztiegel zerrinnt.

## *Wie die Großmutter sich aus Liebe den Verstand rauben ließ und Jujube entwurzelt wurde*

Eines schönen Sonntag nachmittags, als das Haus fast leer ist und die Domestiken frei haben, sitzt Jujube allein bei ihrer Großmutter. Sie schaut ihr zu, wie sie behutsam die feinen Leinenfäden zieht, um ein Taschentuch mit Hohlsaum zu verzieren. Doch plötzlich sinkt die alte Dame mitsamt ihrer Handarbeit vom Sessel herab auf den Teppich. Ihre Augen sind geschlossen, und aus ihrem Gesicht ist jede Farbe gewichen. Merkwürdig konzentriert starrt Jujube sie an, krampfhaft bemüht, in ihrem Gedächtnis die Teile eines verschwommenen Bildes zusammenzusetzen. Blitzartig wird es klar: Die Blutegel, dieses monatliche Ritual! Man nahm die ausgehungerten Tierchen aus ihrem Glasbehälter, setzte sie Großvater und Großmutter sorgfältig hinter den Ohren an, wo sie sich sogleich mit ihren Vampirzähnen festkrallten und in kürzester Zeit zu bleischweren, bronzeglänzenden, riesenhaften Kugeln anschwollen und vollgesogen abfielen, um in ihre Behälter zurückzukehren und sich wieder zu entleeren.

Blut! Ohr! Jujube durchwühlt den Handarbeitskasten, sucht die Stickschere, findet sie, öffnet sie, faßt mit ihr das Ohrläppchen der Großmutter und schließt sie, mit allen ihr zur Verfügung stehenden Kräften pressend. Sofort quillt das Blut aus dem Schnitt. Jujube rast durch das Haus, reißt die Eingangstür auf, hetzt durch den Garten, stößt das Gittertor auf und kreischt über die Straße. Jemand kommt aus einem Haus, Jujube hat sich geirrt. Die Großmutter wird nicht sterben. Sie wird nur niemals mehr zu Sinnen kommen, denn sie ist aus Liebe irrsinnig geworden. Bis zum letzten Tag wird sie wirres Zeug reden, manchmal auch nackt, mit aufgelöstem Haar aus ihrem Zimmer treten, um hinter beklemmenden Nebelschleiern denjenigen zu erkennen zu suchen, den sie liebt. Sie wird in Schönheit sterben, wie es ihrer Erziehung und ihrem tief verwurzelten Gefühl für Anstand entspricht, aber erst Jahre später. In einem Luxusaltersheim für wohlhabende Leute, deren Kinder »was soll's, meine liebe Merdiane, ihr eigenes Leben leben«.

Am Tag nach der unwiderruflichen, von Jujube, dem kleinen sonderbaren Wesen begangenen Tat, taucht die Mama auf, um alles zu regeln. Das bedeutet offensichtlich, alles zu verlassen. Die Mama verkauft fast alles, ihr gefallen moderne Möbel besser.

Jujube schaut zu, wie die Lastwagen alles forttragen, was sie geliebt. Es bleiben nur ein paar nützliche Erinnerungsstücke übrig wie beispielsweise Großmutters Schmuckschatulle. Jujube sieht das Zeremoniell des Auswählens wieder vor sich. Die Großeltern waren zu einem Abendessen geladen. Großmama hatte ein sehr schönes Kleid aus schwerem schwarzen Seidenkrepp angelegt, und zwischen ihren Brüsten, in wohliger Wärme, funkelte und strahlte die Brillantspange. Aber welches Ohrgehänge paßte dazu? Die Solitäre? Sie probiert sie und betrachtet sich wohlgefällig im Spiegel. Sie zwickt sich ins

Ohrläppchen, um ihren Teint noch blasser erscheinen zu lassen, öffnet nochmals das Schublädchen mit den Weißen, wie sie sagt, schließt es, öffnet das mit den Roten, den Blauen und dreht schließlich zufrieden den Schlüssel herum. Sie freut sich an der Gewißheit, daß dies alles ihr gehört, daß man sie seit eh und je gerne verwöhnt und daß ihr Mann heute abend stolz sein wird, sie an seinem Arm auszuführen.

Die Stimme der Mama zertrümmert das schimmernde Bild mitsamt dem Spiegel, und Jujube schweigt dazu. Irgend etwas bewahrt sie davor, sich zutiefst unglücklich zu fühlen, irgend etwas Schreckliches. Es ist der Zorn. Wer wird in Großvaters Bett schlafen? Schaudern überkommt sie, doch erstarrt und angewurzelt steht sie da. Auch das wird sie niemals verzeihen.

Adieu, ihr Blumenspiele im Garten, adieu, geliebtes Land, Heimat derer, die ich geliebt und die sich geliebt haben!

Im Zug nach Paris legt man sie auf ein komisches Bett. Vom Schlingern der Waggons auf eiserner Bahn gewiegt, fällt sie in einen Dämmerschlaf, Oursine fest an sich gepreßt. Niemand ist da, ihr eine Geschichte zu erzählen. Doch, sie selbst. Sie wird die Kräfte der Erinnerung entdecken und einschlafen.

Der Bahnhof kommt ihr riesig vor, die Straßen endlos. Da ist die Wohnung, modern und kalt, die Art der Zimmeraufteilung ergibt eine ihr unbekannte Form; alles ist so klein hier, raunt Jujube sich zu. Und dabei wäre die Bezeichnung Luxusappartement durchaus angemessen. Rue de Seine, in Saint-Germain-des-Prés.

Die beiden Mädchen bekommen ein großes Zimmer, an den beiden Enden je ein Bett und ein Schreibtisch. Jujube hockt sich auf ihre Bettkante, und ihre Schwester tut es ihr nach; ohne zu lächeln, blicken sie einander an, öffnen dann ihre Koffer, um nach einem auf dem Grund vielleicht doch verborgenen Rest Wärme zu suchen. Die Möbel sind niedrig, geradlinig, wie mit dem Lineal gezogen. Aber im Arbeitszimmer der Mama steht eine kleine Statue, die lebendig wirkt. Es ist eine Khmertänzerin, neben der eine bronzene Katze sitzt. Jujube schaut die beiden recht oft an, berührt sie auch.

Wohin ich wohl gehen muß, wenn die Schule wieder anfängt? fragt sich Jujube.

Sie und ihre Schwester werden sich in einem der vornehmsten Etablissements des 16. Pariser Arrondissements einfinden, in Matrosenkleidchen mit Mütze, auf der in goldenen Lettern der Name der (Konfessions-)Schule prangt. Ihre Mittagsmahlzeit nehmen sie bei einer in puncto Kindererziehung unerbittlich strengen Dame ein, was Jujube immerhin die Freiheit läßt, ihren Mund ausschließlich zum Essen zu öffnen.

Es sollte ihr gelingen, nur drei Monate dort zu verweilen. Die Großmutter hatte recht gehabt: Passivität siegt über alle Geduld... Leise, angenehm, erholsam für Jujube, doch unannehmbar für die anderen. Bestens.

Der letzte Schultag des Trimesters ist vorbei. Jujube geht heim, zieht sich aus, faltet sorgfältig ihre Uniform und kichert in sich hinein, siegesfroh.

Die Wohnung ist leer. Jujube geht in die Küche, öffnet das Fenster und beobachtet den schmuddeligen Laden, wo viele Leute zur Essenszeit Fertiggerichte kaufen. Das hat sie nie gesehen. Sie macht Stielaugen und neigt sich lebensgefährlich weit hinaus, um in das Leben der anderen Einblicke zu gewinnen. Sie kommen hierher, um sich zu ernähren, warten geduldig und werden dann lauwarm essen. Todsicher. Lauwarm ist scheußlich. Jujube lehnt sich auf gegen diese Demütigungen, diese Art und Weise, Menschen zu behandeln, indem man immer und überall nur Gleichgültigkeit zeigt, diese Gleichgültigkeit, die sowohl die schönsten als auch die abstoßendsten Augen blicklos werden läßt.

Die abstoßendsten werden nur mit dem eisigen Wasser von Tränen der Wut gespült, den gleichen, die vergossen werden, wenn Geld-Liebe-Lust zur Niederlage führten; armselige Tränen, die niemals die Pfeif-aufs-Geld-Liebe-Sehnsucht kennenlernen werden, oder gar die Glut der Tränen des Begehrens, das endlich vom Wasser aus dem lebendigen Quell der Augen des anderen besänftigt wurde.

Jujube glaubt, daß sie nichts zu befürchten hat, denn sie hat um sich herum einen Schutzwall errichtet, einen für andere unsichtbaren magischen Zirkel. Für andere soll er unpassierbar sein. Nur sie allein kann hinaus und herein, wenn sie es wünscht. Die traurige Wohnung ist modern, ausgestorben. Jujube fühlt sich zu neuen Abenteuern bereit. Sie öffnet das Fenster vom Arbeitszimmer der Mama und versenkt ihren Blick vom sechsten Stock hinunter ins Erdgeschoß. Mit den Wimpernspitzen berührt sie die den Innenhof umschließende Mauer und inspiziert das ringsum laufende Gesims. Zwanzig, vielleicht fünfundzwanzig Meter? Jujube lechzt nach diesem Abenteuer.

Der Sims ist bestimmt fünfzehn Zentimeter breit. Wenn sie die Füße quer stellt wie die Tänzer in der Oper, dann dürfte sie die Runde um den sechsten Stock eigentlich schaffen und könnte nebenbei noch sehen, was sich hinter all den Fenstern abspielt. Sie schwingt sich auf die Balustrade, das erste Hindernis, und blickt in die Leere unter sich. Sie heftet ihre Hände an die Mauer und beginnt mit der Umrundung. Endlich mal etwas Außergewöhnliches! Sie wird nicht abstürzen, sondern wieder am Fenster von Mamas Arbeitszimmer landen. O Gott! Die Mama ist da, die Hand schon erhoben. Jujube wird aber nur einen Zipfel der Ohrfeige erwischen und niemals begreifen, warum man sie nicht beglückwünscht hat.

Sie fühlt sich bestärkt durch diesen wenn auch nutzlosen Triumph und wirft sich aufs Bett. Sie tut so, als läse sie ein Buch, das sie aber verkehrt herum hält, um zu prüfen, ob die Mama überhaupt zu sehen versteht. Das ist nicht der Fall. Mit glänzenden Augen klappt Jujube das Buch zu. Richtig herum.

Gegen zwei Uhr soll eine Lehrerin kommen; sie wird es nicht lange aushalten. Die nächsten ebensowenig. Was man der Kleinen auch sagt, nichts bleibt haften, abgesehen vielleicht von dem, was ihre Schwester ihr sagt oder was sie aufschnappt aus dem tosenden Redefluß der Erwachsenen. Sie antwortet auf keine Frage und schüttelt bei jedem Verständigungsversuch abweisend den Kopf. Zum Verzweifeln. Sie ist wirklich zum Verzweifeln.

Was will dieses Kind erreichen? Was soll sie schon wollen. Echte, selbstgewählte Einsamkeit, Frieden und Stille, damit sie besser hören kann, was sie sich mit verschlossenem Mund erzählt.

## *Die Ferien – Der Krieg – Die Hexe und die Nektarinen*

Der Sommer ist zurückgekehrt und auch die Mama, die nie da ist. Eine ihrer Reisen hat sie genutzt, um in der Dordogne ein Haus ausfindig zu machen und zu mieten. Jujube und ihre Schwester werden dort ihre Ferien verbringen, ebenso eine Freundin der Mama und deren Tochter. Das Haus ist schön, und alle Wände von Jujubes Zimmer sind geblümt, wie ein Handschuhkasten. Außerdem gibt es da noch einen Dachboden, der aber abgeschlossen ist.

Jujube macht die Runde, inspiziert ihr neues Reich, nichts, kein einziger Ausschlupf. Sie betritt die Scheune und entdeckt die gewaltige Weinpresse. Sie bestaunt sie von unten bis oben, und siehe da, ganz ungewöhnlich, im oberen Teil der Mauer ist eine Tür herausgebrochen. Unerreichbar? Der Sommer läßt sich gut an. Waghalsige Akrobatenkunststücke sind nötig, aber sie wird das Schicksal und die Tür bezwingen.

Unzählige Stunden wird sie dort drinnen zubringen, vorsichtig Kommodenschubladen öffnen, die von Fächern, Bändern, vergilbten Fotografien überquellen, Schranktüren ziehen, wo aufgehängte Kleider auf einen lebenden Körper, Hüte auf einen Kopf, Taschen und Handschuhe auf zwei Hände zu warten scheinen... Sie werden nicht enttäuscht werden, und Jujube auch nicht. Die Dinge sind ja geduldig. Die Schränke haben Spiegel. Jujube wird zwei Sommer lang acht oder zehn Meter über dem Erdboden verbringen und sich wohlfühlen. Sie schwebt. Wirklich wahr. Wenn sie von dort oben herunterkommt, betrachtet sie die anderen wie Behinderte, Benachteiligte, von ihren Freuden Ausgeschlossene. Man muß ja erst lernen, zu teilen und anderen Freude zu machen, und das ist schwer, deswegen...

Deswegen schnappt Jujube sich lieber ihr Fahrrad, rast auf dem spitzesten Bergkamm durch die Kurven, haarscharf an den kiesbestreuten Seitenstreifen entlang, bis sie eines Tages einen Sturz baut. Einen bösen. Der Lenker hat sich verdreht, und der Bremshebel bohrt sich in ihren Oberschenkel und verletzt die Schlagader. Sie drückt ihren wollbehandschuhten Finger in den blutenden Spalt, humpelt den Hang hinauf, der zum Haus führt, schafft es gerade noch bis zum Flur des Dienstboteneingangs im Erdgeschoß, wo sie auf den Fliesen in tiefe Ohnmacht sinkt.

Die Mama ist im höchsten Grade erzürnt und meint, Jujube »tue nur so«. Wie tue ich denn? fragt sich Jujube, schon halb im Koma. Der Doktor wird sie nähen und betonen, daß Jujube gerade noch einmal davongekommen ist. Eine gute Woche wird sie sich auf der Terrasse im Liegestuhl in der Sonne aalen, verbotene Gesprächsfetzen aufschnappen und den Klang dieser erschreckenden Stille rings um das Mütterhaus zu ergründen suchen. Die Mama nutzt die Gelegenheit, Jujube eine grün und hellbeige Jacke zu stricken. Doch aus diesem nie zu Ende geführten Plan wird schließlich nur ein grün und hellbeiges Käppchen, das sie, mit einer Haarspange festgemacht, sonntags zur

Messe tragen wird. Ihre Schwester wurde mit dem gleichen Modell beglückt. Keine von beiden ist entzückt, aber die Mama hat sich soviel Mühe gegeben, und deswegen bohren die beiden Mädchen jeden Sonntag morgen mit grimmigem Eifer die Spange in ihr dichtes und widerspenstiges Haar und pflanzen die mißratene Kappe auf wie andere eine Fahne. Eine kleine Fahne nur, aber dem Feind abgerungen, dem sonst die Zeit der Mama gehörte und derer sie uns – »mich vor allem« – beraubte. Jujube schwingt sich auf ihr Stahlroß und saust wieder einmal den gefährlichen Abhang hinunter. Unter dem Nußbaum, der die verhängnisvolle Kurve beschattet, macht sie halt und hofft, diese Kühle möge tödlich sein. Eine Stunde später beschließt sie, weiterzuleben und den Gegenstand ihrer eingebildeten Liebe aufzusuchen. Nicht einmal niesen mußte sie, der Nußbaum hat sie enttäuscht. Ihr Roß an der Hand führend, steigt sie zum Fluß hinunter. Dort brennt die Stille, das weiß sie.

Ihre Liebe gilt einem taubstummen Zigeuner, den sie bei einem Spaziergang in der Nähe des Rathauses gesehen hat. Sie weiß, daß er sich nur durch Gesten und Mimik äußern kann und häufig allein ist. Ihr gefällt er. Eine Zeitlang beobachtet sie ihn aus der Ferne. Am Ziel angekommen, lehnt sie ihr Rad gegen die Böschung und läßt sich vor dem Wohnwagen des Korbmachers, dem ihre geheime Liebe gilt, nieder. Da sitzt er ja, auf den Stufen der Holztreppe. Was wird er wohl jetzt aus seiner Phantasie hervorholen? Einen Korb? Einen Käfig? Sie sieht nur seine Augen. Schwarz. Wie glühender Teer. Er blickt sie an und scheint sie manchmal sogar zu sehen.

Sie entdeckt, daß es auf dem Fluß neben dem Wohnwagen Libellen gibt, die ein aufreizendes, zartes Geräusch hervorbringen, welches die Zunge hinter den Zähnen träumen läßt; auch sie versucht, hastig, hurtig, hinter dem Perlmutt hin- und herzusurren; Jujube spürt, wie ihre Zunge schwimmt, in ihrem Mund voll von warmem Speichel, das Perlmutt funkelt, die Zunge gleitet darüber hinweg.

Erfüllt von dem geteilten Schweigen, kehrt Jujube nach Hause zurück. Sie wird nicht viel essen heute abend und keine Nachspeise bekommen, weil sie so lange weg war und sich weigert, zu sagen, wo sie sich herumgetrieben hat. Ihr ist das schnuppe. Verfügt sie doch in ihrer uneinnehmbaren Festung über süße, salzige, sahnige oder herbe Schätze, je nachdem, worauf sie gerade Lust hat. Niemand hat sie je gekostet. Wer weiß, ob es heute jemanden gibt, der sagen könnte, wie sie wirklich schmecken; wer schon? Diese Strafe wird Jujube jedenfalls nicht hindern zu schlafen. Was sie manchmal am Schlafen hindert, sind vielmehr die Vorgänge im Haus, die man vor ihr zu vertuschen sucht. Wer ist zum Beispiel dieser ältere, kahlköpfige Herr, der zum Völkerbund gehört und immer auf ihre Brüste starrt, wobei er vorgibt, ihre schönen Augen zu bewundern? »Ein Schwein«, schimpft Jujube. »Das ist ein sehr vornehmer und sehr wichtiger Herr, mein Liebes«, tönt es flehentlich aus den Mündern der Mütter, die einen Skandal befürchten.

Jujube legt eine Platte auf und tanzt. Ihre Schwester sieht sie gern tanzen, und wenn neue Gäste ins Haus kommen, zwingt sie sie immer, sich zu produzieren, und wenn die Vorführung schlecht war, ohrfeigt sie sie, sobald sie allein sind. Heute ist niemand da, und so gelingt es... »Du machst es bestimmt absichtlich«, faucht die Schwester; Jujube greift nach der Tür und entschlüpft somit knapp der Strafe. Sie geht in Richtung Stall, schwingt sich auf ein Pferd, ohne es gesattelt zu haben, und entschwindet in vollem Galopp. Um vier Uhr früh werden die Gendarmen sie aufgreifen, wie sie auf einem Holzstapel liegt und den Schlaf der Gerechten und der Ausreißerin schläft. Es wird nicht das letzte Mal sein. Pferde, dann Taxis und später Flugzeuge könnten ein Lied davon singen.

Die Wochen gehen dahin, und der Mama sind wieder einmal die Marmeladen danebengegangen, sie kann halt nicht einmachen. Sie wird es noch lernen, aber vorläufig glaubt sie, daß man sich so bei Kindern beliebt macht. Irrtum. Wie so oft. Die Freundin der Mama, mit der sie regelmäßig ihre Ferien verbringen, hat eine Tochter. Hübsch, rundlich, rosig und blau, zart und zärtlich. Recht so. Aber Jujubes Mama erklärt, es wäre doch schön, ein Haus in dieser Gegend zu kaufen, wo dann Mütter und Töchter miteinander leben könnten. Als ob die Ferien nicht schon reichten!

Während Jujube noch darüber nachsinnt, nehmen die Ereignisse in diesem Sommer bereits eine dramatische Wendung. 1939. Der Krieg ist erklärt worden. Wir werden nicht nach Paris zurückkehren. »Krieg, ja, meine Kinder, es ist Krieg. Das Vaterland muß verteidigt werden gegen den Eindringling...« Schon möglich, denkt Jujube, aber es ist Sommer und dann Erntezeit. Man wird Korn dreschen, Weinlese halten, tanzen, Festessen feiern und sich amüsieren. Ob das etwas ändern wird? Was ist Krieg überhaupt? Wo ist die Front, und auf welchem Boden werden die Soldaten kämpfen? Krieg. Jujube hat das Wort in ihren Schulbüchern zwar gelernt, aber plötzlich kommt es ihr völlig unwirklich vor. Sie hat nie geglaubt, daß so etwas Wirklichkeit werden könnte. Sie hatte gemeint, einen solchen Blödsinn könne es nur in Geschichtsbüchern geben, diese blutrünstigen Geschichten seien erfunden worden, um den Kindern Angst zu machen. Diese Anhäufung sinnlos getöteter Menschen, all diese widersprüchlichen Begründungen schienen ihr der Gipfel der Dummheit und Bosheit zu sein. Und jetzt soll man so etwas plötzlich für wirklich halten.

Das Radio bringt Schreckensnachrichten. Angeblich verlassen Tausende fluchtartig ihre Häuser, schleppen sich über die Straßen dahin, um dem feindlichen Vorstoß zu entkommen, und für die Gewehre der französischen Soldaten gibt es keine Kugeln.

Demgegenüber scheinen die deutschen Soldaten wahnsinnig gut gerüstet. Die Mütter wehklagen über Armee und Vaterland. Ewig nachtrauernd dem Wunder am Chemin des Dames. Ah, das waren noch Zeiten! 14–18: Unsere Landser...

Die Worte verdichten sich zu Bildern, und Jujube muß lachen. Strafe muß sein auf dem Feld der Ehre, und sie muß sofort ins Bett.

»Dieses Kind ist herzlos.«

Jujube lacht immer noch und hüpft die Treppe zu ihrem Zimmer hinauf. Sobald alle schlafen, wird sie sich aus dem Haus stehlen und sich auf dem Feld jenseits der Straße zwischen zwei Reihen Maisstauden betten. Von dort aus wird sie den Mond beobachten, um endlich herauszukriegen, woraus er beschaffen ist und womit er Ähnlichkeit hat.

Am nächsten Morgen ist sie ganz verschlafen und macht einen niedergeschlagenen Eindruck. Die Mütter frohlokken, halten sie doch Zucht und Ordnung für eine Tugend, dabei täten sie besser daran, sich über die ihre Gedanken zu machen.

Der Zusammenbruch besudelt uns mit Schmach, die stinkenden Wogen der Niederlage lecken uns über den Mund. Die Wickelgamaschen unserer Soldaten klatschen ihnen gegen die Hacken und behindern sie auf ihrem schmählichen Rückzug. Sie sind kraftlos, verzweifelt, wie vor den Kopf geschlagen. Sie trauern um ihre Toten und ihre verlorene Würde. Niemand begreift die Gründe für diese niederschmetternde Katastrophe. Ein Glück. Die französische Armee duckt sich in ihre letzten noch verbleibenden Schützengräben. Die Männer ziehen den Kopf ein. Besiegt. Wir sind besiegt. Das Wort mißfällt, die Wahrheit ist schrecklich. Jujube ist das Lachen vergangen, ohne daß sie so recht versteht, warum.

Die tränengetränkten Batisttaschentücher sind getrocknet. Die Mama hat das Haus ihrer Träume gefunden; ringsum Obstbäume, Weiden und pappelgesäumte, von schnatternden Gänsen und Enten bevölkerte Weiher. Ansonsten waren die Gänse bösartige Biester, die nach allem und jedem schnappten und jagten. Mit einem Stöckchen teilt Jujube verstohlen Hiebe aus, sobald sie sich unverfolgt und außer Reichweite weiß. Ein farbenprächtiger Erpel hat seine Zuneigung zur Mama entdeckt und folgt ihr wie ein Hund auf Schritt und Tritt. Die Mama ist entzückt, ja geradezu verzückt, wenn die Hennen (was doch normal ist) legen und die Kühe (was sie auch normalerweise tun) Milch geben. Sie ist rundum glücklich, die Mama. Maurer, Elektriker, Klempner, Dachdecker, Maler und Polsterer sind am Werk. Die Mama ist ausgesucht liebenswürdig zu jedermann. Ihre Freundin ebenfalls.

Jujube hört mit Freuden, daß die Mama ein Pferd und ein Pony gekauft hat, und für das Pony einen leichten zweirädrigen Einspänner und für das Pferd einen Sattel. Jujube liebt Pferde. Die Mama spricht von Landwirtschaft, Viehzucht und Ertrag. Sie ist auch schon ganz anders angezogen: Reithosen, Baskenmütze, Leder- oder Tweedjoppe, Stiefel.

Die Arbeiten werden bald abgeschlossen sein, und Jujube sieht mit banger Erwartung der neuen Behausung entgegen. Der ersehnte und gefürchtete Tag ist da. Das Mütterhaus ist fertig. Die drei Mädchen ziehen genau zu der Zeit ein, als auch die Schule beginnt. Gegen Anfang August war ihnen eine englische Hauslehrerin verpaßt worden, häßlich wie die Sünde und unerbittlich grün gewandet und behütet. In dem Haus, das die Mädchen nun verlassen müssen, hatte sie genau über dem Eßzimmer gewohnt. Der nackte Parkettboden hallte unter jedem ihrer Schritte, und auf den ihr geschuldeten Respekt konnte die Unglückliche schon lange nicht mehr zählen, seitdem die Mädchen es allmorgendlich, bevor sie zum Frühstück herunterkamen, in den blau-weißen Emailkübel plätschern und rinnen hörten. Die albernen Gänschen wollten sich darüber halbtot lachen, und Mademoiselle begriff nicht, wieso sie losprusteten, wenn sie ihr »guten Morgen« sagten. Schließlich war sie's leid und kehrte, ohne daß man je erfuhr, auf welche Weise, in ihre Nebelheimat zurück.

An besagtem Tag ist Mademoiselle jedoch noch vorhanden, und sie ist es, die die Mädchen vor sich her in den Salon des neuen Hauses treibt. Und dort findet Jujube den rosaroten Teppich ihrer Kindheit wieder, mit all den Blütenträumen und Blütensträußen; an anderer Stelle die Kommode aus dem Schlafzimmer der Großeltern und im Vorraum den mächtigen Schrank, wie eh und je prall gefüllt mit hundert Paar bestickter Bettücher.

Wie ist das alles bloß hierhergekommen? Jujube schaut die Mama und deren Freundin an. Sie sind ahnungslos, lächeln verklärt, dabei wurde ihnen soeben der Krieg erklärt, ein Krieg ohne Blutvergießen, aber nicht ohne Tränen. Drei plus zwei, die niemals fünf ergeben werden, drei Mädchen und zwei Mütter. Anstatt einer.

Jujube brüllt vor Sehnsucht in Totenstille. Sie wartet auf die Nacht, um ihr heimliches Leben führen zu können. Manchmal erzählt sie:

»Ich ging hinaus, um mich vom Mondlicht verbrennen zu lassen und dicke, weiße Nektarinen zu stibitzen. Niemals mehr fand ich solch saftige und schmackhafte Früchte. Sie wuchsen im Garten einer uralten Frau, die sich beim Gehen so tief über ihren Stock bückte, daß sie sich parallel zum Boden fortbewegte. Sie gehörte einer anderen Welt an, der Welt des Feuers und der Stille. Nur sonntags beim Kirchgang sah man sie den Hang hinunter- und wieder hinaufkommen, sonst saß sie unentwegt vor dem Kamin im größten Raum ihres Hauses. Mit Hilfe von Weinranken, die so verrenkt und knotig waren wie ihre Finger, schürte sie in der riesigen Feuerstelle die Flammen unter einem Holzklotz, der sich nie verzehrte. Oberhalb der Gluten baumelte ein dreifüßiger schwarzer Kessel, aus dessen schlecht schließendem Deckel betörende Düfte aufstiegen. Suppe? Bouillon? Magisches Gebräu? Ja, es war ein magisches Gebräu. Ich richtete es so ein, daß ich mein Opfer nach dem Ende der Messe traf und im Vorbeigehen grüßte. Sie lud mich sogar in ihr Haus ein, und hier sah ich als lebendige Wirklichkeit das, was ich sonst nur in Geschichten las oder in Romanen, von denen ich hastig einige Seiten verschlang, bevor ich sie in die Regale zurückstellte. Sie war für mich eine leibhaftige Hexe, und ich war gewiß, daß sie es wußte und daß sie den Pakt des Schweigens zwischen uns besiegelt hatte. Dennoch ist sie eines Tages im Winter gestorben, aber voll angekleidet, gerüstet für die Reise, beschuht für jenen anderen Weg, ihren Stock in Bereitschaft am Kopfende ihres Bettes. Nach weißen Nektarinen gelüstete es mich nun nicht mehr.«

Jujube verstummt. Sie verschließt sich wie eine Auster.

Während dieser Zeit amüsieren die anderen sich mit dem Spiel des Tötens. Seit die alte Hexe tot ist, mißhandelt ihr Sohn die Rinder, indem er nach ihnen sticht und sie beschimpft. Er geht auch auf die Jagd, mit einem richtigen Gewehr, dieser Bursche. Vielleicht würde er es sogar fertigbringen, auf einen anderen Menschen anzulegen, auf jemanden, der sich auf seinen Grund und Boden, in sein Reich vorgewagt hat. Wer weiß? Großvater schoß ja auch auf die Hinterteile der Apfeldiebe, aber sein Schrot bestand nur aus Salzkörnern. Er schoß zielgenau, dieser Satanskerl, und lachte dazu schallend. Schon möglich, daß es diesen da Spaß macht, dem Gegner aufzulauern und ihn nicht zu verfehlen. Ein merkwürdiges Spiel.

Der Marschall Pétain erregt bei der Mama nur Mißfallen. Die deutsche Besatzung beginnt man zu spüren. Nie gesehene Leute gehen durchs Haus, bleiben zwei oder drei Tage und verschwinden. Andere halten sich hier versteckt, wohl schon seit mehr als einem Monat; Jujube hat sie mit eigenen Augen gesehen, weil sie überall herumschnüffelt. Keine Tür, keine Schublade kann ihr auf Dauer Widerstand leisten. Sie schleicht auf Samtpfoten wie eine Katze, und sie auf frischer Tat zu ertappen, ist noch niemandem gelungen. Sobald eine der Mütter auftaucht, hat sie sich schon aus dem Staub gemacht. Mangels Beweisen haben sie sie schließlich vergessen.

Heute nachmittag schlendert sie durch die Maulbeerbaumallee, um nach Seidenraupen Ausschau zu halten. Aber es sind keine da. Daraufhin zieht sie ein Büchlein aus der Tasche und deklamiert lauthals den Dialog zwischen Hermione und Orest, um den Sinn und den Klang der Worte Racines besser ins Ohr zu bekommen. Sie möchte begreifen, warum offenbar niemand glücklich zu sein vermag.

Die Flügelhaube der Mutter Oberin vom Kloster nebenan flattert durch die Allee. Der häßliche Vogel kommt auf Besuch, Tee-Kekse-Geschnatter. Jujube kann sie nicht leiden, sie würde nie die Zähne zeigen, wenn sie lächelt. Vielleicht hat sie gar keine. Jujube zeigt ihr die ihren wie ein Hund, der gleich zubeißen wird. Das macht ihr Spaß, wie auch die Feststellung, daß der Blick der Nonne ihr ausweicht.

## *Die Ohrfeige oder Wie Jujube tötete, was sie liebte*

Man muß glauben. An Gott glauben, der deinen Großvater in Lourdes durch ein Wunder geheilt hat. Einverstanden.

Oktober. Eine zärtlich um das Wohl ihres Kindes besorgte Mama hat Jujube in eine – wie sollte es anders sein? – Nonnenschule verfrachtet, so weit wie möglich – wie anders? – vom mütterlichen Domizil entfernt. Die Religion verfügt über merkwürdige Begründungen, die das deportierte Kind aber ablehnt. Sein ganzes weiteres Leben lang. Das deportierte, weil abgelehnte, überflüssige, unbequeme Kind findet sich also in einem prachtvollen grünen Gefängnis wieder. Noch ist Spätsommer, jener unvergleichliche südwestfranzösische Noch-nicht-ganz-Herbst. Schön ist es hier, zugegeben, dieser Ort, der Park, die Architektur des ehrwürdigen Gebäudes mit der offenen Kapelle. Zufluchtsort.

Was liegt näher, als sich in die Behaglichkeit und Stille dieser Kapelle zu flüchten? Vor allem, wenn man als seine Haupttugend die Faulheit auserkoren hat oder es zumindest vorgibt, weil man sich hinter ihr wie hinter einer sicheren, uneinnehmbaren Festung verschanzen kann: Jujube hat einen Hang zur Mystik. Stundenlang hält sie die Arme gekreuzt und sucht nach dem Gott, den man ihr verheißen hat. Immer noch besser als Gymnastikunterricht! Ihr Leben lang wird sie eine Vorliebe haben für sanftes Kerzenlicht, für das zarte Duftgemisch von Weihrauch und Blumen, wie Lilien, Iris, Schneeballen, und die scheußlichen Gladiolen verabscheuen, die aussehen wie in Aluminium gegossen. Ihr Leben lang wird sie den Duft der Iris und Lilien, der prallen Schneeballen zu erhaschen suchen und Blumen, die nicht ohne zu brechen den Winden zu trotzen vermögen, strikte ablehnen. Eines Tages wird sie sich ein Haus bauen, berankt von einer treuen Glyzinie, die es versteht, einen zu umarmen, ohne einen zu ersticken.

Vorläufig ist sie noch Internatszögling. Nicht häßlich. Kraft- und saftstrotzend. Wie alle hier, wäscht sie sich morgens und abends vor dem Zubettgehen unter ihrem Nachthemd. Sie ist traurig. Neuneurara sthee enisch. Stimmt. Irgendwie verrückt ist sie auch. Angeblich. Der Schwester, die die Nachtaufsicht führt, scheint das jedenfalls nicht zu mißfallen. Nicht übel, diese Nonne, große grüne Augen, schwarze, von Silberfäden aufgehellte Haare, wütende, weil plattgedrückte Brüste und ein Mund, der nur Seufzer durchließ. »Ich sage es offen und ehrlich: ich habe es gehört und gesehen.« Auch ihre Hände waren sehr schön und sehr neugierig, begierig, mehr zu erfahren. Jujube war dieses Mehr, und es gefiel ihr; aber es mißfiel ihr auch zugleich, da es ihre Vorstellung von Abstinenz erschütterte.

Jujube kann sagen: »Danke, Schwester, ich habe viel geweint und habe es doch immer geschafft, getröstet zu werden. Liebe Eltern, liebe Mama, eure Zärtlichkeit und eure Fürsorge wären für mich das Kostbarste auf Erden gewesen, sie hätten mir Kraft und Sanftmut gegeben. So mußte ich mir immer wieder erschleichen, was ihr mir nie gegeben habt. Zum Ausgleich habe ich gelernt, was Mut und Freundschaft bedeuten, auch was Liebe ist – ohne euch.«

Als Jujube, wie immer verfrüht und unerwartet, aus ihrem Internat heimkehrte, fand sie das Mütterhaus wohlgeordnet.

Die Kinder oben in der Mansarde, denn Kinder dürfen wohl nicht bei ihren Müttern leben. Dieser zweistöckige Taubenschlag dort oben unter dem Dach hat durchaus seinen Charme, mit dem großen Badezimmer und dem runden, dickbauchigen und versilberten Bollerofen, der das Ganze beheizt. Jujube friert leicht und stopft den Ofen randvoll mit Kastanienscheiten. Das duftet herrlich. Jujube wird gerügt, weil es zu heiß ist. Warum kommen die Mütter auch zu uns herauf, fragt sich Jujube, da wir doch auch nicht zu ihnen können, ja nicht einmal dürfen? Die blonde Freundin der Mama ist ein Leckermaul, und nicht einmal jung. Wir hingegen dürfen angeblich Schokolade und allerlei feine Dinge haben, nur – sie sind eingesperrt, entweder in einer Art Tabernakel im Bücherschrank, der im Schlafzimmer der Mütter steht, oder im Eßzimmer, das ringsum von Wandschränken eingerahmt ist. Es befindet sich im Erdgeschoß und geht auf die Terrasse hinaus. Jujube liegt lesend im Liegestuhl – sie spielt die Ruhebedürftige –, genau vor der Tür des besagten Speisezimmers. Sie blickt nur flüchtig hoch, um festzustellen, daß die Mama und ihre Freundin jetzt in die nächste Ortschaft zum Einkaufen fahren. Sie haben das Pony vor den Wagen spannen lassen, und die Mama betätigt sich als peitschenschwingender Kutscher. Sie ist schön und lacht vor Vergnügen. Jujube beißt sich vor Wut auf die Lippen und lächelt nicht. Sobald das Getrappel der Hufe und das Rollen der Räder abebbt und das Knirschen des Gittertores ihr verrät, daß der Feind den Rücken gekehrt hat, erhebt sich Jujube, sachte und lautlos wie eine Raubkatze. Gehen kann man es nicht nennen, dieses barfüßige Schleichen auf den roten Fliesen. Jetzt ist sie am Ziel.

In der Schublade im Salon sind die Schlüssel; sie nimmt sie an sich, schleicht ins Eßzimmer zurück, allerdings über den Dienstbotenflur, um sich zu vergewissern, ob sich die Domestiken auch wirklich in der Küche und im Anrichteraum aufhalten, und dann öffnet sie seelenruhig die Türen zu den verbotenen Köstlichkeiten. Sekundenlang schließt sie in teuflischer Genugtuung die Augen, doch dann packt sie zu, mit unglaublicher Schnelligkeit. Kakao, Eier, Zukker, auch ein Bonbon wickelt sie aus, läßt aber das knisternde Papierkügelchen absichtlich im Schrank liegen. Mit geschwollener Backe sperrt sie wieder zu, legt die Schlüssel zurück an ihren Platz und saust nach oben in die Mansarde. Wenn ihre Schwester heute abend heimkommt, wird sie eine üppige, von den liebenden und rächenden Händen Jujubes zubereitete Schokoladencreme vorfinden.

Jujube verzeiht nichts, sie sieht alles und wiederholt ihre Rachefeldzüge. Aus Mangel an Liebe und Zärtlichkeit stiehlt sie. Das ist wenigstens etwas Handfestes. Und es gebührt ihr. Ihre Schwester braucht Geld? Also stiehlt sie die bestickten Bettücher aus Familienbesitz, um sie zu verkaufen. Sie hat ein gutes Gewissen dabei und plant ihre Aktionen mit äußerster Sorgfalt. Auf ihr Konto gehen wirklich alle Missetaten, die im Haus verübt wurden, und sie ist stolz darauf.

Eines Tages aber sollte Jujube die Mama in der Mansarde vorfinden; sie las in dem geheimen Tagebuch, das Jujube doch so sorgfältig unter ihrer Matratze versteckt hatte. Wie versteinert bleibt sie im Türrahmen stehen und starrt die Mama an. Die Mama dreht sich um und bemerkt sie. In flagranti erwischt, die Mama, und das behagt ihr ganz und gar nicht. Daher geht sie gleich zum Angriff über und wirft Jujube Untaten vor, die diese noch gar nicht begangen hat, die sie aber auf nützliche Ideen bringen. Sie blickt der Mama voll in die Augen; Jujubes Verachtung ist so stark, daß sie zu Eis erstarrt, die Hand hebt und der Mama gleich zwei Ohrfeigen gibt.

Die Mama rührt sich nicht, und Jujube wirft ihr einen letzten Blick zu, den ersten dieses neuen Lebens. Aus. Jujube hat getötet, was sie geliebt.

Das ist meine Mutter, sagt sie, aber das ist auch alles. Doch das seltsame Brandzeichen in ihrer rechten Handfläche wird niemals vergehen.

»Du bist ein Findelkind«, sagte die Mutter zu Jujube, als diese noch ganz klein war. »Du bist die Frucht einer Vergewaltigung...« Was das wohl für ein Baum sein mag, fragte sich die Kleine.

»Du bist nicht meine Tochter, ich habe dich bei Zigeunern gekauft.«

Messerstiche in das Herz des Kindes, das zu verstehen sucht, wo die Wahrheit liegt. Ein heimtückischer Schmerz, all diese schrecklichen, nicht ausgesprochenen, inhaltsschweren Fragen. Und schließlich wächst jene Krake heran, die von Jahr zu Jahr größer wird und einem das Herz abdrückt.

»Sie scherzten vielleicht, Mama, aber der Ton Ihrer Worte schien mir Ihre tatsächlichen Gefühle für mich auszudrücken. Ich weiß es und bin mir ganz sicher: Sie haben mich nie geliebt, Mama.« Verdammtes Gedächtnis, sagt Jujube sich wieder und wieder. Hätten diese Worte nicht auch einfach platzen können wie widerliche Blasen? Nein.

## *Jujube entdeckt die Résistance – Flucht nach Paris – Verhaftung und Verhör*

Seit mehreren Wochen häufen sich in immer kürzer werdenden Abständen die Blitzbesuche jener schweigsamen und geradezu unsichtbaren Gestalten. Jujube bleibt kaum Zeit, einen flüchtigen Blick zu riskieren. Die Mama macht merkwürdige nächtliche Ausflüge, allein, auf dem Gepäckträger ihres Fahrrads einen Weidenkorb mit Deckel. Was sie darin wohl transportiert? Von solchen nächtlichen Fahrten kehrt die Mama nie vor dem Morgengrauen heim. Jujube begreift schließlich, indem sie zufällig in ihrer Nähe fallengelassene Worte aufschnappt und geduldig zusammenfügt. Die Mama gehört zur Résistance. Sie versorgt den Untergrund mit Lebensmitteln. Jujube hat sie belauscht, wie sie die gestörten Sendungen des englischen Rundfunks abhörte, wo Mitteilungen durchgegeben werden, die so eigenartig klingen wie gewisse Gedichte.

Venera, das hübsche spanische Dienstmädchen, diese tolle Frau, die das Haus in Schuß hält, trällert nach wie vor: »Das Leben ist schöön, und die Kiesel blühün . . .« Sie tut, als sähe sie nichts. Sie wird ihr Leben lang zur Mama halten und ihr eine treue Freundin sein. Wie auch ihr Mann und ihre Tochter. Diese drei werden das einzige Bindeglied bleiben zwischen ihr und der Erinnerung an das tote Glück, das Gedächtnis und Herz mit Fäulnis überzieht.

Die stummen Gäste machen im Haus kurz halt, bevor sie versuchen, nach Spanien hinüber zu gelangen und sich einem gewissen de Gaulle, der in England eine neue französische Armee gegründet hat, anzuschließen. Wörter wie Hoffnung, Sieg, Alliierte, Befreiung werden gemurmelt wie Gebete.

Jujube und ihre Schwester fahren nach Bergerac zur Schule, selbstverständlich per Rad. Sie könnten zwar auch einen Autobus nehmen, aber der Unterricht dauert meistens zu lange, wie auch an diesem Tag. Fröhlich radeln sie die zwanzig Kilometer dahin, die sie von daheim trennen, und erreichen schließlich das Gittertor, das entgegen allen Gewohnheiten weit offen steht. Sie schließen es schimpfend und schieben dann einhändig ihre Drahtesel die Maulbeerbaumallee hinauf. Sie haben Hunger und beeilen sich, aber da fällt ihnen noch etwas auf: auch alle Türen des Hauses stehen weit offen. Sie nehmen den Weg über den Hof, um direkt zur Küche zu gelangen, und treten ein. Ein unbeschreibliches Durcheinander erwartet sie. Überall, in sämtlichen Räumen, umgedrehte Möbel, ausgekippte Schubladen, aufgeschlitzte Matratzen, heruntergerissene Vorhänge, aufgebrochene Schlösser. Rufend hasten die Kinder durch sämtliche Zimmer. Niemand wird ihnen antworten. Die Deutschen waren hier, um die Mama zu verhaften, und haben deren Freundin auch gleich mitgenommen. Sie haben alles verwüstet, die auf dem Boden verstreuten Fotos zerrissen, jede Erinnerung besudelt.

Niedergeschmettert hockt Jujubes Schwester auf dem Bett der Mama. Keines der Mädchen weint. Jujube rafft sich auf, um nachzuschauen, ob nicht doch noch ein Rest ihrer Kindheit an diesem Ort des Grauens zurückgeblieben ist. Sie rotiert mit irrsinniger Geschwindigkeit. Die Nachttischschublade der Mama ist verschlossen geblieben, wie immer. Inmitten dieses chaotischen Durcheinanders schwillt sie zu riesenhafter Bedeutung an. Jujube öffnet sie: Das Goldarmband der Mama ist da, das schwere, das sie so gern am linken Handgelenk trägt. In einem Wildlederetui ruhen ahnungslos die lange Halskette und das Lorgnon der Großmutter. Auch ein paar Banknoten. Wo ist die Brillantspange? Wahrscheinlich verkauft. Jujube sucht verzweifelt überall nach einem kleinen Zipfel ihrer Kindheit, aber es sind nur die Halskette und das blinde Lorgnon der Großmutter geblieben. Mitsamt der Kette und den Banknoten stopft sie es sich in die Tasche.

Ihre Schwester ist zum Kloster nebenan gelaufen, wo die geschwätzige Mutter Oberin regiert, um die Wahrheit über das Vorgefallene zu erfahren. Als sie zurückkommt, findet sie Jujube auf dem Küchenboden hockend, einen Apfel in der Hand, den sie vergessen zu haben scheint. Die Schwester betrachtet Jujube, die Diebin, Jujube, das Wiesel, Jujube, die Stumme, Jujube, die Kleine, die früher oder später durchaus den Mund aufmachen könnte. Sie wird langsam beunruhigend, unberechenbar. Die Schwester erklärt ihr, die Mama und ihre Freundin seien von den Deutschen im Auto auf die Kommandantur von Périgueux gebracht worden.

Hals über Kopf packen die Mädchen einen Koffer für die Mutter. Sie tragen einen Mantel, Strümpfe, wollene Unterwäsche und mollig warme Pullover zusammen. Sie brechen das Konserven- und Keksversteck auf und stopfen alles, was nur hineinpaßt, in den ohnehin schon viel zu schweren Koffer. Sie haben ganz vergessen, daß sie ja auch gern Süßes mögen, sie fassen nichts an, halten nichts für sich selbst zurück.

Sie schleifen den riesigen Koffer zum Bahnhof und besteigen den Zug, ihren Schatz nicht aus den Augen lassend. Erschöpft finden sie sich auf der Kommandantur ein, wo sie sich dem General Platzkommandanten gegenübersehen. In seinem Büro. Dort deponieren sie ihre kostbare Fracht und verlassen, nicht ohne sie ihm tausendfach ans Herz gelegt zu haben, in höchster Verlegenheit diesen stickigen und zugleich eisigen Ort.

Draußen angekommen, geraten sie in Panik; sie drehen sich um, jemand folgt ihnen. Der Wettlauf beginnt. Wie zwei Wahnsinnige stürzen sie die Straßen zum Fluß hinunter, ihr Atem wird kürzer und kürzer, ihre Angst immer bedrängender. Sie ducken sich an die Mauern, in die toten Winkel der Haustüren, unter die Torbögen und erreichen schließlich, überzeugt, ihren Verfolger abgeschüttelt zu haben, den Bahnhof. Sie fühlen sich frei. Stolz blicken sie einander an, absolut sicher, den Feind aufs Glatteis geführt zu haben. Der Feind aber lacht lautlos in sich hinein; er wird sie schon im rechten Moment in die Falle locken, er glaubt Zeit zu haben. Aber seine Zeit wird kürzer sein als der Atem dieser zwei angstgepeinigten, wie Niederwild – wenn auch ohne Hundemeute – gehetzten und gejagten Mädchen. Daß die Jäger Franzosen sind, wird Jujube nie vergessen.

Jujubes Schwester hat Freunde in Paris, die Jujube allerdings noch nie gesehen hat und deren Sprechweise ihr auch völlig neu ist. Sie begreift nur, daß es nicht angebracht ist, auch nur die kleinste Frage zu stellen, und hüllt sich daher, wie gewohnt, in behagliches Schweigen. Nach drei Tagen besitzen sie keinen roten Heller mehr. Sie schlendern in Richtung Avenue de l'Opéra, hin zu jener Oper, der Jujubes Herz gehört; Jujube, die in der Elevenklasse von Mademoiselle Cesbron tanzen durfte, Jujube, die sich an die Wand drängen und ihre Reverenz erweisen mußte, wenn Monsieur Lifar, die unvermeidliche Baskenmütze auf dem Kopf, ihr auf dem Flur zufällig begegnete, Jujube, die schon zitterte, wenn sie auf dem Marmorboden nur das Geräusch der zornigen Absätze von Monsieur Aveline vernahm.

Im Augenblick ist die Avenue de l'Opéra fast menschenleer. Sie bleiben vor den Auslagen der Juweliere stehen und überlegen, welchem sie die lange Perlenkette der Großmutter zum Kauf anbieten sollen. Nachdem sie ihre Wahl getroffen haben, betreten sie das Geschäft, und Jujubes Schwester beginnt zu verhandeln. Der Mann ist allein im Laden und scheint die Transaktion so schnell wie möglich hinter sich bringen zu wollen. Er wiegt die Kette und zieht sich in den Nebenraum zurück, um das Geld zu holen. Jujubes Schwester ist traurig, als ihr die Banknoten ausgehändigt werden. Mit hängendem Kopf geht sie hinaus. Kaum draußen, meint Jujube, sie sollten ihre Schritte etwas beschleunigen, ohne jedoch zu laufen, und verständnislos schaut die Schwester sie an. Jujube zieht ihre Hand aus der Tasche und zeigt die »rückeroberte« Kette; die Schwester reißt die Augen auf, kugelrund und glänzend wie Glasmurmeln. Ohne ein Wort zu sprechen, nur geheimnisvoll lächelnd, beschleunigen sie ihre Schritte um ein Vielfaches. Jujube fühlt sich durchaus wohl in ihrer Haut, voll und ganz in ihrem Recht, völlig in Einklang mit ihrem höchst eigenwilligen Moralverständnis. Ihre Schwester enthält sich jeglichen Kommentars, und so betreten sie schließlich eine Bäckerei, die ekelhaftes Sandgebäck verkauft, das seinem Namen alle Ehre macht, denn es knirscht zwischen den Zähnen, hat aber den Vorteil, daß es ohne Lebensmittelkarten abgegeben wird und sie es ohne Gewissensbisse essen können. Die drei vergangenen Nächte in jenem miesen Hotel sowie die vom schmutzstarrenden und mißtrauischen Besitzer verlangte Vorauszahlung für eine weitere Nacht können bezahlt werden.

Sie wissen noch nicht, daß es die letzte sein wird. Zumindest in diesem Etablissement.

Jujube stellt sich die Kardinalfrage.

Warum soll man alles sagen?

Ist das so nützlich?

Und wem?

Für wen?

Einem einzigen, der sich ein Traumbild von derjenigen macht, die er für mich hält?

Mein wahres Ich kenne doch nur ich selber, und das werde ich niemals ganz preisgeben. Vielleicht überhaupt nicht.

Wer kann mich schon mögen?

Die, die ich bin.

Niemand, da niemand weiß, wer ich bin.

Ich fliehe die Fragen; weiche der Frage aus, die andere formuliert haben.

Ich ekle mich vor gewissen tiefschürfenden Worten, die mir auf den Leib rücken.

Das Verhör... Es ist zusammengesetzt aus solchen Wörtern, aus diesem stinkenden Material. Und doch muß ich mit dir sprechen, dir schreiben, da kein anderer es für mich tun kann und ich es nicht dulde, daß man mich nach meinem Tod noch anrührt. Also sei's drum.

In dem Zug, den wir in Périgueux bestiegen und den wir für ein Geschenk des Himmels hielten, war ein Mann, den wir nicht sofort bemerkt hatten. Er war fahl, ausdruckslos, und an den folgenden Tagen trafen wir ihn in der Metro, im Café, auf der Straße, vor der Tür unseres schäbigen Hotels, ja überall, wo wir hingingen, wieder. An einem bestimmten Tag im September war ich mit meiner Schwester am Pam Pam in der Nähe der Madeleine verabredet. Ich wartete dort, als plötzlich die Bremsen eines Wagens ohrenbetäubend quietschten, was besonders auffiel, weil zu jener Zeit überhaupt nur sehr wenig Autos herumfuhren. Wie alle anderen schaue auch ich hin und sehe, wie drei Männer ein junges Mädchen, das sich aus Leibeskräften wehrt, vor sich herstoßen. Sie wollen sie mit Gewalt in dieses vermaledeite schwarze Auto bugsieren. Das junge Mädchen ist meine Schwester.

Nie in meinem Leben werde ich nochmals so schnell laufen. Ich trommele mit aller Kraft gegen die Scheiben, bis einer der Männer aussteigt und mir neben sich Platz macht. Aber es ist zu eng. Lachend zerrt der Kerl mich auf seinen Schoß. Meine Schwester ist kreidebleich; es tut ihr weh, mich so gedemütigt zu sehen. Meine große rechteckige Tasche aus Hartpappe und Zellstoff verletzt mich mit einer ihrer Kanten am Bein. Ich inspiziere den Boden des Fahrzeugs und bemerke die Tasche meiner Schwester. Sie ist irgendwie ungewöhnlich dickbauchig. Wichtige Papiere? Oder ein Gegenstand? Einen tatsächlich vorhandenen Schmerz vorgebend, verrenke ich meinen Körper so, daß ich meine Schwester sehen kann, wobei ich mich diesen unglaublichen Satz sagen höre: »Eine tolle Idee, diese Autofahrt, wohin geht's denn? Seit Monaten habe ich so etwas nicht erlebt und nur davon träumen können.« Gleichzeitig bücke ich mich zu meinen Füßen hinab, angele die Tasche meiner Schwester am Schulterriemen heran und ziehe sie vorsichtig näher zu mir. Bei der Ankunft werden wir sie so leichter austauschen können.

Meine Schwester starrt mich aus ihren gelbblitzenden Augen an, als hätte ich den Verstand verloren. Irrtum. Der Wagen hält vor einer Prachtvilla in der Avenue Foch. Ohne lange zu fackeln, zerren die Männer uns aus dem Wagen, verpassen uns Handschellen und fesseln uns die Hände auf dem Rücken. Meine Schwester wirft mir einen letzten tränenlosen Blick zu; uns ist auch nicht nach Weinen zumute. Wir lieben einander wie nie zuvor. Das wird unsere Stärke sein. Wir sind entschlossen zu siegen.

Doch wirklich siegen sollten wir erst wesentlich später, mit all jenen, die jetzt schon an Leib und Seele Not und Tod erleiden – aber das weiß ich noch nicht. Ich bin ein kleines Mädchen und wieder einmal allein. Man trennt meine Schwester von mir, und ich finde mich in einem Büro wieder, wo eine junge Frau auf einer Schreibmaschine hämmert. Sie schaut nur flüchtig zu mir her und bedeutet mit einer Kinnbewegung dem Soldaten, dem man mich und ein paar Befehle zugeschleudert hat, daß dort ein Stuhl steht. Er stellt die Tasche neben mich. Ich setze mich, so gut es geht, unter dem wachsamen Blick des Soldaten, der sich vor der Tür aufgepflanzt hat. Die junge Frau hat einen Apfel aus ihrer Schublade hervorgeholt. Ich habe Hunger. Ohne zu lächeln, schaut sie mich an und rollt den Apfel in meine Richtung, aber ich reagiere nicht. Meine Augen sind nach innen gewandt. Wie kann ich das Ding da in der Tasche zu meinen Füßen, von dem eine spürbare Gefährdung ausgeht, nur loswerden?

Meine Hände sind gefangen. Ich kann die Finger nicht heben, um zu zeigen, daß ich austreten muß. Ich wähle die einfachste Methode, benehme mich wie ein Schulkind und melde von Schüler zu Lehrer: »Madame, ich habe Bauchschmerzen, bitte, darf ich austreten?« Das klingt so bekannt, daß sie sich tatsächlich für die Lehrerin hält: »Machen Sie sie los.« Der Soldat befreit meine Handgelenke und führt mich zu einer Tür im gleichen Raum, läßt sie aber offen. Und da stehe ich nun in einer Prachttoilette: Zum Thron hinauf führen zwei gewachste Holzstufen, wie bei meiner Tante in Bordeaux. Die Wände sind mit Keramikfliesen in reinstem Jugendstildekor ausgekleidet, und auf den Fensterscheiben, die ein sanftes Licht einlassen, herrscht eine lächelnde Dame über einen von Blumen überquellenden Garten. Listig, mit klagendem Stimmchen, wage ich den Vorstoß: »Bitte, Madame, darf ich die Tür zumachen?« Die Antwort übertönt das Klappern der Maschine: »Aber nicht abschließen, und Beeilung!« Na klar!

Ich stülpe den Ärmel meiner Bastjacke hoch, schiebe gleichzeitig den meines marineblauen Kleides nach oben und öffne die Tasche. Ein fest gerolltes, mit Gummiband umwickeltes dickes Bündel Papiere. Ich nehme es auseinander und verwandle alles in Konfetti, stecke, so tief es geht, meinen Arm in die Klosettschüssel und rolle meine nassen Ärmel wieder herunter. Genau in dem Augenblick, da ich die Wasserspülung ziehe, geht die Tür auf. Ich drehe mich um und beginne den schwierigen Abstieg. Meine Knie sind weich wie Gummi und nicht gerade trittsicher. Ich schon. Ich habe vollbracht, was ich wollte. Erledigt. Die junge Frau ist fort. Stundenlang sollte ich mit dem grünen Soldaten allein bleiben. Komisch, plötzlich bekomme ich Angst. An meine Ohren dringen gebrüllte Befehle, sobald eine Tür zum Treppenhaus aufgeht; ich höre Menschen hinfallen und leise klagen, höre erstickte Schreie durch die Holztäfelung dringen. Mir ist kalt. Die Tür öffnet sich einen Spaltbreit, der Grüne nimmt Habachtstellung an und bedeutet mir, ihm zu folgen. Wir betreten den Raum nebenan, wo er mich abstellt und die Tür hinter sich schließt.

Da ist er ja, der bleichgesichtige, blicklose Verfolger dieser letzten Tage! Hier ist er also daheim, kann er entspannt auf der Kante eines langen Tisches hocken, ausstaffiert mit einem entenblauen Anzug, vermutlich sein Sonntagsanzug. Er spricht. »Ihr Personalausweis ist nicht in Ordnung. Ihr Name?«

Ich nenne meinen Namen. »Sie lügen. Ihr Ausweis wurde gefälscht.«

Ich muß lachen, denn das alles ist so lächerlich, daß sogar der Ernst der Lage sich in meinen Augen in eine geschmacklose Farce verwandelt und ich schon fast glaube, alles werde sich zum Guten wenden. Zwei deftige Ohrfeigen wecken mich, und heiliger Zorn macht mich blind. Mit welchem Recht wagt es dieser Kerl, die Hand gegen mich zu erheben, dieser Kerl, der ein Franzose ist und bestimmt zu denen gehört, die meine Mutter festgenommen haben... Mit welchem Recht wagt er mich zu berühren? Ich stürze mich auf ihn, und das Geräusch der zwei Ohrfeigen, die ich ihm nun meinerseits verpasse, klingt mir lieblich in den Ohren. Er hat die Farbe gewechselt, zieht seinen Revolver und legt ihn neben sich auf den Tisch. Er erhebt sich, und nun beginnt der Tanz. Ich spüre überhaupt nichts, zu gewaltig ist mein Zorn. Ein paar Stunden später werde ich nicht mehr ganz so frisch sein.

Das faulige Wasser im Garten meiner frühen Kindheit, wie lindernd war es doch meinem Mund, meiner Zunge; jetzt schmerzt mich mein verletzter Stolz, schmerzt mein Mund, den dieses Aas mir blutig schlägt. Aber nicht ein Fünkchen Bestürzung werde ich ihm zeigen, darauf hat er kein Anrecht. Ich weiß nicht, ob ich es geschafft habe, aber versucht habe ich es mit allen Kräften meines kindlichen Willens.

Noch heute suche ich nach diesem Mann. Ich wünsche

ihm nicht, noch am Leben zu sein. Ich glaube, meine Schwester hatte unter ihm das Unerträgliche zu ertragen. Ich werde es ihm nie verzeihen. Ich habe Angst, wenn die Angst im Alptraum der Erinnerung mich aus dem Schlaf reißt, ich habe Angst, ich könnte fähig sein zu töten. Ich verzeihe es mir nur, weil ich mir vormache, nicht wirklich daran zu glauben. Aber wenn es nun doch wahr wäre, wenn der Haß in mir nur schliefe und beim Geräusch eines bestimmten Schrittes sofort wieder hellwach würde? Ich will es nicht glauben, will es nicht für möglich halten, daß dies alles noch einmal von vorne beginnen könnte, und doch...

Was die Folter für Fortschritte gemacht hat! Wie unauffällig diese ausgeklügelten Verfahren geworden sind, kaum beweisbar. Wie leicht wir das Grauen zum täglichen Gefährten unserer Zeitungslektüre gemacht haben, morgens beim Frühstück oder abends, bevor wir die Füße unter den Tisch strecken oder schlafen gehen, die meisten von uns ohne Gewissensbisse. Wir wollen ihm nicht ins Auge blicken. Das alles ist weit weg, betrifft uns nicht wirklich... Seien wir auf der Hut! Ich weiß, daß ich bis zum letzten Atemzug kämpfen werde für das Glück, gegen den Terror, den intellektuellen Terrorismus, die Gleichgültigkeit und den Raub des einzigen Gutes, das es um jeden Preis zu bewahren gilt: die Freiheit, zu leben, wie man es wünscht, zu denken, zu lachen, zu geben, zu nehmen und ohne Zwang alles, was wir lieben, und alle, die wir lieben, zu lieben.

Es passiert mir, daß ich in der Öffentlichkeit plötzlich schallend lache. Man dreht sich nach mir um, als hätte ich gegen die guten Sitten verstoßen. Es stimmt natürlich, daß ich lache, wie ich schreie, aber der Sprung von einer lachenden Frau bis zum öffentlichen Ärgernis ist meiner

Ansicht nach zu groß, und ich bin nicht bereit, ihn mitzumachen. Ich will dieses wilde und vielleicht ein wenig zu einzelgängerische Tier bleiben, aber die anderen haben Pflöcke in den Boden gerammt und unsichtbare Fäden gespannt, die uns voneinander trennen.

Im Augenblick ist alles grauenvoll konkret. Das Bleichgesicht läßt seine Wut an mir aus. Ich bilde mir ein, Zeichen von Mattigkeit auf seiner dreckigen Visage zu erkennen, und beginne zu hoffen. Man sieht's, es macht ihm keinen Spaß mehr... Ein letzter Fausthieb, doch schon ohne rechten Schwung, und er verläßt den Raum, wo ich wie ein nasser Lappen am Boden liege. Ich schlafe ein wie alle Kinder, die Kummer haben. Es ist schon fast dunkel, als ein anderer grüner Soldat mich rausholt, damit ich mich einer Gruppe in der Halle aufgereihter Frauen anschließe. Flüchtig erkenne ich meine Schwester, das Gehen scheint ihr Qualen zu bereiten.

Draußen auf der Straße erwartet uns ein vergitterter Polizeiwagen mit offener Hecktür und heruntergeklappter Rampe. Jede der Frauen, die dieses palastartige Gebäude verlassen, schleppt sich mehr oder weniger mühevoll dahin. Man hat uns zu Paaren aneinandergekettet und wird uns nur losmachen, um uns einzeln in Metallkäfige zu sperren, die als einzige Annehmlichkeit ein ebenso kältestarrendes Bänkchen aufweisen. Bevor sie einsteigt, dreht meine Schwester sich noch kurz nach mir um, was ihr sichtbar Mühe macht.

Allein in meinem Eisenkäfig, sperre ich die Augen weit auf. Durch winzige Schlitze dringen die Lichter dieses zu Ende gehenden Septembertages des Jahres 1943. Wir fahren mehr als eine Stunde. Dröhnend werden Türen geöffnet, werden Befehle gebrüllt, die wie Wutgeheul klingen; dröhnend fallen Türen wieder ins Schloß, Stille, und dann das metallene Geräusch unserer Tür, die aufgemacht wird, das Klirren des Schlüssels, der die Käfige der Reihe nach befreit. Wohlbewacht entleert sich deren Inhalt in einen öden, von hohen Mauern umzingelten Hof. »Wo sind wir?« murmele ich.

»In Fresnes«, raunt die Frau vor mir.

Man steuert uns hin zu schmutziggelben Büroräumen, wo uns befohlen wird, alle in unserem Besitz verbliebenen Gegenstände auf einen Schaltertisch zu legen, hinter dem Polizisten agieren, die dafür bezahlt werden, daß sie die Schätze einer jeden von uns in einen Papiersack stopfen. Sie schreiben unseren Namen darauf, und dann geht's zur »Leibesvisitation«. In einer Kammer zwei Frauen, weißer Kittel über grauer Uniform. »Ziehen Sie sich aus, los, schnell!«

Jujube ist nackt. Die schamlose, erniedrigende Prozedur beginnt. Aus Jujubes Innerstem wird eines dieser Weiber seinen Polizeifinger herausziehen, blutbeschmiert. Jujube zittert vor Haß und Abscheu. Betont langsam schlüpft sie in ihre Kleider, als bereite sie sich auf die Attacke vor. Die grauen Polizeihündinnen spüren das und bellen den Wachtposten herbei.

Etwa zehn Meter auf metallenen Laufstegen, dann Gänge und Türen mit blinden Zyklopenaugen. Der Kerl stößt sie in eine offene Zelle, und sie hört, wie der Riegel zuschnappt. Sie dreht sich um: allein, nur eine in der Wand verfugte Holzpritsche mit einer sorgfältig gefalteten Decke. Der Raum ist sehr hoch, und von der Decke baumelt eine armselige Glühbirne. Ganz hoch oben vermeint Jujube eine Art Dachluke zu erkennen. Unerreichbar. Sie legt sich auf die Pritsche und starrt die Tür an. Das Auge des Wachbeamten, das sich an das hierfür vorgesehene Loch preßt, fasziniert sie. Seit drei Tagen brennt ohne Unterbrechung dieses fahlgelbe Licht. Zeit ihres Lebens wird Jujube nur noch bei Licht schlafen können.

Heute früh ist man sie holen gekommen; sie schließt sich einer Gruppe Frauen an und entdeckt ihre Schwester. Eine unbeschreibliche Freude! Leider muß die eine in Zelle 322 und die andere in 326. Bei Jujubes Eintritt bricht eine angeregte Diskussion urplötzlich ab. Die Damen hier sind alles andere als erfreut, an diesem ursprünglich für eine Person vorgesehenen Ort noch eine vierte auftauchen zu sehen.

Jujube ist verlegen und richtet sich in der rechten Ecke nahe der Tür und gegenüber dem Abtritt ein. Der darüber befindliche Wasserhahn tropft. Der Wärter erscheint nochmals und gibt ihr eine leichte, weiche, ja sogar trokkene Decke sowie einen orangefarbenen, mit schwarzen Mustern versehenen Lappen, der ihr offensichtlich als Handtuch dienen soll.

Die Damen beachten Jujube nicht weiter. Sie legen sich die Karten. Tagaus, tagein dieselben Gesten. Immer ist es die Älteste, eine dicke Blondine, die den anderen die Zukunft voraussagt und erzählt, was sich draußen, in der Außenwelt, tut. Diese Damen sind Prostituierte. Die Gestapo spannt mit Vorliebe Menschen verschiedenster Art zusammen. Jujubes Schwester ist besorgt, ob Jujube auch nicht friert, nicht Hunger leidet. Sie teilt es auf die gefängnisübliche Weise mit: eine weibliche Stimme brüllt lauthals eine Frage, worauf unmittelbar die ebenfalls gebrüllte Antwort folgt, bevor die Aufseher überhaupt lokalisieren können, woher die Mitteilung kommt. Nein, Jujube leidet keinen Hunger, aber eine der Damen, die in einer Bäckerei gearbeitet hat (also zwei Berufe ausübte), bekommt von ihren ehemaligen Brötchengebern ein Päckchen mit Keksen und duftenden Sandkuchen. Jujube läuft das Wasser im Munde zusammen, während die andere genüßlich und seelenruhig knabbert. Lange hält Jujube das nicht aus, sie gerät in Rage, und eines Nachts faßt sie den Entschluß: »Sobald sie schlafen, werde ich ein winziges Stückchen stibitzen.« Ewig hat sie schon nichts Süßes mehr gegessen. Sie tut es ohne Gewissensbisse und mit dem ihr eigenen sehr persönlichen Rechtsempfinden.

Aber es stimmt, Hunger leidet sie nicht. Die Halbkugel Schwarzbrot mit ihrer Einkerbung, in die ein winziges Stückchen irgendeiner nach Fett schmeckenden Masse eingeklemmt ist, genügt ihr. Die dünne Suppe ebenfalls. Und die schwarze warme Brühe, die um fünf Uhr früh gebracht wird, macht ihr schon fast Freude; aber Langeweile quält sie, zum ersten Mal in ihrem Leben. In eine der Holzverstrebungen des blinden Fensters hat ein Gefangener erfolgreich ein Guckloch gebohrt. Wenn man das Auge fest dagegenpreßt, kann man eine angepflockte weiße Ziege sehen, die friedlich grast und ab und zu den Kopf zum Gefängnis hin hebt, als blicke sie durch die Mauern hindurch. Tausenden hat der Anblick dieses Tieres wohl schon Trost gespendet, dabei ist die Ziege ja auch nicht frei, aber immerhin außerhalb der Mauern. Der Strick – wir wollen es, wollten es glauben – diente ja nur zu ihrem Schutz. Gegen wen? Damals waren doch ohnehin nur die Wölfe fett. Gedankenverloren schaut Jujube stundenlang dieser Ziege zu.

Der fast hautnahe Kontakt mit diesen merkwürdigen Damen, deren Sprechweise und Gerede sie nicht versteht, ist ihr unangenehm. Um sich die Zeit zu vertreiben, zieht sie Fäden aus ihrer Decke und dreht sich ein Springseilchen sowie Bändchen, um ihre schon über die Taille reichenden Haare zu Locken zu wickeln.

Eines Morgens herrscht großes Tohuwabohu. Duschtag. In rasendem Tempo geht's an einer Kette johlender Aufseher vorbei. Das erste Mal fragt man sich noch, warum. Die Türen springen auf, man muß sich ausziehen, waschen, abtrocknen und wieder anziehen – und das alles in einem unmenschlichen Tempo. Jujube, nackt vor aller Welt. Das Kleidchen vor den eingeschäumten Körper gepreßt, dabei muß man doch die Arme heben, um in die Ärmel zu schlüpfen... Das derbe Gejohle klingt schauderhaft. Nie wieder wird sie sich vor irgendeinem Menschen ausziehen können. Die drei Tage in der Zelle mit den Todeskandidaten waren weniger schlimm gewesen. Natürlich ist das Miniaturauge des Wärters unangenehm, und auch die baumelnde Glühbirne kann zum Alptraum werden, aber wenn man's recht bedenkt, gewöhnt man sich daran leichter als an die Promiskuität.

In die Zelle zurückgekehrt, nehmen sich plötzlich die Damen ihrer an. Sie reiben sie trocken und sagen ihr Zärtlichkeiten. Jujube ist schon fast versucht zu lächeln und sagt danke. Nach und nach wird sie ihre Redeweise verstehen und – von dem stibitzten Stückchen Kuchen einmal abgesehen – ihnen noch viel Wichtigeres verdanken: Einblicke ins Leben. Kein professioneller Zuhälter könnte ihr noch Neues verraten. Diese Damen haben ihr einen unschätzbaren Dienst erwiesen. In wenigen Wochen hat sie alles gelernt, was die hohe Schule des Strichs zu bieten hat. Heute noch dankt ihnen Jujube aus tiefstem Herzen, denn wer weiß, auf was und wen sie sonst hätte hereinfallen können, dieses verlorene und einsame Kind in der großen weiten Welt.

Gegen Ende Oktober, als sie vom »Spaziergang« zurückkommt, wo man in gemessenem Abstand hintereinander hertrottet in dem engen, von hohen Mauern umzingelten, aber zum Himmel hin offenen Hof, was den Gefangenen ermöglicht, mit dem geringsten Risiko, erwischt zu werden, zu singen, was sie wollen, und Mitteilungen auszutauschen, an diesem Tag also läßt der Wärter sie nicht mehr in ihre Zelle zurück. Sollte man sie jetzt freilassen, wird sie keine Botschaft nach draußen mitnehmen können. Sie hat keine Ahnung, was sie erwartet. Sie findet sich schließlich in der Eingangshalle der schon erwähnten Prachtvilla sitzend wieder und starrt auf die Ketten ihrer Handschellen, die sich diesmal nicht auf ihrem Rücken befinden. Sie erwägt ihr Schicksal. Die Ereignisse entreißen sie ihrer Versonnenheit. Ein buckliger Zwerg inszeniert einen wahren Theaterauftritt. Er ist in heller Aufregung und zetert: »Schnell, schnell, die Juden aus der X-Straße hauen ab! Seit ewigen Zeiten sage ich es schon voraus, und jetzt haben sie sich bereitgemacht!« Er trabt in ein Büro und läßt die Tür offen. Jujube sieht, wie er ein Papier unterzeichnet, das ihm der für derlei Belange zuständige Franzose hinhält. Er ist eigens dafür eingesetzt, die Erklärungen der Bluthunde aufzunehmen. Ein schauerliches Schauspiel. Ekelhaft alltäglich. Jujube spürt, wie ihr der Schweiß im Rücken und zwischen den Schenkeln herunterläuft. Ekel würgt sie, sie senkt den Kopf wie all die anderen, die ebenso ohnmächtig und beschämt Zeugen dieses Auftritts wurden.

Jujubes Name wird aufgerufen. Sie erhebt sich und betritt das Büro, in dem noch der Aasgeruch hängt, den der Seelen- und Lebenverkäufer eingeschleppt hat. Ein anderes Bleichgesicht hält ihr ihre rote Zellstofftasche hin und sagt, sie sei frei.

Draußen pfeift ein Eiswind. Sie ist müde, und ihre Beine zittern, mehr aus Angst als vor Kälte. Sie macht ein paar Schritte, überquert die Avenue und setzt sich auf eine Bank. Sie ist knapp sechzehn, hat Bastschuhe an den kältestarren Füßen, eine Bastjoppe und ein hauchdünnes marineblaues Kleid auf dem Leib. Sie zittert und schlottert in einer der prachtvollsten Avenuen der Welt, dieser Welt, in der sie nun völlig allein ist, ausgesetzt. Sie öffnet ihre Tasche, leer. Nein, in einem Innenfach, dicht an der Pappwand, stecken ihr Personalausweis und eine einseitig abgeknipste Metrokarte. Ein 1.-Klasse-Fahrschein, immerhin... Jujube lächelt und schließt die Augen.

Wohin nun? Komischerweise hat sie während der Haft nie an dieses Problem gedacht. Diesem blutjungen Mädchen war das Gefängnis fast wie ein schützender Hort erschienen. Jetzt muß sie ihr Schicksal selbst in die Hand nehmen, voll und ganz. Sie muß einen ganz neuen Mut aufbringen, den sie bisher, weil sie ihn nicht nötig hatte, noch nie herausgefordert hat, den Mut, sich selbst zu erhalten und das oder die Mittel und Wege dafür zu finden.

## *Die Bewohner einer eigenartigen Pension – Ein Schritt in Richtung Theater – Genossin Jujube*

Hinter ihren geschlossenen Lidern spult sich der Film zurück. Großvaters Bart fegt die Demütigungen der letzten Monate lautlos beiseite, verwischt sie vorübergehend sogar gänzlich. In ihrer ins Leere hin geöffneten Hand betastet sie die Erinnerung an das weiche Fell von Oursine. Dann schließt sie ihre Finger um das Rechteck der wirklich vorhandenen, wie von der Vorsehung geschickten Metrokarte.

Der Deckel ihrer Schulhefte war aus dem gleichen Material gewesen. Der Film hält bei einem Bild an: Jujube in den letzten Bankreihen des Gymnasiums von Bergerac, fast schon kein kleines Mädchen mehr, den Po auf der Bank, den Geist aber auf Wanderschaft. Kaum anders als jetzt. Ein Gesicht zeichnet sich vor ihrem inneren Auge ab: Hélène Duc, ihre Französischlehrerin, die auch mit ihrer Mutter befreundet war.

Jujube entsinnt sich des Stadtviertels und des Straßennamens: Die junge Frau wohnt in Saint-Sulpice, Rue Servandoni. Damit ist die Entscheidung für Jujubes erste Station gefallen.

Hélène Duc braucht eine Weile, bis sie ihr Erstaunen

über das kleine Mädchen ohne Gepäck überwindet, das da in der Familienpension, in der sie wohnt, plötzlich auftaucht. Aber Hélène versteht alles; ohne viel Worte zu verlieren, teilt sie Jujube ein Zimmer zu und schreibt dann unverzüglich an den Notar der Familie, er möge Kost- und Logisgeld für Jujube hierher überweisen.

Die Besitzerin dieses gastlichen Hauses ist eine Person, die aus abgenutzten Boule-Kugeln zusammengesetzt scheint. Die Kugel, die ihr als Kopf dient, ist den lieben langen Tag gekrönt von platten Wülsten, die von schneeweißen, auf den verbliebenen Haarrest abgestimmten Nadeln gehalten werden. Die Kugel, die den Körper bildet, umwallt ein gürtelloses Negligé, das von den zwei auf die Bordüre mit »ermattetem Schwan« gepreßten Händchen-Kugeln an seinem Platz gehalten wird. Die Füßchen-Kugeln stecken in Pantöffelchen, die der inzwischen »sterbende Schwan« ziert. Wenn sie Jujube auf der Treppe begegnet, fixiert sie sie aus wimpernlosen Klunkern, ohne je das Wort an sie zu richten.

Jujube lauert auf den Augenblick, da die Tür zum Zimmer der Hausherrin offensteht, denn dieser Ort hat auch seine ganz persönliche Note. Es ist ein Bett-Raum, von einem Winkel bis zum anderen vollgestopft mit Kissenpuppen aus Lamé-, Gold- oder Silberstoffen. Einige tragen Federhüte oder Fächer, sind aber nur Rumpf-Kissen-Puppen, andere haben schuhförmig bemalte Füßchen. Das Ganze ergibt eine Mischung aus Flohmarkt und Casino de Paris, wo seit 1925 ohne einen Tag Pause die gleiche Revue abgelaufen sein könnte. Auch die Klientel dieser Familienpension ist bunt und nicht alltäglich.

Im Erdgeschoß in einer Nische steht ein Klavier, und dort, auf dem Klavierhocker sitzend, spielt häufig ein kahlköpfiger Herr. Er ist galant, ausnehmend charmant, ein Komödiant und Marionettenspieler von großem Talent. O'Brady mag Jujubes tiefe Stimme und würde sie gerne ausbilden, aber Jujube ist schüchtern und traut sich nicht. Daher weicht sie ihm meist aus und beraubt sich somit der heißgeliebten Marionettenspiele, wenn O'Brady sich einen männlichen oder weiblichen Holzkopf auf den Zeigefinger steckt und mit Daumen und Mittelfinger die Arme imitiert. Die Geschichten, die er von seinen Figuren erzählen läßt, klingen alle irgendwie ungarisch. Bezaubernd. Kein Wunder.

Im ersten Stock lebt eine alte Dame, artiges rotes Haar und schneeweiße Hände. Sie spricht wenig und leise. Sie hat ihr Leben der Erforschung eines Mittels gegen die Lepra gewidmet, um die Leprakranken behandeln, ja, eines Tages vielleicht sogar heilen zu können. Allein schon dieses Wort beeindruckt Jujube; voller Neugierde beobachtet sie diese Dame, die ihre Mahlzeiten stets allein einnimmt.

Am Ende des Ganges im ersten Stock wohnt ein Medizinstudent. Er ist Bretone und bekommt Lebensmittelpakete, die er mit niemandem teilt. Er wird aber bald – wenn auch ohne sein Wissen – teilen, denn Jujube hat beschlossen, ihn zu bestrafen. Eines Morgens, als der Missetäter zur Universität gegangen ist, nimmt sie den Schlüssel zu seinem Zimmer vom Brett, öffnet die Tür, inspiziert den Raum und findet einen Korb, in dem friedlich all die Herrlichkeiten, die der Egoist für sich behält, ruhen. Sie schneidet sich ein Stück Hartwurst herunter, eine Scheibe Pastete und schnappt sich nach kurzer Überlegung auch gleich noch ein Stück Butter. Gemächlich geht sie die Treppe hinunter und hängt den Schlüssel wieder ans Brett. In ihr Zimmer zurückgekehrt, läßt sie Einladungen los. Hélène Duc schimpft zwar, aber Jujube ist befriedigt. Der Student tobt, sie lacht.

In einer Windung der Treppe zum zweiten Stock schläft in einem vermutlich ehemaligen Verschlag Monsieur Gomez. Er ist stets schwarz gekleidet und trägt ausschließlich weiße Hemden. Sein Tätigkeitsbereich ist allen unbekannt, nicht so seine Frisur, eine haargenaue Kopie von Carlos Gardel.

Hoheitsvoll und wie aus dem Ei gepellt, entsteigt er täglich gegen fünf Uhr nachmittags seinem Verschlag und taucht am nächsten Tag an gleicher Stelle und im gleichen Anzug erneut dort auf, als hätte er sich niemals fortbegeben, ein Phänomen, fast schon eine Erscheinung.

Im Stockwerk darüber wohnen die Durchreisenden und in einer Miniaturwohnung gleich daneben Monsieur und Madame Fourcade, ein prachtvolles Paar. Zu ihnen kommen häufig zwei besonders charmante Besucher. Der eine ist ein lachender, springlebendiger Engel, der wie ein Kind die Treppe hinaufjagt, immer vier Stufen auf einmal, und Gérard Philipe heißt; der andere, der ganz brav aussieht, heißt Jacques S. und ist ein schon berühmter Drehbuchautor, der mit Pierre Bost und Jean Aurenche zusammenarbeitet. Ob schon jetzt oder erst später – jedenfalls zum Besten des französischen Films.

Im obersten Stockwerk lebt Hélène Duc, die ihre Kollegen vom nahegelegenen Odéon-Theater sowie andere Schauspieler und Theaterschriftsteller empfängt, von denen ein paar schließlich auch in die Pension ziehen. Zu ihnen gehört auch die schweigsame und aufmerksame Yvette Etiévant, eine Seele von einem Menschen. Yvette sorgt sich um das ungebärdige junge Mädchen, das nur Dummheiten zu machen scheint und nichts anzuziehen hat. Sie spricht mit ihr, und Jujube antwortet auch. Ihr wird sie sogar ihre Liebe zum Schauspielerberuf gestehen, und Yvette wird ihr raten, doch einfach einmal die Aufnahmeprüfung am Konservatorium zu versuchen.

Und so kommt es, daß Jujube eines Tages im Mantel und marineblauen Rock von Yvette vor einer strengen und argwöhnischen Jury die Hermione aus Racines *Andromache* deklamiert und – *nicht* in das hohe Haus aufgenommen wird. Anstelle eines Kommentars schrieb Madame Dussane vor den Namen der von Lampenfieber schier gelähmten Postulantin: »Drei Monate altes Hundebaby, weiter zu beobachten.«

Das abgewiesene Hundebaby läßt nach diesem Mißerfolg, zutiefst enttäuscht und todtraurig, die Ohren hängen. Hélène, die sich bewußt ist, daß speziell diese Niederlage für Jujube eine Gefährdung bedeutet, schleift sie gleich zu Solange Sicard, die sie nochmals vorsprechen läßt und sich dann bereit erklärt, Jujube unentgeltlich Unterricht zu geben. Sie findet, Jujube habe Talent, und ist überzeugt, später mehr als reichlich entlohnt zu werden. Wahnsinnig vor Glück, stürzt Jujube sich mit Begeisterung in die Arbeit.

Zwei Brüder teilen das Zimmer neben dem von Jujube. Der Ältere studiert Architektur, und der Jüngere geht auf die Kunstakademie, um zu dem Maler heranzuwachsen, der er heute ist: Bernard Quentin. Bernard schaut Jujube mit zärtlich liebenden Augen an, und sie sind oft zusammen. Quentin ist hochgewachsen und schlank, und sein kupferrotes Haar wie auch sein Schweigen und sein kindliches Lachen bezaubern Jujube. Er ist wahnsinnig begabt, und sie schaut ihm stundenlang fasziniert beim Malen zu. Er wird heimlich ein Porträt von ihr machen, wie sie ahnungslos schlafend auf dem Bett liegt.

Jujube schläft viel in diesem überaus strengen Winter 1943. Unter eine Decke gekuschelt, bleibt sie stundenlang in ihrem oder Bernards Zimmer. Sie kann nicht nach draußen. Ihre Bastschuhe haben den Geist aufgegeben, und sie besitzt weder Mantel noch Pullover. Wie ein armseliges Murmeltier wartet sie auf die Rückkehr der warmen Jahreszeit. Bernard erfaßt die tieferen Gründe von Jujubes Trägheit und schenkt ihr einen seiner Anzüge sowie Hemd und Pullover. Entzückt nimmt sie an und springt geradezu in ihre neuen Gewänder. Sie sind arg weit, und um nicht zu stolpern, muß sie die Hosenbeine unten aufrollen. Auch das verkehrtherum richtige Knöpfen der Jacke muß sie erst lernen. Ihre kastanienbraune Kostümierung gefällt ihr, ja, sie fühlt sich sogar richtig wohl im wärmenden Dunstkreis des Freundes, der Schutz bietet und zu lieben weiß. Später sollte sie begreifen, daß die sogenannten unangenehmen Gerüche nur von Menschen ausgehen, die man ablehnt.

So hat man plötzlich beschlossen, jene zu schützen, die man jahrhundertelang als »Stinktiere« ansah und zu schmähen pflegte: Marder, Hermeline, Iltisse, Neger, Araber, Indianer etc., »und erst die Juden, meine liebe Merdiane...« Jujube sieht die zierlichen Füße ihrer katholischen Großmutter auf dem bestickten Fußbänkchen wieder vor sich und wähnt sich einen Augenblick in ihrem Versteck hinter dem mächtigen Lehnstuhl.

»Wußten Sie schon, daß diese Leute sich erzählen, von uns, den Weißen, gehe ein Verwesungsgeruch aus?« Ist es wahr? Vielleicht.

Jujube, wieder auf die Erde zurückgekehrt, betrachtet ihre Füße. Sie stecken nach wie vor in totem Bast. Egal, sie kann trotzdem endlich wieder einmal aus dem Haus.

Am nächsten Morgen regnet es; und ausgerechnet an diesem Tag beschließt Hélène Duc, ihren Schützling in die Rue de l'Université mitzunehmen, wo zwei ihrer Freundinnen wohnen. Ihnen möchte sie das junge Mädchen vorstellen.

Jujubes Füße glucksen in dem in den Pfützen fröhlich aufquellenden Bast. Wie ein Hund, der von der Jagd zurückkehrt, hinterläßt sie Spuren auf dem Teppich im Treppenhaus. Hélène klopft an eine Tür, die den Blick freigibt auf eine prachtvolle Kreatur, die angeblich aus Äthiopien stammt, und gleich dahinter auf eine andere, die angeblich Türkin ist: Alice Sapritch. Der Gipfel des Exotischen in Jujubes Augen. Die erste übt keinen Beruf aus, abgesehen von dem, schön zu sein, was keinem verborgen bleibt. Die zweite ist Schauspielerin. Jujube stellt fest, daß sie Augen hat so rund wie Untertassen und sie niederschlägt, um ihnen ihre ursprüngliche Form zu verleihen.

Sie spürt den Blick der beiden jungen Frauen auf sich ruhen. Sie reden sie an, ohne eine Antwort zu bekommen. Alice bemerkt die Füße der Stummen und starrt versonnen auf das feuchte und irgendwie komische Schauspiel, das sich hier darbietet. Ohne ein Wort geht sie auf einen Wandschrank zu, öffnet ihn und nimmt ein Paar fast neue Schuhe mit Kreppsohlen heraus. Das bedeutete damals einen Batzen Geld! Sie hält sie der entsetzlich verlegenen Jujube hin, und Hélène dankt. Als sie, ihren Schatz in der Hand, die Treppe hinuntersteigt, muß Jujube innerlich doch zugeben, daß diese Frau, deren Schuhgröße bestimmt zwei oder drei Nummern über der ihren liegt, ihr einen beachtlichen Dienst erwiesen hat und außerdem freigebig ist. Sie wird immer mit einer ganz besonderen Verbundenheit, aber auch Dankbarkeit an sie denken, eine Mischung, die sie bis heute noch nicht wieder erlebt hat.

Jujube, nun von Kopf bis Fuß gewappnet, zieht auf Erkundungsreise durch Saint-Germain-des-Prés, mit seinen provinziell engen Straßen, seinen Cafés, in die sie gerne hineingehen und sich setzen würde.

Leicht verwundert über ihre Aufmachung, drehen sich auf der Straße die Passanten nach ihr um, doch Jujube selbst fühlt sich großartig. Sie weiß nicht, daß soeben eine neue Mode geboren wurde. Während sie auf den Seinekais dahinschlendert, träumt sie davon, eines Tages auf einer richtigen Bühne, in der unvergleichlichen Wärme der Scheinwerfer, Theater zu spielen. Sie arbeitet, so viel sie nur kann, und »repetiert« bei Solange Sicard Tragödienrollen. Sie spielt für die anderen Schüler die Hermione und macht die Atelierfenster erzittern, wenn sie ihre starke, tiefe Stimme zu leidenschaftlichem Röhren anschwellen läßt. Das ganze klassische Repertoire, die ausländischen Dramatiker mit eingeschlossen.

Solange Sicard, die ihrer Schülerin zugetan ist, erreicht schließlich ihre Aufnahme in die Statistenliste der Comédie-Française, wo gerade Claudels *Seidener Schuh* geprobt wird. Stolzgeschwellt stellt sich Jujube, gemeinsam mit etwa zwanzig weiteren jungen Leuten, zum ersten Morgentermin ein.

Jean-Louis Barrault ist anwesend. Stehend, lässig auf ein Bein gestützt, betrachtet er diese kleine schweigende Truppe, die den Atem anhält. Die Arbeit beginnt. Darzustellen ist die Bewegung der Wellen in einer Szene des Stücks. Schon nach wenigen Tagen sind alle Schüler in ihren Lehrmeister verliebt und entfesseln Stürme von Arbeitseifer.

Der Tag des ersten Bühnenauftritts in diesem verdammt sakrosankten Theatertempel naht. Mit weichen Knien absolviert die Truppe ihr Entree, und alles geht gut, bis die Bühnenarbeiter eine riesige Plane entrollen und die bedauernswerten jungen Wellen mit einer bemalten und das Meer darstellenden Leinwand zudecken. Enttäuschung. Sie müssen anonym wogen und vor Hitze schier umkommen. Darunter. Aber schließlich nicht irgendwo und nicht mit irgendwem. Sie trösten sich vor einer Brühwürfelbouillon, tauschen ihre Eindrücke aus und treten am nächsten Tag hocherhobenen Hauptes durch den Künstlereingang, den Portier lässig grüßend wie jemand, der hierhergehört. Sie gehören ja auch dazu, zu diesem Stück, zu diesem hohen Haus.

Langsam bringen die Jahreszeiten auch die Befreiung von Paris mit sich. Durch die Straßen pfeifen Kugeln, von den Dächern herunter gefeuert. Männer laufen, ducken sich in Hauswinkel, in Torbögen, die Waffe in der Hand. Gegen die deutschen Panzer, die die Stadt verlassen, werden Granaten geschleudert; auf ihrem Wege bleiben noch ein paar Tote zurück. Wer in Reichweite ist, wird noch schnell erschossen, aber der Rückzug der Besatzer hat begonnen. Der große Augenblick wird bald da sein. Dieser Augenblick, für den so viele Männer und Frauen gelitten, für den sie die längste und grausamste Agonie erduldet, ganz bewußt hingenommen haben.

Über den Schatten ihrer Körper rollen die Panzer der Befreiung in ein freudetrunkenes Paris. Die Menge weint, lächelt, sucht das Gesicht ihrer Söhne, während andere, die Sado-Phallo-Myso-Memmen, die frustrierten Männer und Weiber, diesen außerzeitlichen Augenblick nutzen, um sich auf ihre Art von ihren niedrigsten Instinkten zu befreien. Man hetzt die Frauen, fängt sie ein, schert ihnen den Kopf, teert und federt sie, um sie dann auf die Straßen und vor die Füße der angesichts dieses elenden Schauspiels hysterisch reagierenden Menge zu werfen.

Gleichzeitig fallen einem dabei all jene ein, die sich schamlos der deutschen Armee zur Verfügung gestellt, sich ihr verkauft oder auch nur an ihrem erhofften Sieg mitgearbeitet haben. Diese intellektuellen Respektspersonen. Schauspieler. Musiker. Und viele andere mehr.

Welch makabrer und grotesker Aufzug, eines Hieronymus Bosch und eines Alfred Jarry würdig, wenn dieses Völkchen das gleiche Schicksal ereilt hätte! Das Feuer läutert nicht alles, Geist und Verstand schon, aber wie ist es mit dem geistigen Einverständnis mit dem Feind?

Jujube beschließt, Mitglied der Jugendorganisation der KP zu werden. Zu dieser Zeit erscheint ihr der Kommunismus als das einzige Mittel, dem ihr sich eröffnenden Leben einen Sinn zu verleihen. Es zu rechtfertigen. Kampf für den Sieg, für sie selbst, mit den anderen. Für die anderen. In ihrem Gedächtnis bluten immer noch die frischen Wunden der Tortur. Das vergossene Blut ist rot. Unsere Helden sind, waren oder werden Kommunisten.

Jujube wird militante Genossin und verkauft *L'Avantgarde*. Sie hat eine wirksame Verkaufsmethode entwickelt. Sie fixiert den potentiellen Käufer, ohne ihm auch nur die geringste Ausweichchance zu lassen, und hält ihm die Zeitung vor die Nase, mit einer Geste, die wie eine Antwort ist, ohne daß der Pechvogel die geringste Frage gestellt hätte. Der so in Verlegenheit gebrachte kauft meist. Und nun soll er auch gefälligst lesen!

Jujube hört die Reden von Pierre Hervé, Pierre Courtade und anderen. Im Wald von Vincennes nimmt sie an einem militärischen Schulungslager teil. Mit Stentorstimme kommandiert sie: »Sektion, halt!« oder »Vorwärts, marsch!«, ohne daß sie das lächerlich fände. Schießen lernt sie auch, in einem Schulhof in der Rue de Rennes.

Jujube ist eine begeisterte Genossin.

Sie glaubt.

Sie, die Langschläferin, zwingt sich nun schon seit Wochen, Tag für Tag früh aufzustehen, um eigenhändig in der Rue Guénégaud eine Buchhandlung, die einem Kollaborateur gehört und ihm gleichzeitig mit seiner Freiheit bei der Befreiung und Säuberung von Paris abgenommen worden war, in ein Vereinslokal für die Kommunistische Jugend des 6. Arrondissements umzugestalten. Sie hämmert und nagelt und durchwühlt in den Verschnaufpausen die restlichen, dem Massaker entgangenen Bücher. So entdeckt sie in Form der *Engen Pforte* André Gide. Das Buch gefiel ihr. Sie sollte es nie zurückgeben. Weder dieses noch so manches andere, wie zum Beispiel Kierkegaard, dessen Existenzphilosophie ihr gar nicht so traurig, gar nicht so pessimistisch, wie allgemein behauptet, erschien, oder jene Studie über die heilige Therese von Avila, die sie begeisterte. Sie ist auf nichts festgelegt, diese Jujube. Sie stopft sich voll mit Lesefutter, gleitet unbeholfen in die Welt der Literatur, geführt von Éluard, Aragon, Lorca. Lyrik ermutigt sie, hilft ihr.

Das Vereinslokal ist fast fertig. Sie hat gute Arbeit geleistet und ist stolz darauf. Doch eines Tages erscheint in ihrem Hotel ein Verantwortlicher der Partei, um ihre seit Monaten ausstehenden Beiträge einzutreiben. Er hieß Jorge Semprun. Heute treibt er andere Forderungen ein. Wilder Zorn packt sie; sie zerreißt ihre Mitgliedskarte und schleudert sie ihm ins Gesicht. Sie ist arm. Sie beschimpft ihn. Sie läuft davon. Sie wird bis zum Abend herumrennen und sich in der Rue Saint-Benoît wiederfinden. Auf dem gegenüberliegenden Trottoir entdeckt sie Marguerite Duras, die gerade in ihr Haus gehen will. Jujube läuft über die Straße und teilt ihren Zorn mit. Marguerite wird sie zwar nicht völlig beruhigen können, aber sie macht sich immerhin die Mühe, mit ihr zu sprechen, sie anzuhören und ihr zu antworten. Jujube wird ihr gegenüber stets eine ganz eigenartige Zuneigung empfinden.

Jujube haßt Ungerechtigkeit. Sie wird niemals verstehen, wieso und warum man es gewagt hat, von ihr Geld zu fordern, von ihr, die doch barfuß geht und abgelegte Kleider von anderen aufträgt. Dreißig Jahre später sollte sie den Mann, der diesen monströsen Fehler beging, in ihrer eigenen Wohnung wiedersehen. Sie trägt es ihm immer noch nach und sagt es ihm auch. Lachend. Er glaubt eine Erklärung für sein damaliges Verhalten gefunden zu haben: Er war ein überzeugter militanter Genosse und hat als militanter Genosse doch nur seine Pflicht getan...

Jujube findet die Situation unterhaltend. Geld holt man sich doch dort, wo es versteckt gehalten, und nicht dort, wo es ohnehin schon schmerzlich entbehrt wird. Dennoch wird sie weiterkämpfen, um der gemeinsamen Sache willen auch gegen sie antreten, sobald nämlich Ereignisse ruchbar werden, die sie absolut nicht billigen kann, die sie zutiefst treffen; wenn beispielsweise mit der Freiheit an sich gleichzeitig auch die Meinungsfreiheit bedroht wird: stalinistische Foltermethoden, stalinistische Kerkerhaft, Arbeitslager. Diese ewigen Demütigungen des Menschen. Sie wird immer wieder hoffen und selbst dann, wenn sie im Sog der Ungewißheit und Hoffnungslosigkeit schon fast unterzugehen droht, sich mit letzter Kraft wieder an die Oberfläche hochstrampeln.

»Die anderen, Du, Ihr seid Gott«, lautet ihr Credo. Erst bei der Lektüre von Sartres *Bei geschlossenen Türen* wird sie erfahren, »die Hölle, das sind die andern«. Und dennoch wird sie weiterhin glauben, daß es – wenn es den Begriff Hölle gibt – auch den Begriff göttlich geben muß.

## *Die Rückkehr der Schwester – Die Rückkehr der Mutter*

Nach und nach erfährt man, was stillschweigend geschehen konnte. Die alliierten Truppen haben die Konzentrationslager entdeckt. Tausende zittern vor Angst und Hoffnung: Ob die Ihren noch am Leben sind?

Tag für Tag läuft Jujube zum Hotel Lutetia. Dort kommen die Deportierten an. Der Ort erscheint ihr gigantisch, gemessen an dem, was sie bisher kannte, Villen, Familienpensionen... Geschmacklos sind in ihren Augen die Ausmaße dieser verfluchten Prunksäle, verflucht, weil der Geist jener, die sie in den letzten Jahren benützten, noch nicht gebannt ist. In diesen Hallen hält sie Ausschau nach Gesichtern, nach diesen zwei Gesichtern, die stillschweigend verschwanden. Das Gesicht der Mutter, das Gesicht der Schwester.

Der Geruch, der diese Überlebenden umhüllt, ist der Geruch des Todes. Fade, ekelerregend, der gleiche Geruch, der sich in Jujubes Erinnerung festgesetzt hat, als man sie zwang, den toten Großvater zu küssen. Unmöglich, seine Lieben wiederzuerkennen. Unmöglich, seit Demütigung alles nivelliert hat. Männer und Frauen sehen einander zum Verwechseln ähnlich.

Ein leises Surren. Ein Schmetterlingsflügel auf ihrer Schulter. Sie dreht sich um. Was von ihrer Schwester, von ihrem Gesicht noch übrig ist, erstrahlt wie Kerzenlicht inmitten dieses Grau-in-Grau. Kein Laut dringt aus ihren halbgeöffneten Mündern. Jujube vernimmt die Stimme der Mutter; sie wendet den Kopf und sieht sie. Auch sie ist zurückgekehrt. »Wo ist A...?« Sie will nur jene, die sie liebt. Nur an sie denkt sie. Kein Wort für die Kleine, die Idiotin.

Jujube beginnt zu sterben. Sie bohrt ihre Nägel in die Innenseite ihrer rechten Hand. Die Hand, die immer noch brennt... Was in diesem Augenblick hätte wiedergeboren werden können, wurde zum zweitenmal getötet. Einsam begraben. Niemals wird Jujube ihren Gefühlen nachweinen.

Sie schleppt die Schwester in ihr Zimmer im dritten Stock der Rue Servandoni. Die Mutter ist schon, wieder einmal, wie gewöhnlich, über alle Berge. Jujube will gar nicht mehr wissen, wo. Die Schwester schleppt sich die Stufen hinauf. Auf der Straße war sie plötzlich, am ganzen Leibe zitternd, wie angewurzelt stehengeblieben: sie hatte einen Wolfshund gesehen. Jujube verströmt sich vor Liebe. Ihre Schwester will sich waschen. Zieht ihr gestreiftes Kleid aus. Sie ist so mager nackt, daß ihr gelocktes und schamhaftes Dreieck riesig wirkt. Ihre Haut ähnelt nicht mehr im geringsten der zarten, bernsteinfarbenen, die Jujube in ihrer Erinnerung bewahrt hatte. Jetzt ist jede Pore von einer grauen Masse verstopft. Sie hat in einer Pulverfabrik gearbeitet. Und da sie so leicht war, hatte die Presse sie vom Boden abheben können, so daß sie wie ein Lappen baumelte. Ein anderes junges und weniger geschwächtes Mädchen hatte sie an den Füßen wieder heruntergezogen, denn wer sich dort nicht nützlich machte, mußte verschwinden, krepieren. Vom Galgen wieder herabgestiegen, hatte sie sich mit allen Kräften bemüht, wie eine Lebendige auszusehen. So überlebte sie, aber wer weiß, wie? Jujube segnet das unbekannte Mädchen, das diesen eleganten, o ja, sehr eleganten Füßen der Schwester wieder Boden verschafft hat. Jujube verströmt sich vor Liebe.

Sie umhüllt ihre Schwester mit liebevollen Blicken, überzeugt, sie damit aufzuwärmen. Jujube hat keine Mutter mehr. So wird sie mütterlich. Vielleicht ein wenig verfrüht, aber manchmal muß man sein Alter eben beschleunigen. Man muß lernen, mehr und mehr auf eigenen Füßen zu stehen. Um für andere da zu sein. Das hat sie jetzt begriffen. Dienen lernen. Sterben lernen, bis zum letzten Blick, bis zum letzten Bedauern, bis zum letzten Sehnen. Nicht einfach. Ob zu ihrem Schaden oder zu ihrem Nutzen? Sie hat ihre Wahl jedenfalls getroffen.

Die Schwester träumt von einer aufgeschnittenen Baguette, dick bestrichen mit Butter und Marmelade. Aber ihr Magen ist zu klein geworden, um anderes bei sich zu behalten als die Wahnvorstellungen, die der Hunger erzeugt. Während der Nacht, wenn die Erinnerung sie aus dem Schlaf reißt, knabbert sie an einem Keks.

Niemals mehr wird sie diese zwei Jahre KZ oder Lager überhaupt erwähnen. Ihr Gedächtnis wird einfach nicht mitmachen.

## *Wie man mit lebenden Dichtern bekannt wird, deren Werke man schon kennt*

Die Mama kehrt in die Dordogne zurück und muß feststellen, daß die Freundin sich in den gemeinsamen Möbeln auf Lebenszeit breitgemacht hat. Die zu Tode getroffene Mama reist allein wieder ab und wird weder die Frau noch das Haus der Erinnerung je wiedersehen. Sie wird sich in der Marine verdingen wie andere in der Fremdenlegion.

Man erzählt sich im Dorf, daß die Deutschen, als sie kamen, um die Mutter abzuholen, aus dem Kloster herausgetreten seien und daß die Flügelhaube des häßlichen Vogels immer häufiger durch die Maulbeerbaumallee flattere. Jujube hatte die Gefahr gespürt. Sie besitzt einen untrüglichen, fast animalischen Instinkt, aber von Denunziation und Veruntreuung von Freundschaft wußte sie noch nichts.

Jujube und ihre Schwester leben nach dem Rhythmus der unregelmäßig von der »Mama, höherer Offizier« aus Indochina abgeschickten Geldüberweisungen und frequentieren die hochintellektuelle Bar des Hotels Pont-Royal. Dort kann man nämlich Jean-Paul Sartre, Simone de Beauvoir, Camus und andere sehen. Dort begegnen ihnen die Schriftsteller der *Nouvelle Revue Française,* deren Redaktion in der Nähe liegt, und dort lernt Jujube Maurice Merleau-Ponty kennen, der ihr mehr und mehr zugetan ist.

Der Mann sieht gut aus. Gemeißeltes Gesicht, lebhafte, sich manchmal verdüsternde Augen. Seine brillante Intelligenz ist ihm eine zugkräftige Hilfe bei seinen amourösen Vorstößen. Er liebt »das Weib«. Er sagt es ihr, sagt es ihnen mit seiner schönen, tiefen und sanften Stimme. Und sie gehen ihm auf den Leim, weil sein Blick so unwiderstehlich funkelt. Dabei macht er immer einen aufrichtigen Eindruck und ist es vermutlich auch. Kurzum, dieser Herzensbrecher hat die oberste Leitung der seriösen Zeitschrift *Les Temps modernes* inne. Er steht Jean-Paul Sartre und Simone de Beauvoir sehr nahe. Mit Camus sollten sie tiefgehende Mißverständnisse zu bezwingen haben, bis eines Tages ihre schöne Freundschaft ganz verstummte. Sie hatten einander nichts mehr zu sagen. Ihr philosophisches und politisches Denken ging in zu unterschiedliche Richtungen. Die Trennung war schmerzlich und lang. Endgültig.

Jujubes Schwester trifft andernorts einen Mann, der ihr gut genug gefällt, um ihn schnell zu heiraten, und sie verschwindet somit eine Zeitlang aus Jujubes Leben.

Die Überweisungen der Mama bleiben aus, und Jujube macht sich auf Arbeitssuche. Sie kann aber nichts, außer Theaterspielen, das sie auch erst jetzt so langsam lernt; daher beschließt sie, ihr Glück als Hausmädchen zu versuchen. Im Internat und bei der Großmutter hat sie sticken, nähen, bügeln gelernt, und putzen zu können glaubt sie auch. Zuversichtlich betritt sie ein Vermittlungsbüro und stellt sich der Leiterin vor. Der Empfang ist ausnehmend eisig und der Blick der Leiterin inquisitorisch.

Dennoch wird Jujube an zwei oder drei »Damen« vermittelt, die offensichtlich ihren Augen nicht trauen und sie anstarren, als wäre ihnen der Leibhaftige erschienen. Zugegeben, an jenem Tag trug sie, weil sie es für passend hielt, ihr einziges Kleid, dessen weicher Jersey über ihre rundlichen Formen nicht im unklaren ließ; aber geradezu entsetzt waren die »Damen« über ihre Lederstiefel (Produkt eines ihrer zahllosen Diebstähle). Ahnungslos hatte sie auch ihren Haaren gestattet, über ihre Taille herab zu fegen, mit dem Ergebnis, daß sie nun nichts, aber auch gar nichts zu fegen bekommt bei diesen Damen des Faubourg-Saint-Germain. Pech gehabt.

Betreten macht sie sich davon und trottet bis ins Pont-Royal, wo sie Jean Tardieu trifft. Er bietet ihr an, bei einer Serie von Gedichtlesungen mitzumachen, die er für den *Club d'essai* vorbereitet.

Der *Club d'essai* von damals ähnelt dem Sender *France-Culture* von heute. Nur verrückter war er. Der Duft gelebten Lebens hängt in diesem Palais der Rue de l'Université, wo er untergebracht ist. Der Schatten seiner Besitzer ist allgegenwärtig. Im Haus pulsiert das Leben. Unter Jean Tardieus kugelrundem und fast kahlen Schädel hat die Poesie ihre Heimstatt gefunden. Durch seine Augen tritt sie heraus, um in denen des Gegenübers Fuß zu fassen und darin eine mit Fragen gespickte surrealistische Gewißheit auszusäen. Er leistet Beachtliches in seinem Bemühen, dem Dichter und seinem Werk bei jedermann Einlaß zu verschaffen. Das Fernsehen befand sich ja damals noch im Embryonalstadium. In diesem Haus also sollte Jujube mit Jean Lescure, Michel Leiris, Guillevic, Maurice Fombeure zusammentreffen, mit Liebe und Hingabe deren Gedichte lesen und die Interpretation besprechen, bis eines schönen Tages, ohne jegliche Vorwarnung, Henri Michaux auftaucht, als gerade eines seiner Gedichte aufgenommen wird. Unaussprechlich, dieser *Baobab!* Eingeschüchtert, hinter ihrem Mikrofon Zuflucht suchend, beginnt Jujube: *»Dans le noir, le soir, auto dans la campagne, Baobab baobab ... «* Der Dichter ist nicht zufrieden, wettert in seiner Kabine und stürzt plötzlich ins Studio. Und die Ahnungslose, die auf dem Ruhm des Mannes, der ihr hier gegenübersteht, herumtrampelt, mit dem sie um die besagtem Text angemessene Interpretation rangelt, hört sich nach kurzem Wortwechsel sagen: »Monsieur, ich habe größte Hochachtung vor Ihrem Werk im allgemeinen, aber wenn Sie in diesem besonderen Falle mit meiner Interpretation nicht einverstanden sind, dann haben Sie das nur sich selbst zuzuschreiben... Ich lese und spreche nur, was Sie geschrieben haben...« Monsieur Henri Michaux wird dieses freche Ding seinen Text interpretieren lassen, doch der Form halber maulen, und sobald er, mit Tränen in den Augen, das Studio verlassen hat, wird sie sich in die Kabine des Toningenieurs, ihres charmanten Freundes Roland Forez, flüchten, um ihr Verhalten zu erklären und vor allem seine und des offensichtlich belustigten Jean Tardieu Zustimmung einzuholen.

Herrscher über die Geschicke des *Club d'essai* ist zu jener Zeit Pierre Schaeffer. Er bombardiert die Ohren der Zuhörer mit niegehörten musikalischen, befremdlichen, plastischen, elektronischen Tonfolgen... Dieser Mann lebt mit der Tontechnik im Einklang. Besessen forscht er ständig nach Neuem. Schon das äußere Erscheinungsbild dieses Mannes ist eine irritierende, sanfte Herausforderung. Man weiß sofort, daß es schwierig, wenn nicht gar töricht wäre, sich seinem Charme, seinem Zauber entziehen zu wollen. Pierre Schaeffer wird es immer verstehen, sich mit Leuten zu umgeben, die er liebt und bei denen er sich unbesorgt ausruhen kann, oder besser, bei denen er immer neue Gründe findet, hellwach zu bleiben.

Maurice Cazeneuve gehört zu diesen. Als ihm Gréco auf dem Gang über den Weg läuft, sagt er »guten Tag« und bietet ihr frisch fröhlich und ohne Umschweife eine Toprolle in einer seiner Dramatisierungen an, für die er bereits Michel Bouquet, Marie-Hélène Dasté, Jean Vilar (der schon eine neue Form des Theaters, das »Volkstheater«, ins Gespräch gebracht hat) sowie den großen François Périer und andere gewonnen hat. Eine Spitzenbesetzung für Roger Martin du Gards Roman *Die Thibaults*. Gréco murmelt ein zögerndes »danke« und schüttelt zum Zeichen des Einverständnisses heftig den Kopf. Bei ihr ist Glück unhörbar.

Bei jeder Probe erlebt sie nun das ernste, konzentrierte Gesicht von Michel Bouquet, sein hinreißendes Talent, seine Intelligenz. Sie ist glücklich, hier lebt sie auf, in diesem Studio der Rue de l'Université, das auf einen großen Garten hinausgeht, in dem Maurice Cazeneuve mit ihnen die Außenaufnahmen macht, wobei sie, was damals noch als revolutionär empfunden wurde, mit einem Mikrofon in der Hand durch die Alleen schlendern. Außerdem ist Frühling! Jujube liebt sie alle, bewundert sie alle, spricht sie aber nie an. Noch begnügt sie sich mit Zuhören.

Ein paar Jahre später sollte Maurice Cazeneuve Direktor einer der drei Fernsehanstalten werden. Er wird seine brillante künstlerische Karriere fortsetzen, ungeachtet aller Ehren, mit denen man ihn überschüttet und die an ihm abgleiten wie Regen auf einem frisch geschlüpften jungen Blatt. Jujube empfindet für ihn eine ganz besonders zärtliche Bewunderung. Sie ist sicher nicht die einzige.

Nun verdient Jujube sich also selbst Kost und Logis. Sie fühlt sich stark, denn sie tut, was sie tun wollte.

# *Jujubes große Liebe – Grécos erste Theaterrolle – Der Prophet von Saint-Germain*

Von Hotel zu Hotel ziehend, landet sie schließlich im Louisiane in der Rue de Seine. Dort läuft ihr Michel de Ré, Enkel von Marschall Galliéni und seines Zeichens Theatermann, über den Weg. Er möchte ein Stück des surrealistischen Dichters Roger Vitrac herausbringen, *Victor oder Die Kinder an der Macht,* und Jujube soll eine Rolle bekommen.

Jeder in diesem Hotel hat Pläne, Schlafstörungen, manchmal auch Genie, doch niemals Geld.

Der Maler Wols zetert in seinen vier Wänden, hinter denen er sich verbarrikadiert, und tyrannisiert alle Welt. Jean Rougeul hingegen schreibt, ohne Lärm zu machen.

Der Besitzer, Monsieur Alazé, überwacht seine Mieter durch ein Guckloch, aus dem er das Treppenhaus übersieht und dem man nirgends ausweichen kann. Im Laufe der Zeit hat sich nämlich zwar sein Keller gefüllt mit all den als Pfand zurückgelassenen Pappmachékoffern und Gegenständen unterschiedlichster Art, seine Kasse sich aber spürbar geleert. Das erklärt, warum der solcherart Genasführte so mißtrauisch ist und seine Kunden höllisch viel Phantasie aufbringen müssen.

Jujube, die eines düsteren Tages ihren Koffer im Hotel Crystal in der Rue Saint-Benoît hatte zurücklassen müssen, verfügt inzwischen über eine hinreichende Summe, um ihn auszulösen. Der Koffer hat hier seit mehreren Monaten geschlafen... Befriedigt, wenn auch erneut pleite, klappt Jujube den Deckel hoch, um ihr marineblaues Kleid in Augenschein zu nehmen. Ein grauenvolles Schauspiel harrte ihrer. Ein Schwarm Motten, fett wie Fliegen, wirbelt ihr fröhlich aus dem Koffer entgegen, die das Innere all der klaffenden Löcher mit sich wegtragen, die der Verzweifelten aus ihren Kleidungsstücken entgegenstarren.

Mit hängendem Kopf geht sie zurück zu ihrer neuen Behausung, schleift den leeren Koffer wie ein totes Tier die Treppe hinauf, während dieser Dummkopf von Alazé hinter seinem hochnäsigen Guckloch erfreut feststellt, daß sie nun endlich Gepäck besitzt. Niedergeschlagen sucht Jujube einen ihrer Freunde auf, um ihm die Misere zu erzählen. Wie alte Soldaten tauschen sie ihre betrüblichen Hotelfronterlebnisse aus, erinnern sich an einige ganz besonders stürmische Schlachtfelder, wie zum Beispiel an das berühmte Le Bisson am Quai des Grands-Augustins.

Eine hochbetagte Dame war dessen unbarmherzige Besitzerin (trotz ihres barmherzig klingenden Namens Bonmartin). Dort erwarben Jujube und einige ihrer Kameraden, so der verführerische Walter Carone, Fotograf bei *Match,* und ein junger arabischer Fürstensohn, dessen Vater auf dem schwarzen Gold zu sitzen schien, die ersten Kenntnisse jener subtilen Strategie, mit der man den Rechnungskrieg gewinnen kann, dessen Ziel darin besteht, nicht zu bezahlen.

Plötzlich, mitten in der Unterhaltung, verschleiert sich Jujubes Blick. Sie springt auf, verläßt ohne Erklärung das Zimmer des Freundes und eilt in ihre Einsamkeit zurück.

Zu der Zeit, von der sie eben sprachen, liebte Jujube einen Mann. Einen berühmten Autorennfahrer, mehr als zwanzig Jahre älter als sie. Von allen Enden der Welt, wo er Rennen zu fahren hatte, telefonierte er mit ihr. Bei jedem Anruf aus dem Ausland rief Madame Bonmartin das junge Mädchen, das wie ein wildes Tier die sechs Etagen herunterjagte und sich auf den Hörer stürzte. Obwohl sie sonst ein Herz aus Stein hatte, brachte Madame Bonmartin seither dem jungen Ding gerührtes Interesse entgegen. Für sie wahrscheinlich eine willkommene Abwechslung, der Anblick dieses jungen Mädchens, das da unter Tränen unsinniges Zeug, Liebesworte, Versprechen stammelte... Er hatte prachtvoll ausgesehen, silbergraues Haar, riesige grüne Augen und wundervolle Hände, die Jujube mit Blicken streichelte, während er sprach. Wenn er sie besuchte, raste er die Treppen hinauf und warf sich lachend, völlig außer Atem, Jujube mit sich ziehend, aufs Bett. Sie lachte nicht, sondern strich mit dem Zeigefinger sachte über seine Augenwinkel, die schmale Fältchen zeigten, bedeckte sie mit ihrem Mund und wurde eiskalt vor Angst. Vor Angst, ihn nicht wiederzusehen. Dann fiel die Angst wieder von ihr ab, denn niemals wurde auch nur ein einziges Wort über Autorennen gesprochen.

Sie gingen aus, tanzten, plauderten, lachten, liebten sich. In seiner Begleitung traf Jujube eine Sorte von Menschen, die ihr bisher fremd gewesen war. Rubirosa, zum Beispiel, der dem, den sie liebte, ein treuer Freund war, aber überaus teuer für die Frauen, die das Glück hatten, sich in ihn zu verlieben. »Häßlich?« sagte er. »Diese Frau und häßlich? Wenn ich eine Banknote auf dem Nachttisch sehe, finde ich jede Frau schön, und außerdem gibt es gar keine häßlichen Frauen.« Jujube verschlug es die Sprache, aber sie bewunderte ihn. Ruby war ein fröhlicher und charmanter Freund, und seine kleinen schwarzen Augen funkelten vor Schläue. Er war in alle Geheimnisse eingeweiht. Der Mann, den Jujube liebte, war mit einer hübschen, reichen Frau verheiratet. Jujube litt nicht. Nicht darunter. Wenn er in Frankreich Rennen fuhr, lag sie unbeweglich auf ihrem Bett, zu Eis erstarrt beim Abhören der Übertragung vom Rennablauf, das Ohr an ihr kleines Radio gepreßt.

Eines Tages kam er ums Leben. Jenseits der Meere. Er starb, um nicht zu töten: zwei Kinder waren beim frühmorgendlichen Proberennen über die Piste gelaufen. In ihrer ersten gemeinsamen Nacht hatte Jujube einen schrecklichen Alptraum gehabt. Es war Nacht, Neonlichter erhellten eine breite Straße. Dort ging sie, nackt und verzweifelt über ihre Nacktheit. Sie weinte. J.-P. W. saß in seinem Wagen, den Brustkasten vom Steuer eingedrückt. Bis ins kleinste Detail hatte sie seinen Tod miterlebt und dieses Bild auch im Laufe der Jahre, die sie miteinander verbrachten, niemals vergessen. Sie behielt es für sich, das Geheimnis ihres Traumes, und wartete, wartete immer wieder angstgepeinigt auf die Rückkehr dessen, den sie liebte.

Es war eine vollkommene Liebe gewesen. Was wäre mit den Jahren daraus geworden? Sie hat keine Ahnung. Das Bild hat sich rein erhalten. Ist lebendig geblieben.

Jujube ist aus dem Bisson ausgezogen, ohne einen Blick zurück – und ohne Schulden. Madame Bonmartin hat sich inzwischen aus dem Geschäftsleben zurückgezogen und das Hotel an ihre Tochter und ihren Schwiegersohn weitergegeben, die daraus eine Luxusabsteige für betuchte Leute gemacht haben.

In dem damals schon berühmten Hotel La Louisiane bewohnt Jujube das Zimmer mit dem runden Erker an der Ecke der Rue de Buci, genau über dem Gemüseladen und neben der Pferdefleischerei. Nie schaut sie, wenn sie heimkommt, nach dem vergoldeten Kopf des enthaupteten Pferdes. Sie wendet den Blick ab und verschwindet schleunigst in ihrem eigenen Stall. Es ist das gleiche Zimmer, das Jean-Paul Sartre in den düsteren Jahren bewohnte und das ihm auch als Garage für sein wie eine Hängelampe unter der Decke baumelndes Fahrrad gedient hatte.

Der Inhaber des Hotels hat seither, stolzgeschwellt ob der jetzigen Berühmtheit seiner damaligen Gäste, ein Badezimmer installiert. Jujube ließ ihren Schlüssel stets stekken, um anderen auch den Genuß eines Bades zu gönnen – was mehr als einmal zu ebenso unerwarteten wie unangebrachten Begegnungen führte. Zu allen nur erdenklichen Tages- und Nachtzeiten huschten lärmende, sauberkeitswütige Phantome durch ihr Zimmer, die sich, während der Fußboden zu allem Überfluß auch noch knarzte, in gestammelten Entschuldigungen verströmten. Es kam aber auch vor, daß eine oder zwei solcher Gestalten morgens noch auf dem gefliesten Boden lagen, sauber und selig entschlummert.

Michel de Ré hat ein Theater gefunden. Hurra! Und nicht irgendein Theater, sondern das von Agnès Capri, der Großen. Michel ist außer sich vor Freude. »Wieder etwas, das wir dieser Frau verdanken, der wir schon so viel Dank schulden! Wir werden sofort mit den Proben beginnen und in den Garderoben kampieren, um ja keine Zeit zu verplempern. Wir können es uns nicht leisten, Geld zu verlieren, das wir nicht besitzen.« Michel ist begeistert und stürzt sich mit Feuereifer in die Arbeit.

Hatte einer von ihnen gerade Geld, gab es Amphetamin- und Butter-Schinken-Sandwiches, ansonsten nur Arbeit, von wahnwitzigen Hoffnungen geschürte Arbeit, herrlich die Inszenierung von Michel, himmlisch pervers Christiane Lénier, unübertreffbar mit Michel in den Rollen der »Kinder«, schön wie junge Götter; dazu Mylène George, nackt in einem fleischfarbenen durchsichtigen Trikot und in grünlichem Licht, Malkine in der Uniform eines Operettengenerals und Jujube in der Rolle einer dreißigjährigen Mutter, in einem auf unerklärliche Weise aus dem Desaster geretteten Hochzeitsmorgenkleid ihrer Großmutter – eine Jujube, die sich durchaus wie dreißig fühlt und doch erst neunzehn ist, als Gatten neben sich im Stück Ivan Peuck im Galahemd-Jackett. Galahemd-Jakkett deswegen, weil Ivan, arm wie eine Kirchenmaus, aber kokett wie ein Pfau, heimlich, still und leise nähen gelernt hatte, nur um seine Jackenärmel mit gestärkten Manschetten und seine Brust mit dem aus einem ausrangierten Hemd sorgfältig herausgeschnittenen Plastron herauszuputzen, das an einem steifen Kragen um seinen Hals befestigt wurde. Hier ein paar Stiche, dort etwas auftrennen und wieder annähen – und schon war die Verwandlung vollzogen, alles eigenhändig frisch gewaschen und gebügelt. Ein Dandy, der im Sommer vor Hitze schier umkam und im Winter vor Kälte erschauerte, sich sein Komödiantentalent von solchen Kleinigkeiten aber nicht rauben ließ.

Und das Bühnenbild? Jujube streifte am Tag der Generalprobe frühmorgens durch die Markthallen und sammelte die auf Bürgersteigen und im Rinnstein liegen gelassenen Blumen auf, während jemand anders in der Wohnung der Eltern Krepp-Papier auftrieb, woraus sie dann alle miteinander eine Wanddekoration zauberten, die den Hyperrealismus bereits vorwegnahm. Todschick! Das Mobiliar stellte Agnès Capri selbst zur Verfügung.

Ensemble und Stück erzielten einen Achtungserfolg, der acht Tage lang anhielt. Sie alle hatten ihr Metier in der grausamsten Schule gelernt, in der Schule der Hoffnung, an deren Ausgang fast schon der Reinfall lauerte. Der Begeisterungstaumel einiger weniger »Gewitzter« vermochte ihren Heißhunger nicht zu stillen.

Roger Vitrac, der zärtliche Riese, erklärte sich von diesem Wagnis begeistert – er war ja auch der Autor. Am letzten Abend ging das Trüppchen betrübt auseinander, jeder seines Weges. Jujube hielt noch kurz inne, um das Plakat des Schauspiels, das soeben seinen letzten Atemzug getan hatte, zu betrachten. Bei ihrem Namen – Gréco – angekommen, machte sie eine Pause. Sie sprach ihn sich laut vor, fand ihn schön, obwohl sie sicher war, daß sie und dieser Name einander nicht glichen. Maurice Merleau-Ponty unterbrach ihre düsteren Gedanken und lud sie zum Souper ein. Anschließend gingen sie ins Canne à sucre, wo sie den Schriftsteller und Freund Jean-Pierre Vivet trafen, mit dem sie Punsch tranken und zwischen zwei Tänzen scherzten. An jenem Abend ging Jean-Pierre Vivet als erster. Merleau-Ponty mit Jujube wollte noch bleiben. Er mochte dieses schweigsame, vielleicht ein wenig zu rundliche und ein wenig zu ernste junge Mädchen. Als er zahlen wollte, stellte er fest, daß seine Taschen leer waren. Er überließ sein silbernes Feuerzeug dem Kellner als Pfand, den so etwas schon längst nicht mehr erstaunte, und trat mit ihr hinaus in die lichterfunkelnde Nacht von Montparnasse. Nachdem er Jujube bis vor ihre Haustür begleitet hatte, ging er zurück zu seinem Buch *Humanismus und Terror*.

Ins Canne à sucre kam auch Claude Mahias, der schöne Nichtstuer, der eine Zeitlang Grécos Schwarm war und Pierre Herbart und André Gide nahestand. Er war charmant und hatte Augen in den Farben einer Frühlingswiese, wenn Blumen das Gras zu sprenkeln beginnen. Jean-Pierre Vivet war ein eher strenger, ernsthafter Mensch. Das hinderte ihn aber nicht, mit Albert Camus, der auch kein Kind der Trauer war, zu lachen und zu scherzen. Das berühmteste Lachen des ganzen Viertels aber war und bleibt das Lachen von Raymond Queneau. Gewaltig, unwiderstehlich, ansteckend. Wie seine Sprache. Einmalig. Er konnte mindestens zehn Sprachen. Unermeßlich war die Bildung dieses Mannes, erstaunlicher aber noch das Ausmaß seiner Begabung.

Es war eine Zeit, wo das Lachen überall explodierte, auf den Straßen, in den Cafés, in den Hotelzimmern des Quartier Saint-Germain. Kindlich und schamlos war es, dieses Lachen, aber glücklich.

Und Jean-Paul Sartre? Geduld, Geduld...

Jujubes Schwester hatte an der Uni Montpellier Lévi-Strauss als Professor gehabt. Er hatte mit seinen Studenten viel über Sartre diskutiert, und die ältere Schwester hatte der jüngeren einen Floh ins Ohr gesetzt. Zu jener Zeit stibitzte Jujube noch verbotene Bücher: *Reise ans Ende der Nacht, Die grüne Stute*... In ihrem Kopf hatte sich das Bild jener kräftigen Frau festgesetzt, die auf Knien die Fliesen schrubbte, und Jujube roch buchstäblich die im warmen Wasser Blasen treibende Seife. Die gespreizten Knie dieser Frau... Jujube hörte das schleifende Geräusch des Scheuerlappens auf dem glatten Boden. Auch vor Van-Gogh-Reproduktionen geriet sie ins Träumen; sie strich mit den Fingerspitzen darüber.

Als sie in Paris ankam, entdeckte sie Elie Faure und seine großartige *Geschichte der Kunst*. Jujube hatte die Widmung auf der Titelseite gelesen; mit Liebe geschrieben, daran war kein Zweifel. Elie Faure stand der Frau, die die Mutter der kleinen Idiotin war, sehr nahe. Und er mochte die kleine Idiotin, woraufhin die Frau Mutter der kleinen Idiotin ihm ein Foto von der, die Monsieur ja so nett fand, abziehen ließ. Sie sah komisch aus, ähnelte jener Kreterin, die man »La Parisienne« getauft hat. »Sie hat einen prachtvollen Schädel«, sagte er, das Haar des Kindes streichelnd. Die Form gefiel. Sie hat der rechten Handfläche von Monsieur gefallen, wie auch seinem scharfsichtigen Auge. »Ein Künstlerschädel...« Die Mutter war im siebten Himmel. Das insgeheim entzückte Kind träumte schon von der Verwirklichung seines Traums: dem Tanzen, wo man alles mit Gesten, ohne ein Wort sagen zu müssen, ausdrükken kann.

Die Form ihres Schädels? Nein. Die zärtliche Zuneigung und das befreiende Genie des alten Mannes. Der kleine Trampel durfte zur Oper. Als die Frau, die die Mutter der kleinen Ballettratte war, mit dieser einen Besuch bei Elie Faure abstattete, verspürte das Kind, gleich als die Tür zum düsteren Flur der riesigen Wohnung am Boulevard Saint-Germain sich öffnete, eine tiefe innerliche Ergriffenheit. Hier war es beheimatet, das imaginäre Museum. Lebendig im Inneren der pupillenlosen Augen dieser alterslosen Statuen von ewig keuscher Schönheit. Unzugänglich, wegen des Abstands, nur für jene, die die Unschuld, an die Unsterblichkeit zu glauben, nicht besitzen.

Bei jedem dieser Besuche hat das kleine Dummchen ihnen – wie alle Liebenden – seine lebendigen Augen, seinen inneren Blick und seine schwarzen Pupillen geschenkt. Es hat auch versucht, dem Stein sein Geheimnis zu entlocken. Bei jeder Begegnung hat sie später das gleiche versucht. Grausam war oft das Ergebnis. Nicht so großmütig wie die Traumwelt des kleinen Dummchens.

Die Geschichte der Kunst hat sogar einen Malraux zu Träumen verleitet, wie dann erst ein Kind!

Elie Faure war ein schöner, distanzierter und zugleich herzlicher Mann. Dazu noch Protestant. Während sie das Ende der geheimnisvollen Gespräche abwartete, ging Jujube auf den Balkon hinaus, der um die Ecke des Gebäudes herumlief, und betrachtete den Pfarrgarten, die Kirchgänger, die Betschwestern und die spielenden Hunde. Eine stille kleine Welt, ohne Trubel, die zwei Cafés – das Flore und Les Deux Magots –, die Brasserie Lipp und der Kirchturm. Damals sprach man genauso interessiert vom Arzt Mauriac wie von seinem Bruder, dem Schriftsteller.

Ein paar Jahre später sollte Jujube hierher zurückkommen, aber ihr Blick hatte sich inzwischen gewandelt.

Es wird der Blick sein, den heute Merleau-Ponty an ihr kennt und der den Mann in ihm neugierig macht. Im Moment hat er beschlossen, Jujube den Bal nègre in der Rue Blomet entdecken zu lassen. Dort sollte Jujube ihrem Schicksal begegnen.

Anne-Marie Cazalis saß am Tisch von Jean-Paul Sartre und Simone de Beauvoir. Ihr lockiges, loderndes Haar wurde von einem grünen Seidenband gehalten. Sie trug ein hautenges Kleid aus schwarzem Samt und spielte die Unschuld. Das hat sie immer getan, selbst im Unglück. Sie ist protestantisch und auf ewig geprägt von dieser ganz eigenen Erziehung, die ihrem Humor so gut ansteht. Sie kannte alle Journalisten, alle Schriftsteller und die faszinierendsten Persönlichkeiten ihrer Zeit. Arbeitete mit den einen, plauderte mit den anderen. Sie sah Jujube an und entschied, sie sei schön. Es gelang ihr, eine beachtliche Anzahl von Menschen davon zu überzeugen. Nur Jujube selber nicht. Sie entschied, Gréco würde berühmt werden, und tat alles, um dieses Ziel zu erreichen. Ohne es sich anmerken zu lassen, nahm sie Jujube unter ihre Fittiche, und nach und nach wurde auch Jujube klar, daß sie nicht mehr allein stand.

Alexandre Astruc hatte einen Platz im Leben Anne-Maries. Begabt, wissensdurstig und filmegierig, wie er war, träumte er von Orson Welles und Shakespeare. Sein Denken kreiste um Film, Kamera, Bleistift. Kurz, damals drehte er einen 16-Millimeter-Film mit einer (dank seinem Charme und seiner Intelligenz unbezahlten) Besetzung, die von Jean Cocteau bis Jean Genet reichte, über Christian Bérard, Daniel Gélin, Simone Signoret, François Chalet und dessen Frau France Roche, Boris Vian, Marc Doelnitz, Jean-Paul Faure, Jujube und viele andere. Die Dialoge stammten von Anne-Marie Cazalis und Jean Cau. Finanziert wurde das Unternehmen von Anet Badel, dem Besitzer des Théâtre du Vieux-Colombier. Alle arbeiteten wie die Wilden, amüsierten sich aber auch königlich.

Anet Badel hat die Spulen an einem nur ihm bekannten Ort eingesperrt und totales Stillschweigen gewahrt über das Schicksal dieses Werkes, für das wir alle Unsterblichkeit erhofft hatten. Wie aufregend wäre es doch, heute noch einmal *Ulysse ou les mauvaises rencontres* anzusehen, jene lebendig wiederzusehen, die in das Anderswo aufgebrochen sind: Yvonne Debry, Cocteau, Bérard, Boris Vian und die anderen... »Boris! Wie haben wir uns doch gemocht!«

Eines Abends, als Jujube wie die anderen einem sowohl handgreiflich als auch verbal blutrünstigen Duell zwischen dem Lettristen Gabriel Pommerand und einem versprengten, unter dem rachedürstenden »Kublai Khan«-Gebrüll vor Angst zitternden Touristen beiwohnte, trat höchst belustigt Boris auf sie zu, um mit ihr zu sprechen.

Zum erstenmal seit langem drehte sich die Diskussion nicht um den sakrosankten Gott des Kinos, so daß man sie anhören konnte, ohne teilzunehmen. Boris bat sie, am nächsten Abend gegen neun Uhr zu ihm zu kommen. Sie stellte keine einzige Frage.

Sie war es gewohnt, allein und zu Fuß, hinauf nach Montmartre zu gehen, wo er wohnte. Sie stieg die Treppe hinauf, stieß die Tür auf und rollte sich, ohne guten Abend zu sagen, in der Ecke eines Kanapees wie eine Schlange zusammen.

Das erste Mal hatte nur er geredet während der ganzen Zeit ihres Besuches, doch beim zweiten Mal hatte er das Licht gelöscht und Jujube tatsächlich ein paar Antworten entlocken können. Er hatte begriffen. Gesichter und deren Fragen lähmen sie noch immer, aber inzwischen hat sie gelernt, ihre Angst unter Kontrolle zu halten.

Boris Vian war schön, von einer romantischen Schönheit, aufgrund seines überaus blassen Teints und seines träumerischen Gesichtsausdrucks. Hinter all dem verbarg sich aber auch eine schreckliche Unruhe. Unter einem wilden Lächeln brüteten Grimassen, die Grimasse. Er war groß und neigte den Kopf zur Seite, um einen sprechen, lachen oder weinen zu hören. Mit dem gleichen schwermütigen Ernst, der sein Gesicht überzog, wenn er in der Höhlung seiner zu weißen Hand sein »Trompetchen« betrachtete.

Jacques Prévert liebte Boris; er schrieb: »Im Alltagstrott des Lebens zieht Boris Vian die Lärmbremse, und der Zug hält an, mitten auf freier Strecke, mitten im Irgendwo, mitten in Paris. War es zunächst ein Spiel in den Kellern, wurde es bald ein Schrei – auf den Dächern des Lebens. Er schreit es hinaus und beschreibt es, so wie es ist, das heißt, so wie niemand, auch nicht er selbst, es kennt. Boris Vian ist groß, und Saint-Germain-des-Prés ist sein Prophet. Amen!« Wie recht er hatte, Prévert!

Boris war ein vorurteilsloser Freund des Jazz und transportierte in seinem Gedächtnis eine ganze Diskothek. Auch die Freunde suchte er dafür zu erwärmen, bei einem Glas in der Rue de Seine Nummer 83. Doch bald war auch diese Phase vorbei, und er kehrte zur Schriftstellerei zurück. Zwischen zwei Büchern schrieb er Stücke für Kabarett-Theater wie L'Echelle de Jacob oder La Rose rouge.

Eine merkwürdige Geschichte, diese plötzliche Vorliebe für das Kellerdasein. Was war der Grund? Die alte Gewohnheit während des Krieges bei Fliegeralarm? Der Wunsch, Abstand zu halten zum Leben, ein Randdasein zu führen? Oder der Geruch vergessenen Weines und wurmzerfressener alter Möbel? Das Bedürfnis, zwischen Erwachsenen und Jugendlichen eine Art Distanz zu schaffen? Das tröstliche Gefühl, immer zu wissen, wen man wann und wo trifft? Wahrscheinlich kam dies alles zusammen; aber es gab noch andere Gründe, wie zum Beispiel die Angst vor dem Alleinsein. Eine gewisse Vorstellung von Behaustsein, der Wunschtraum von einem Heim, von einem Kreis ausgewählter und geliebter Menschen. Diese jungen Männer und jungen Mädchen waren größtenteils voller Ablehnung einer Gesellschaft gegenüber, die ihnen anrüchig, brüchig, stickig erschien. Sie entdeckten nur Laschheit unter der lächerlichen Zwangsjacke der tatsächlichen oder vorgeblichen »guten Erziehung«, egal ob sie religiös fundiert war oder nicht. Der Keller war ein Refugium, unentbehrlich für ihr Glück. Für ihre Vorstellung von Freiheit.

Nach dem Tabou entstand Le Vieux Colombier, mit dem Orchester von Claude Luter und dank der Finanzen von Anet Badel, der offensichtlich Geschmack gefunden hatte an der höchst gefälligen Rolle eines Mäzens. Wenn er zwischen den Tischen umherging, langsamen, gemessenen Schrittes, majestätisch, das Auge weit geöffnet und den Blick auf einen geheimen, von normalen Sterblichen nicht wahrnehmbaren Punkt gerichtet, dann wirkte er wie ein Prinz im Exil. Nichts entging seiner hochgespannten Wachsamkeit. Er war ein überaus gewitzter Geschäftsmann. Alles schien ihm zuzulächeln, die Frauen, das Geld... Bis zu dem Tag, da jeder in seiner Zeitung lesen konnte, daß der schöne und großzügige Mann, von den vereinten Polizeikräften wegen Hochstapelei verfolgt, Hals über Kopf und ohne Hinterlassung einer Adresse hatte Reißaus nehmen müssen. Irgendwo in der Schweiz, so hieß es vage, habe er Zuflucht gefunden. In Saint-Germain hinterließ er nur Bedauern.

La Rose rouge war kein Kellerlokal, sondern ein ehemaliges Brauhaus von gigantischen Ausmaßen. Nico Papatakis hatte es entdeckt; warum es eigentlich geschlossen war, wußte so recht niemand. Nico richtete nun im Souterrain ein kurioses Lokal ein. Den Namen Rose rouge übernahm er von Féral Benga, einem langgliedrigen, kräftigen Schwarzen von wasserfester und schillernder Hautfarbe, der früher Tänzer im Casino de Paris und Partner von Mistinguett (der überaus Wählerischen) gewesen war. Beim ersten Anzeichen jener verdächtigen »Zwangsrentnerpölsterchen« hatte er in der Rue de la Harpe eine Club-Bar gegründet, in der selbstverständlich auch getanzt wurde. Dort fanden sich die einsamen Nachtvögel ein. Nico wollte mit seiner Freundin Mireille (die alle Herzen hinter sich herzog) sein eigenes Etablissement gründen. Sie trennten den Saal in zwei Teile, stellten in der Mitte eine recht ansehnliche Kleinbühne auf, und schon war das erste Café-Theater geboren.

Der riesige Kulissenraum diente den Schauspielern als Gemeinschaftsgarderobe. Rosy Varte schminkte sich in der nicht mehr benutzten ehemaligen Telefonzelle, weil dies der einzige einigermaßen hell erleuchtete Raum war. Stehend pinselte sie ihre Wimpern unter der schirmlosen Lampe, und als Spiegel hatte sie nur den winzigen aus ihrem Schminkdöschen. Trotzdem war sie schön.

Hinter der Bar, der einzigen Wasserquelle, trieben die Frères Jacques ihr Unwesen. Wenn das Licht im Saal erlosch und dem Vorhang, der die Bühne freigab, respektvolles Schweigen gezollt wurde, hörte man es von dort drüben irritierend plätschern. Die Natur kam zu Wort... Das gewisse Örtchen befand sich nämlich unten an der Treppe beim Eingang, auf der anderen Seite des Saals. O Qual der Wahl! Der Saal war zum Bersten voll, und die Leute saßen so gedrängt auf ihren Schemeln, daß man sich höchstens aus der Vogelperspektive einen Weg hätte bahnen können durch diese kompakte, neugierige, aufmerksame und erlesene Publikumsfauna.

Gréco denkt mit trauerverschleierter Zärtlichkeit an die Café-Theater von damals. Wie schön, wie rührend waren diese gestammelten Anfänge. Eine echte Geburt. Die Dichter und Schriftsteller, die die Keller frequentierten, haben auf das richtige Pferd gesetzt, wenn sie speziell für die Truppe von Yves Robert, für die Frères Jacques und andere schrieben.

Denn gleich in den ersten Vorstellungen waren sie vertreten: die Frères Jacques, der Mime Marceau, die Compagnie Yves Robert mit all ihren hochbegabten Schauspielern. Einer ihrer großen Erfolge war das herrliche *Cinémassacre,* eine *Fantomas*-Bearbeitung von Jujubes Freunden Pierre Kast und Jean-Pierre Vivet und unter der vergnügten Mitarbeit von Boris Vian.

Jujube bewundert sie aus der Ferne. Dabei wäre sie doch so gerne ganz nah dabei, nahe bei diesen jungen Leuten und ihrem Berufsethos von »Leidenschaft-Hingabe-Respekt« für das Publikum, diesem nie ermüdenden Streben nach Vollkommenheit auch im winzigsten Detail, dieser Genauigkeit bei der Auswahl der Texte. Ja, genau das möchte auch sie verwirklichen, aber kann sie es? Verfügt sie über die Mittel dazu? Wie läßt sich dieser Traum in die Tat umsetzen?

Wie soll man es nur anstellen, diese »verdreckte und unausgegorene Raupe«, wie ihre Schwester sie nannte, als sie noch Kinder waren und sie die Jüngere in ihr Schweigen verbannen wollte, wie soll man diese Raupe nun verwandeln, um glaubhaft zu machen, daß aus ihr inzwischen ein Schmetterling geworden ist? Wie soll man das nur bewältigen? Und was für ein weiter Weg! Jujube kommen die Tränen.

Wie gerufen, stürzt eine fröhlich plappernde Anne-Marie in ihr Zimmer und zwingt sie, aus ihrer Einsamkeit herauszutreten. »Komm mit, wir gehen zu Boris, dort findet eine kleine Fête statt.« Vermutlich war der Erfolg seiner monströsen Posse *Ich werde auf eure Gräber spucken* der Anlaß für diese *extra muros*-Versammlung.

Dieses ganze bunte Völkchen aus Saint-Germain-des-Prés hatte singend den Hügel erklommen, und die Wohnung von Boris wimmelte nur so von dem, was die größten französischen Verlage in ihren Katalogen als Bestes anzubieten hatten. Jean-Paul Sartre und Simone de Beauvoir, Albert Camus, Maurice Merleau-Ponty, Jacques-Laurent Bost und seine Frau Olga, Raymond Queneau und sein dröhnendes Lachen, Marcello Pagliero mit der Aureole seines eigenen Ruhms und seit *Rom, offene Stadt* auch mit der von Rossellinis Ruhm. Scipion mit dem Lächeln im Mundwinkel... Jujube schaut nur. Alle sind sie da. Die Besten. Alle, die sie im Schutz ihres Schweigens liebt und bewundert. Hier »schwatzen« sie fröhlich, ein Glas in der Hand.

Sie überlegt, wie sie möglichst unauffällig wieder zum Ausgang gelangt, aber schon sind der infame Boris und sein unwiderstehliches Lächeln zur Stelle, beide zum Willkommenshandkuß bereit... Sie wird bleiben. Boris nimmt sie bei der Hand und stellt sie jenen vor, die sie bisher nur vom Lesen oder vom Sehen her kannte, und um kurz zu verschnaufen, drängt sie sich in den Schatten von Merleau-Ponty. Er diskutiert mit René Leibowitz, und sie sollten Freunde werden. Er wird sie immer wieder zu Konzerten einladen, die sie gerne hören möchte oder die er dirigiert, und wird ihr die erste Reihe Orchestersessel zuweisen, damit sie »die Musik aus der Nähe sehen« kann.

Das Auge von Boris verfolgt sie den ganzen Abend lang, und zum Schluß werden sie sich in dem dunklen Zimmer wiederfinden. An ihn gekuschelt, wird Jujube erzählen. Er wird ihr Haar und ihr Gesicht streicheln. Boris, zärtlich geliebter Inzest-Bruder.

Im darauffolgenden Frühling wird Anne-Marie es schon leichter haben, Jujube zu den Empfängen in den Gärten des Palais der *Nouvelle Revue Française,* Rue de l'Université, mitzunehmen. In einem der Salons war ein Buffet aufgebaut, das unter *petits fours* und Getränken schier zusammenzubrechen drohte. Der Witz bestand darin, früh genug zu kommen, um sich an die Köstlichkeiten heranzuschleichen, davon zu essen und, wenn möglich, auch welche zu stibitzen. Zu diesem Behufe (nicht wahr, Astruc? nicht wahr, Cau?) bewaffnete man sich mit einer unschuldigen und ehrenhaften Aktentasche von großer Leere, lenkte die Kellner ab und füllte mit geistesabwesender Miene die Leere auf. Manchmal gelang es, und es war ein Heidenspaß.

Häufig ließen einen aber die Gäste von Gaston Gallimard und seiner ehrwürdigen NRF das Buffett auch vergessen. Man stibitzte nur im äußersten Notfall, wenn man total in der Klemme saß. Im Trubel der Erinnerungen, die sich durch Jujubes Kopf wälzen wie Kiesel im Flußbett, kann sie heute sagen: »Wir haben in diesem Garten und in diesen Salons all jene Männer und Frauen kennengelernt, die unser Denken bevölkerten. Schriftsteller wie Steinbeck, Faulkner, Paulhan, Richard Wright, Raymond Queneau, Jean-Paul Sartre, Simone de Beauvoir, Albert Camus und all jene, die wir liebten und deren unverschleiertes menschliches Antlitz wir dort entdeckten. Sie dürften uns angeblickt haben, wie man seine Kinder anschaut, wenn sie über die Stränge schlagen. Mit gespannter Aufmerksamkeit.«

Manchmal ging Jujube allein fort, und sobald sie auf der Straße war, ging sie ganz langsam, aus Angst, das magische Band, das zwischen ihr und den anderen durch deren entgegenkommende Worte geknüpft worden war, zu schnell zu zerstören.

Jahre später, bei einem Dîner im Maxim's, sah Jujube Faulkner wieder. Eine gewisse, aber unbestimmbare Ähnlichkeit zwischen ihm und einem gewissen Darryl F. Zanuck ließ sie stutzen. Aber sie war nur äußerlich.

Mit ungeheurer Zärtlichkeit und Geduld brachte Anne-Marie Jujube wieder die Freude am gemeinsamen Lachen bei. In der Einsamkeit hatte sie sich das Schweigen angewöhnt, aber Anne-Marie hörte sie gerne zu. Ihre witzigen, aber treffsicheren, geistreichen, aber ernsten Bemerkungen fand sie hinreißend.

Anne-Marie selbst, obwohl unvergleichlich gebildeter als viele von denen, die um sie herumschwirrten und sich mit ihren unverdauten Kommentaren wichtig machten, nahm sich niemals ernst. Von ihr geführt, entdeckte Jujube die *Cinémathèque* und die cholerischen Ausbrüche von Langlois. Vor allem aber die Lust am Leben, die sie hinter einer nicht vergossenen Träne verloren hatte.

## *Die Existentialisten und ihre Kellerlokale – Sartre und die überraschende Begegnung Grécos mit ihrem künftigen Metier*

Jujube mag das Kellerlokal Mephisto. Ein relativ verschwiegener Ort, denn man muß an der Tür läuten und erkannt werden, um hinein zu dürfen. Man ißt dort Blutwurst nach Kreolenart und tanzt und trinkt, trinkt und tanzt, wie man gerade Lust hat; vor allem aber wird dort viel geredet. Jujube trifft Merleau-Ponty, horcht ihm zu und hört die anderen, Camus, Jean-Pierre Vivet, Astruc, Jacques-Francis Rolland, Scipion... Wie Anne-Marie erzählt, sind die beiden Letztgenannten eines Tages zu einer Reise um die Welt aufgebrochen, die sie aber, da sie keinen roten Heller mehr hatten, in Rangun abbrechen mußten. Ins Mephisto zurückgekehrt, wo sie ihre Abenteuer schildern wollten, mußten sie feststellen, daß das Gespräch noch genau an der Stelle stockte, wo sie es bei ihrer Abreise verlassen hatten, und daß als einziger Kommentar zu ihrem lauttönenden Bericht, sie kämen gerade aus Indien, nur ein von Jujube gemurmeltes »Na und?« zu vernehmen war. Anne-Marie behauptet, das hätte den beiden die Freude am Reisen verdorben. Davon glaubt Gréco zwar kein Wort, aber die Geschichte als solche ist glaubwürdig.

Mittlerweile spricht Jujube sogar schon manchmal. Im

Schutze der unnahbaren Fassade von Gréco bleibt sie intakt. Sie entscheidet selbst. Das ist der Luxus der Freiheit.

Und wenn das Tabou nicht gewesen wäre? Wohin wären sie gegangen, diese Kinder des Morgengrauens und der Zugluft? Vermutlich hätten sie ein anderes Anderswo entdeckt. Die Bar Vert schloß gegen ein Uhr morgens, und danach nahm ganz selbstverständlich das Trottoir die Allerwertesten der jungen Leute auf, deren nächtliche Diskussionen nach einer gewissen Zeit bedenklich gefährdet wurden durch den wutschnaubend auf ihre denkenden Häupter herabgekippten Nachttopfinhalt der ehrenwerten Frühschichtarbeiter. Sie mußten das Feld und die Mülltonnen der Rue Jacob räumen, denn ein Dialog war unmöglich zwischen den andern mit ihren Schimpfkanonaden und den einen mit ihren mündlich und schriftlich formulierten Schmähungen, die sie zornig gegen die zu rasch geschlossenen Fenster schleuderten, Schmähungen, die hinausposaunt wurden von dieser neuen, erschreckenden Generation; erschreckend, weil frei – und frei, weil befreit!...

Auf dem Weg zu ihrem Hotel war Jujube das Tabou aufgefallen. Es war die ganze Nacht geöffnet und servierte Kaffee und Croissants, vorwiegend für die Arbeiter der Speditionsfirma in der Straße nebenan, aber auch für jedermann, der in der Lage war, ohne Kredit seine Rechnung zu begleichen. Rassenunterschiede machten die Besitzer nicht, sie interessierte einzig und allein das himmlische Klingeln der Kassenschublade.

An einem eisigen und prachtvollen, den Kinderschuhen noch nicht entwachsenen Morgen des Winters 1946 stößt Jujube die Tür zum Tabou, dem neuen Treffpunkt in der Rue Dauphine, auf und entledigt sich bedächtig ihres einzigen und geliebten Mantels. Eine Art Handlauf in der

Nähe des Eingangs dient als Garderobe. Dort legt sie das kostbare Stück ab, ein Geschenk ihres Freundes François Bamberger, der sie nicht gerne schlottern sieht und dessen zerstreuter Großvater im Norden Frankreichs (wie es sich gehört) eine Textilfabrik besitzt.

Astruc dürfte gerade dabei sein, seinen Film *Aller et Retour* zu schneiden, in dem Jujube mitgespielt hat, oder im Gebäude von *France-Soir* mit Sylvia Bataille und ihrem Mann Jacques Lacan einige Aufnahmen zu wiederholen. *Aller et Retour* ist eine Art innerer Monolog, dargestellt in Bildern, in Gesichtern. Ein wie ein Bekenntnis »geschriebener« Film und ein Beispiel für die von Malraux erfundene berühmte »Schreib-Kamera«. Als der Film fertig war, verschloß Astruc ihn an einem nur ihm bekannten Ort, und so wird dieses vermutliche Meisterwerk wohl niemals das Tageslicht erblicken.

Jujube schwingt sich auf einen Barhocker neben Jean Witold, der an seiner morgendlichen Musiksendung für den *Club d'essai* arbeitet. Wie gewöhnlich dient ihm die Theke als Pult, was dazu führt, daß das Auge von Monsieur Guyonnet, dem Besitzer dieser Örtlichkeit, so schwarz wird wie die Tinte, die Witold benützt. »Monsieur, rücken Sie etwas beiseite, Sie beschlagnahmen ja Platz für vier!«

Seiner Sprache nach stammt Monsieur Guyonnet aus Toulouse und seiner Größe nach aus dem Reich der Zwerge. Ganz surrealistisch, schaut nur sein Kopf über die Theke. Beim Anblick seiner dürftigen Kunden zeigt dieser Kopf immer den gleichen Ausdruck: Mißbilligung. Jujube mag diesen Witold, seine Leidenschaft für die Musik, seine genaue Kenntnis der Musiker, seine Art, über sie zu sprechen, jeden Morgen gegen 11 Uhr, nachdem er seinen nächtlichen Barhocker verlassen hat und unsicheren

Schrittes zum Aufnahmestudio in der Rue de l'Université gewankt ist. Jujube hat das Glück, ihn unmittelbar und leibhaftig zu erleben.

Plaudernd kommen Anne-Marie, Marc Doelnitz und Astruc ins Lokal. Aber Jujube ist jetzt müde und wird schlafen gehen. Am Eingang greift sie nach ihrem Mantel, aber er ist verschwunden. Beunruhigt sucht sie überall – nichts. Verzweifelt beugt sie sich über den Handlauf und entdeckt zum erstenmal, daß sich dahinter eine Treppe verbirgt. Sie geht herum und beginnt tastend einen schwierigen Abstieg in totale Finsternis. Unten angelangt, reißt sie trotz der Dunkelheit die Augen auf und ertastet an der Wand einen Schalter. Sie knipst das Licht an, und der Mantel ist da, eingerollt wie eine schlafende Katze vor einer Tür, die sie aufstößt.

Vor ihr liegt ein langgestrecktes Kellergewölbe voller Tische und leerer Schemel, erhellt von winzigen Glühbirnen in lebhaften Farben, die afrikanischen Masken als Blick dienen. Fasziniert geht sie in die Tiefe des Gewölbes hinein, bis sie ein Gitter berührt, das auf ein sandiges Verlies hinausgeht – so dürfte ein Gefängnis unter Ludwig XI. ausgesehen haben. Jujube kehrt zu ihrem Ausgangspunkt zurück und entdeckt auf dem Weg, gleich neben der Tür und durch sie verdeckt, eine Bartheke...

Sie rast nach oben, schildert ihre Entdeckung, und alle stürzen nach unten, um mit eigenen Augen dieses Wunder zu bestaunen. Die empörten Blicke von Monsieur Guyonnet und seiner wegen des plötzlichen Aufruhrs herbeigeeilten Gattin, verpuffen wirkungslos. Das ideale Refugium ist gefunden! Und sie werden es beschlagnahmen! Jujube frohlockt. Aber nicht lange. Vor Monaten schon hatte die Polizei diesen Keller geschlossen. Ein zwielichtiges Etablissement...

Frédéric Chauvelot, ein befreundeter Nachtvogel und seines Zeichens Überläufer aus diplomatischen Diensten, in denen er angeblich Aufsehen erregte durch die Originalität seines Gebarens wie auch durch die Reize seines äußeren Erscheinungsbildes mit dem von einem zarten blonden Schnurrbart überschatteten unwiderstehlichen Lächeln, wittert ein gutes Geschäft. Anne-Marie und Marc Doelnitz weiht er in seine Pläne ein: Er will einen Privatclub eröffnen. Und nun gebärden sie sich so toll wie Teufel in einem Weihwasserbecken. Anne-Marie spricht mit ihrer Freundin Claire und deren Mann Louis Bréguet, der das Nötige tun wird, um die Genehmigung zu bekommen.

Und als Frédéric Chauvelot sogar die Zustimmung der pfennig-fuchserischen Guyonnets erhält, kann an einem schönen Abend des Jahres 1947 das neue Tabou eingeweiht werden.

Die Arbeiter der Speditionsfirmen sind in ihrem Element und die Kinder der Zugluft im siebten Himmel. Das Trüppchen jubiliert: »Wir haben ein Zuhause! Wir bezahlen unsere Zeche, aber wir sind daheim!« Leider, dreimal leider, nicht für lange!

Das Tabou, ursprünglich nur Club unter der Leitung von Bernard Lucas, wird nun privat und berühmt unter Chauvelot. Sein Stern erstrahlt auf den Titelseiten der Weltpresse. Die Guyonnets gedeihen – in die Breite, nicht aber in die Höhe –, doch Jujube hat düstere Vorahnungen.

Denn dieser plötzliche Ruhm läßt sich leicht erklären: Direktor der Zeitung *Samedi soir* ist der Schriftsteller Marcel Haedrich, einer seiner Mitarbeiter ist Jacques Robert, ebenfalls Schriftsteller, und beide sind befreundet mit Anne-Marie, die sie regelmäßig besuchen. Eines Tages erscheint ein Mammutartikel auf der ersten Seite mit einem

Foto des jungen Vadim, der mit einer brennenden Kerze eine Kellertreppe ausleuchtet, wo, an die Wand gelehnt, Gréco vor sich hinträumt. HÖHLENMENSCHEN! und wenig weiter in riesigen Lettern EXISTENTIALISTEN... Das Wort ist losgelassen und jagt nun dahin wie ein Tier in freier Wildbahn, auf der Suche nach seiner wirklichen Identität.

Armer Sartre, arme Simone de Beauvoir, armer Merleau-Ponty, armer Heidegger und all ihr anderen! Als Max Corre, Elefantenjäger und Erfinder eines gewissen neuen Pressestils und Besitzer von *France-Dimanche,* die neue Beute aufs Korn nimmt, kommt es zur Explosion. Jujube verbeißt ihren Grimm, Anne-Marie und Max amüsieren sich königlich. Abend für Abend fallen nun Rudel von Salonlöwen in das Tabou ein, um unter dicken Rauchschwaden diese neue Spezies von Menschenkindern zu beäugen.

Jujube fühlt sich so unbehaglich wie ein Affe auf den Felsen im Zoo. Sie pflanzt sich oben an der Treppe auf und verscheucht die Besucher. Sie beleidigt, ohrfeigt sogar. Erst später wird sie lernen, daß solches Gebaren die lärmende, parfümierte, mondäne Rasse nur noch mehr reizt. Sie zwickt die »diorisierten«, »new-lookisierten« Damen in den Po, doch keine dreht sich um. Offenbar sind sie das gewohnt, folgert Gréco messerscharf. Mit jedem Abend wächst ihre Verachtung. Ein – äußerlich – sehr anständiger Herr, zu jener Zeit Direktor des Münzamtes, erlag eines Abends einem fatalen Irrtum. Er sagte zu ihr »guten Abend, Kleines« und verlieh diesem Gruß mit einem Klaps auf das rundliche Hinterteil des jungen Mädchens Nachdruck. Jujube sieht rot. Sie erträgt es nicht, daß man sie anrührt. Sie stürzt sich auf den Sündenbock und prügelt auf ihn ein. Es hagelt Ohrfeigen und Fausthiebe. Man versucht sie zu bändigen, aber sie strampelt sich los, entkommt und schnappt sich einen Barhocker. Sie ist außer sich. Der gerupfte Pechvogel wird zum Münzamt zurückbegleitet, und als er am nächsten Abend wieder auftaucht, um sich bei der tief gekränkten Gréco zu entschuldigen, trägt er ein prachtvolles blaues Auge zur Schau, nach dessen Ursprung sich angeblich am Vormittag schon General de Gaulle, mit dem er häufig zu tun hat, erkundigt hatte. Von seiner vor Verlegenheit nur zögernd vorgebrachten Erklärung: »General, ich bin in eine Tür gelaufen«, habe dieser ihm, wie er hinzufügte, bestimmt kein Wort geglaubt und sei in seinen Zweifeln auch gleich durch die Presse bestätigt worden, die besagte Tür beim Namen genannt und in ihren Spezialkolumnen hinterhältige Kommentare gebracht habe. Gréco verzieh niemals. Sie sagte es ihm, und er ließ sich nie mehr blicken.

In Begleitung von Christian Bérard und Boris Kochno kam auch Jean Cocteau ins Tabou, mit Händen und Worten wirbelnd. Bérard hatte für Anne-Marie und Gréco Schottenhosen mit Pelzbesatz an den Knöcheln entworfen. Jujube war irritiert und fragte, was das für ein Tier sei. »Nerz«, lautete die Antwort. »Wie sieht denn ein Nerz aus?« fragte das junge Mädchen. »Das wirst du schon früh genug erfahren«, entgegnete Bérard, milde in seinen Bart lächelnd. Und er hatte recht. Für seine Freundin Gréco hatte er außerdem eine Kette entworfen, die gewisse zum Tode Verurteilte sich eintätowieren lassen: eine gepunktete Linie rings um den Hals. Für Gréco wünschte er sich abwechselnd Bluts- und Tränentropfen: ein Rubin, ein Diamant und so fort. Jujube ließ dieses Schmuckstück nie anfertigen, und dennoch gehört es ihr. Christian Bérard schenkte Jujube auch einen Kiesel mit einem runden Loch in der Mitte: das Auge des Neptun, im Profil auf die eine Seite gemalt und auf der anderen signiert. Von diesem Stück hat sie sich nie getrennt. Manchmal reist es sogar mit ihr.

Anne-Maries und Grécos Kleidungsprobleme wurden zu gleichen Teilen von François Bamberger, der den Stoff lieferte, und von einer bezaubernden Tahitianerin gelöst, der Frau des Anwalts Jean-Pierre Le Mée, mit dem sie eng befreundet waren. Sie nähte wie eine Fee und konnte mit der Schere umgehen wie niemand sonst. Tai konnte schmachten wie eine Welle, die sich an nackte Füße schmiegt, um dort zu verenden, konnte aber auch hinreißend und fröhlich sein. Jean-Pierre Le Mée hatte unter dem über alles Menschliche erhabenen und unvergleichlich subtilen Anwalt und immer heiteren Freund Georges Izard in mehreren Prozessen die größten Namen aus der Welt der darstellenden Künste und aus der erlauchtesten und pariserischsten Gesellschaft verteidigt. Nichts von alledem hatte seinen Charakter oder seinen Humor zu beeinträchtigen vermocht. Abende mit diesen beiden waren immer ein Fest, eine Verzauberung. Er starb, als er seiner Frau, die ungeduldig auf der Treppe wartete, um ihn in die Arme zu schließen, entgegenlief.

Anne-Marie tanzte, Gréco tanzte nicht. Sie schaute den anderen beim Tanzen zu. Diese anderen hießen mit Vornamen Jeannot, Marthe, Adgé, Catherine, Simone, die Springlebendige, die Elastische, die später durch den Schlagzeuger von Claude Luter, Jean-Pierre Cassel, Madame Moustache wurde. Moustache, dieser gutmütige und elegante Riese, der sanft über sein wachsendes Bäuchlein strich und fröhlich lächelnd sagte: »Schau, wie schön er ist, mein Hähnchenfriedhof...« Zu seinem Vergnügen eröffnete er ein paar Jahre später ein fabelhaftes Restaurant. Vorläufig jedoch macht er noch zur Beglückung anderer fabelhafte Musik.

Die Kellerratten... Unter dieser hübschen, aber anonymen Bezeichnung sollten sie bald in der ganzen Welt berühmt werden.

Hot D'dée, ein junger Mann, eine lebende kostbare Ebenholzstatuette, gehört auch dazu. Er verblüfft durch seine Grazie und seine Schönheit. Er ist mit einer jungen Schneiderin verheiratet, die zwar nicht in puncto Farbe, dafür in puncto Größe auf ihn abgestimmt ist. Gréco wird Hot D'dée den Spitznamen »Fingerhütchen« verleihen. Er selbst stichelte auch, aber mit Füßen und Beinen. Er tanzt, wie der Vogel fliegt. Sein Blick ist schwarzer Samt. Für gewöhnlich. Kann aber auch Eiskaffee werden, ganz unvermittelt. Hot D'dée ist intelligent, sieht alles und merkt sich alles.

Jujube ist zwanzig Jahre alt. Die Schaumkrone der betörendsten aller Kulturen zerplatzt vor ihren Augen und Ohren in bunt schillernde und mit Wundern gefüllte Kugelbläschen.

Im Tabou sieht sie jede Nacht, je nachdem, was die Lebenswogen dieses an Ideen und Sehnsüchten überschäumenden Paris heranschwemmen, die von dickem Qualm verschleierten, fast irreal erscheinenden Gesichter von Georges und Nora Auric, Christian Bérard, Albert Camus, die denen von Gaston Gallimard und Marcel Duhamel zugewendet sind, dem Begründer der Krimiserie *Série noire* und von legendärer Eleganz, die in diesem Wirbel aber untergeht. Albert Camus, Herausgeber der berühmten Reihe *Espoir* und Chefredakteur der Zeitung *Combat*... Er sitzt hier, zum Greifen nahe. Ebenso François

Mauriac, Simone de Beauvoir (seltener). Nach ihrer Rückkehr von einer Amerikareise erscheint sie stolz in einem Rattenpelz gleicher Provenienz. Cazalis und Gréco fiepen wie in der Falle gefangene Mäuse, zwei dreckige Gören. Ohne mit der Wimper zu zucken und in königlicher Pose passiert Simone de Beauvoir das erbarmungslose Tribunal der Jugend. Sie stellt sich taub, ein amüsiertes kleines Lächeln aber nur schlecht verhehlend.

Alles in allem wird Simone de Beauvoir Grécos Tun und Lassen jedoch aufmerksam verfolgen. Sie wird sie zu bestimmten abendlichen Veranstaltungen einladen und sie geschickt mit Leuten zusammenbringen, die sie bewundern und in gewisser Weise als Vorbild ansehen kann. Schriftsteller wie Truman Capote, zum Beispiel... »Ein junger Amerikaner mit brillanter Zukunft«, schrieb die Kritik...

Jujube hegt für Simone de Beauvoir eine Art kultische Bewunderung. Die Schönheit dieser Frau ist irritierend. Man spürt gleichsam das hinter ihrem Madonnenantlitz immer wache, immer arbeitende Denken. Sie wird Castor, Biber, genannt. Denn sie baut auf, baut um, sucht, findet, kämpft, siegt, reißt den Gegner in Stücke, ihre eigene Stärke und die möglichen Schwächen des männlichen oder weiblichen Gegenübers mit absoluter Sicherheit richtig einschätzend. Böse Zungen stempeln sie ab zum Organisationsfanatiker. Gott sei Dank ist sie das. Ihre meerblauen Augen schleudern, bevor das Gewitter losbricht, kaum beherrschte Blitze, und wenn sie sie an ihrem Tisch im Flore oder im Deux Magots stundenlang auf ihren Schreibblock senkt, dann wundert man sich, daß das weiße Blatt nicht zu brennen anfängt. Hebt sie die Lider wieder, so ist ihr Blick in das Innere des Kopfes gekehrt. Sie scheint niemanden zu sehen. Plötzlich streckt sie den

Mittelfinger der rechten Hand, steckt den Füller blitzschnell der Linken zu und kratzt sich die Schädeldecke an der Wurzel ihrer zu einer Krone gerollten Haare, knapp hinter dem Scheitelpunkt des Schädels, ohne daß sich dabei auch nur einen Moment lang der Ausdruck ihres schönen, ruhigen Gesichts wandeln würde; dann, den langen Finger erneut streckend, beläßt sie für den Bruchteil einer Sekunde die Hand in der Luft, ausgesetzt im Raum, reglos wie der Flug gewisser Vögel. Die Rückkehr zum Schreiben wird ebenso blitzschnell vollzogen.

»Sie schreibt wie ein Mann«, kommentieren begeistert die Phallokraten.

»Diese Frau ist schön und intelligent, genial«, denken die Frauen. Jujube las alles, was sie unter der Signatur dieser Philosophieprofessorin finden konnte: *Das andere Geschlecht, Sie kam und blieb, Das Blut der anderen, Alle Menschen sind sterblich* und *Les Bouches inutiles* (»Die nutzlosen Münder«), das sie sich im Theater anschaute, mit Roger Blin, der immer und überall Sprechhemmungen hatte, nur nicht auf der Bühne, und die ihm zugeteilte Rolle wie stets vollendet spielte.

Das Paar Sartre-Beauvoir war ein gefundenes Fressen für eine kleingeistige, dumme Presse. Aber sie schritten durch den Schlamm hindurch wie Orpheus durch die Spiegel. Unberührbar, unverletzlich.

Claude Mauriac und sein Bruder sind nur Zuschauer. Claude ist schweigsam, ernst. Sein Bruder redselig und laut. Claude ist in Begleitung einer langbeinigen, blonden Schönheit, die ihre Wespentaille mit einem Hundehalsband gürtet. Das ist Annabel, die Elegante, die diese kaum nachzuahmende Mode lanciert hat.

Weitere aufmerksame Zuschauer sind: Jean Aurenche und Pierre Bost. Sie haben die besten Drehbücher der damaligen Filme verfaßt – *Irrwege des Herzens, Die Lumpenhochzeit, Sylvia und das Gespenst* – unterstützt vom unbestrittenen Talent Odette Joyeux'. *Und es ward Licht, Kümmere dich um Amelie* und vor allem *Stürmische Jugend*. Micheline Presle, die Wunderbare, die Drollige, die Intelligente und Erzkomödiantin! Als ihr Partner der junge, blutjunge Gérard Philipe. Kommentar überflüssig. Dieser Film hat die Welt erschüttert und wird ein Modell bleiben.

Aurenche raucht ebenso intensiv Pfeife, wie er denkt. Bost, Pierre, der Ältere aus dem Bost-Klan, ist ein Vollblutschriftsteller. Er veröffentlicht bei Gallimard und hat Jean-Paul Sartres *Ekel* für die *Nouvelle Revue Française* gewonnen. Er hat Ähnlichkeit mit einem evangelischen Pastor. Seine Würde ist von verblüffender Natürlichkeit, und seine Rechtschaffenheit ist sprichwörtlich. Jacques-Laurent (Bost) kommt oft allein. Dieser geheimnisumwitterte Beau hat, ungeachtet oder gerade wegen seiner freundschaftlichen Bindung an Sartre und Castor, Olga, eine der beiden Kosakiewiez-Schwestern, geheiratet. Die andere, Wanda, spielt Theater. Beide leben und atmen im Scheitelpunkt des Sartreschen Universums.

Scipion, das geniale Schlitzohr, gesellt sich häufig zu ihm. Von ihm kennt man in dieser Runde nur einen parodistischen, »mit fremden Federn« geschriebenen Roman. Schade, denn das Buch ist umwerfend komisch. Später vielleicht...

Eng an Scipion, den allseits geliebten, den verhalten kichernden Schalk gedrängt, brüllt Raymond Queneau sein Lachen. Dieser Riese unter den Farcenschreibern hat soeben unter dem Pseudonym Sally Mara (eine junge Irländerin) und mit Micheline Presle (angeblich Übersetzerin des Werkes) als Komplizin *Man ist immer zu gut zu den Frauen* herausgebracht. Der Autor von *Mein Freund Pier-*

*rot, Taschenkosmogonie, Stilübungen Autobus S* und so vieler anderer Meisterwerke, fördert, wo er nur kann, das Talent anderer zutage. Seine Liebe zur Sprache und ihren Ausdrucksmöglichkeiten könnte er selbst einem Suppenlöffel einflößen, so überschäumend und ansteckend ist seine Begeisterung. Wie sein Lachen. Seine Liebe zur jüngeren Generation ist echt. Er ist die Verkörperung der Jugend, scheint es aber nicht zu wissen. Dunkle Kinosäle füllt er mit seiner sonoren Präsenz. Er liebt Kino über alles und tut es lauthals kund. Er teilt aus, nimmt teil, teilt, verteilt. Auch eine neue Sprechweise hat er geschaffen: *Xa va Xa va Xa va durer toujours.**

Immer wieder tauschen sie Erinnerungen aus, diese großen Kinder Queneau und Prévert: Die berühmte Saalschlacht in der Brasserie Lipp 1927! Woraus sie entstand, weiß niemand mehr so recht, aber gerichtet war sie gegen die Männer der Rechten, der *Action française,* unterstützt vom Groom des Etablissements, den Queneau in »Riesenzwerg« umtaufte, und den Kellnern. Sie hatten sich alle bei Lipp getroffen, wo auch Politiker jeder Couleur saßen. Es herrschte eine merkwürdige Atmosphäre. Um die Inhaber, Monsieur und Madame Cazes, drängten sich plötzlich Antoine de Saint-Exupéry ohne seinen kleinen Prinzen, Fargue, der Dichter, der mehr als preziöse Anne de Biéville, um seinen nicht minder preziösen Spazierstock mit ziseliertem Gold- oder Silberknauf bangend, André Derain, der Riese unter den Fauvisten, der bronzefüßige Marmortischchen in Richtung auf Monsieur Cazes schleuderte, Marcel Jouhandeau, damals noch nicht gefesselt von jener, die später seine liebstgehaßte Gattin werden sollte, Max Jacob und Jean Cocteau...

Gréco versteht nicht, wieso man ihre gewalttätigen

* im Chanson *Si tu t'imagines*

Zornesausbrüche als Skandal bezeichnen konnte. Sie handelt ja stets allein, ohne Unterstützung anderer. Der erlittene Schock wirkt deshalb vielleicht um so stärker.

Man fragt sich, wie eine Frau wie Gertrude Stein sich in einem solchen Fall verhalten hätte. Sie dürfte zitternd gefürchtet haben, so etwas könnte eines Tages, oder eher eines Abends, bei ihr daheim ihren geliebten Bildern widerfahren. In ihrem Atelier in Saint-Germain waren nämlich alle Picassos, die sie hatte erwerben können, gehortet: die rosa, die blaue, die kubistische Periode und andere. Der sanfte Christian Bérard wäre natürlich nie handgreiflich geworden oder hätte irgend etwas zerstört, aber die oben beschriebenen jungen Wilden...? Und dennoch empfing sie in ihrem Atelier alles, was ihrer Meinung nach in der Welt der Künste und der Literatur tonangebend, mitreißend war. Unbeirrbar. Auch sie stieg in die Tiefen des Tabou hinab. Leute wie sie kamen hierher, um ihre Jugend wiederzufinden, und behaupteten, sich wiederzuerkennen in den Spinnereien und den Denkgewohnheiten dieser »Höhlenmenschen«, wie die Bewohner von Saint-Germain sie zitternd nannten.

Zeichnende Dichter wie Camille Bryen, Schriftsteller wie Lemarchand oder Toursky sind ein wenig in Vergessenheit geraten, aber Henry-Georges Clouzot mit Yves Montand und Simone Signoret konnte nicht unbeachtet bleiben. Das gleiche gilt für den Filmemacher Louis Daquin oder Jean-Paul Chanois, beide Freunde von Jacques Prévert und Jean Genet, der soeben das *Wunder der Rose* und *Notre-Dame-des-fleurs* herausgebracht hat und sich gerade an einen eventuell geeigneten Hocker anschleicht. Bürstenhaarschnitt, flammender Blick und fahler Teint, ein Jäger, der lauert und auflauert. Beunruhigend. Schweigsam. Die Inkarnation der Verlockung.

Hier sind sie versammelt, die Besten reinsten Geistesadels. Seite an Seite mit denen des Geldadels, den Neugierigen. Den Voyeuren. Deren Namen man gar nicht erfahren will.

Die Kinder des Geistes sind blendend, aber sie lassen sich auch blenden von den jungen Schönen, die ins Tabou strömen, weil es Mode ist und sie nach den Parfums der Modesalons, wo sie als Starmannequins arbeiten, die Parfums des Geistes entdecken oder wiederfinden wollen. Sie sind die Schönsten und gar nicht die Dümmsten. Praline, Annabel (später Buffet), Sophie (bald schon Litvak), Bettina (bald schon Ali Khan...) – wie sollen da die im Vollbesitz eines Körpers existierenden schönsten Geister nicht ins Träumen geraten...

Hélène (Rochas), die Zarthäutige, hat ihren Modekönig noch nicht geehelicht, und so schlingen sich – wie die Winde um den Rosenstock – die Hoffnungen der hier anwesenden Männlichkeit um ihre zierlichen Fesseln. Sie sind wie verwandelt, die ganze männliche Intelligenzija zappelt, die weibliche wogt. Jujube lacht in sich hinein. Sie wogt auch nicht schlecht, auf ihre Art.

Man beginnt, ihre Art, sich die Augen zu schminken, zu kopieren. Ein berühmter Visagist wird ihr den Namen »Rehauge« geben. Man kopiert auch ihre Nicht-Frisur und findet ihr Schwarz-in-Schwarz und ihre Hosen toll. Sie schaut gleichgültig drein. Sie kennt keine Mode. Sie erforscht Gesichter und sucht Blicke. Wie ein bißwütiges Tier liegt sie auf der Lauer. Lautlos. Sie hat noch immer nicht gelernt zu verzeihen. Versucht zwar, auszuradieren. Doch manchmal macht er sie rasend, dieser Rummel, bis zur Gewalttätigkeit, oder aber traurig, und dann geht sie fort. Allein. Immer. Mehr als ein Jahr lang wird dieser Keller eine erlesene Besetzung haben. Zur allgemeinen

Überraschung zeigt sich hier Renée Passeur, die Frau von Steve, ohne Hut, aber niemals Mapie de Toulouse-Lautrec ohne den ihren. Und was den Hut von Simone Berriau, der erfolgreichen und schönen Direktorin des Théâtre Antoine anbetrifft, so wurde gemunkelt, zum Frühstück im Bett trage sie einen ganz besonders reizvollen, überquellend von Spitzen und englischer Stickerei.

Auch Lise Deharme, zart und spitz, wird hierher kommen und mit gebücktem Kopf, wie jedermann, die schlüpfrige Treppe hinuntersteigen. Ungeachtet dieser Örtlichkeit und ihrer seltsamen Fauna wird sie ihre berühmten Korallenkäfer aus dem Hause Cartier zur Schau stellen! Welch ein Mut, Madame...

Alle – die von Paris und anderswo, von allen Enden der Welt und von jeglicher Hautfarbe – sie alle drängen sich hier Seite an Seite, atmen dieselbe atemberaubende Atmosphäre und teilen sich ein paar bevorzugte Stunden lang die gestundete, an den unsichtbaren Fäden eines ganz besonderen Glücks in der Schwebe gehaltene Zeit der gelebten oder wiedergefundenen Jugend. Dort, in diesem feuchten Keller, steigt ein köstlicher Schwefelgeruch auf. Gott, wie himmlisch war doch diese Hölle!

Wie durch ein Wunder kann Gréco sich hier beschützt fühlen. Zuneigung und Freundschaft von Männern und Frauen sind allgegenwärtig, bilden unsichtbare Barrieren gegen böse Brandungen. Reich an der Zahl.

Eines Abends, anläßlich eines von Pierre Lazareff, dem Direktor der Zeitung *France-soir* auf den Dächern des Verlagsgebäudes veranstalteten Festes, wird Gréco zum Dîner gebeten. Zum Souper, besser gesagt. Tanzorchester spielen, und alle amüsieren sich nach Kräften.

Plötzlich ragt vor Grécos Augen eine bekannte Gestalt empor. Der junge Mann ist Direktor von *Paris-Presse*. Jujube war ihm bereits einmal begegnet, doch unter ganz anderen Umständen. Von der Gestapo verfolgt, war er in der Rue Servandoni aufgetaucht, um für eine oder zwei Nächte Unterschlupf zu finden. Jujube, obwohl gerade erst aus Fresnes entlassen, reagierte kaltblütig wie eh und je und überließ ihm sofort ihr Zimmer. Sie selbst schlief auf der Matratze, die ihr Freund Jean Marsan aus seinem Bett genommen hatte, während dieser nun versuchte, auf dem nackten, igelig-stacheligen Gitterrost einzuschlafen, der sich gegen den Raub seines Kummertrösters sträubte. Das Drahtgestell klagte und knirschte so jämmerlich bei jeder Bewegung des zerknirschten und doch so großzügigen jungen Mannes, daß es sie schließlich alle um den Schlaf brachte.

Immer wieder schüttelten sie Lachanfälle, aber schon beim kleinsten verdächtigen Geräusch spitzten sie die Ohren. Jujube hatte Angst, aber der Junge war Jude und wurde verfolgt. Das genügte. Und nun, im Wirbel dieses Festes, wandte der junge Mann, der hier vor ihr stand, bei ihrem Anblick den Kopf ab. Sie spürte, wie sie kreidebleich wurde. Pierre Lazareff trat auf sie zu und zischte durch die Zähne: »Na, Monsieur X..., erkennen Sie Mademoiselle Gréco nicht wieder?« Woraufhin der junge Mann, entsetzt, verlegen und eine Un-Höflichkeitsfloskel stammelnd, wie ein begossener Pudel sich ans andere Ende der Terrasse flüchtete.

Lazareff war ein großmütiger und zärtlicher Mann. Er mochte die skandalöse Gréco mit ihren wilden langen Haaren und ihren schwarzen Hosen sehr gern. Ihr Schweigen ebenfalls. Er ließ keine Gelegenheit aus, ihr auf das herzlichste zu beweisen, daß er da war, sie zu beschützen. Das gleiche gilt für seine Frau Hélène. Auch sie beide kamen ins Tabou, ein wenig von dieser übersättigten Luft zu betasten. Es interessierte sie sehr, was dort geschah. Aber sie kamen nicht als Voyeure, sondern als Menschen. Jung wie immer. Für immer. Pierre, der väterliche Betreuer einer ganzen Generation, ist von uns gegangen, und sein Platz ist leer geblieben. Vermutlich wird man niemals mehr in einem so kleinen Gehäuse, und auch nicht in einem Riesen, das Potential seiner Qualitäten finden, denn er besaß alles, was die echten, die ganz großen Journalisten, die großen Männer des Pressewesens ausmacht.

Auch vom Catalan kam man ins Tabou: Marie-Laure de Noailles an der Spitze, begleitet vom Maler Dominguez, und im Schlepptau irgendein junges, von ihr protegiertes Talent; sogar sie wird sich herablassen und ihre Turmfrisur (Genre Ludwig XIV. als Kind) unter dem staubigen Treppengewölbe gefährden. Ihr Hauptquartier war nämlich das Catalan, ein »bewohntes« Lokal, Treffpunkt der Schöngeister vergangener, gegenwärtiger und zukünftiger Zeiten. Das Catalan lag auf Jujubes Weg, wenn sie von ihrem Hotel am Quai des Grands-Augustins zum Café Flore oder zu Lipp ging. Das Restaurant befand sich im ersten Stock, und Jujube war dort ein paarmal von Betuchteren als sie selbst zum Essen eingeladen worden. Die ersten Male starrte sie, mit der Gabel den Mund verfehlend, auf Dora Maar (Ex-Gefährtin und Modell Picassos), André Frénaud (Lyriker), Lise Deharme (dichtende Frau von Welt), den höchst verführerischen Helden-Schriftsteller und Schriftsteller-Helden Jules Roy, dessentwegen alle diese im gestrengen Schatten eines Braque-Bildes sitzenden Damen vor einer erkalteten Piperade schmachteten.

Der lebendige Schatten Picassos, der ein Atelier auf der anderen Straßenseite bewohnte, drang bis hierher und war heftig spürbar. Das hatte wohl mit Dora Maar zu tun. In diesem Atelier in der Rue des Grands-Augustins, das ursprünglich Jean-Louis Barrault gehört hatte, gestaltete er *Tandis que j'agonise* nach dem Roman von William Faulkner *Als ich im Sterben lag,* für das Théâtre de l'Atelier umbenannt in *Autour d'une mère.*

In diesem Atelier versammelten sich auch der Oktober-Kreis, die Prévert-Bande und andere, wie Duhamel, Raymond Bussières, Roger Blin, Mouloudji (der kleine), Paul Grimault, Maurice Baquet, Michel Leiris... Daraus darf man wohl mit Fug und Recht schließen, daß das Catalan durch seine Nähe zum idealen Treffpunkt dieser jungen Leute wurde. Der malende Dichter und surrealistische Filmemacher Georges Huguet lenkte die Geschicke des Catalan 1950. Einige von ihm fabrizierte Objekte zieren die Wände im Erdgeschoß. Er war es auch, der für einige Werke André Bretons die gläsernen Einbände schuf, mit den von Glastränen umflorten Schmetterlingen.

In diesem gemütlichen Erdgeschoß erfanden eines schönen Abends Maurice Merleau-Ponty, Boris Vian, René Leibowitz und Anne-Marie Cazalis eine Art »existentialistische« Hymne. Grécos rauhe Stimme intonierte leise die vom sonst nur klassischen Leibowitz ad hoc komponierte Jazz-Melodie, und alle stimmten ein:

> Scheiß-Existenz! Ich hab nichts mehr
> als diese Essenz, die mich definiert,
> denn Existenz kommt vor Essenz,
> und das ist's, warum das Geld mich flieht.
> Hab alles gelesen von Jean-Paul Sartre,
> Simone de Beauvoir und Merleau-Ponty.
> Doch stets bleibt es das gleiche Desaster:
> selbst arm bist du frei, wählst du wie sie.
> Hab's wohl versucht mit anderen gar,
> Maurice Blanchot, Albert Camus.

Absurder Faux-pas! denn immer war
alles nur ein Mordstirili.
Morgen Sisyphus, Angst, Moral,
Aminadab Ekel und Kompanie.
Es ist und bleibt die gleiche Qual,
Denn selbst im Flore heißt's: kein Kredit!

Jedermann war jederzeit zu jedem Jux bereit. Man wollte frei sein, lachen, wann, wo und wie man nur konnte. Anne-Marie war besonders spitzfindig, ein echtes Geistesblitzgenie. Am Todestag von Gide sandte sie folgendes Telegramm an François Mauriac: »Hölle existiert nicht. Kannst dich ruhig austoben. Sag's auch Claudel. Stop. Unterschrift: André Gide.« Makaber, aber gekonnt. Bös. Dies nur als ein Beispiel.

An jenem Abend wuchs das Gelächter im Flore sich zu immer schrilleren Tönen aus. Das Flore ist wie kaum ein anderes Lokal geeignet, das existentialistische Denken zu voller Entfaltung gelangen zu lassen, wenn man seinem Besitzer, Paul Boubal, glauben will. Gewiß, dank seiner aufmerksamen Fürsorge gab es für Jean-Paul Sartre und Simone de Beauvoir keinen ruhigeren und zur Meditation geeigneteren Ort als den ersten Stock dieses Cafés. Dort war es warm während der Zeit der deutschen Besatzung, und auch die Kunden im Erdgeschoß waren alles fröhliche und nette Leute. Turbulent. Jung... immer wieder und unverwüstlich die Prévert-Bande, der Oktober-Kreis und all jene, die von Zeit zu Zeit aus den Deux Magots herüberkamen und sich in die Polsterbänke der Konkurrenz drängten.

Zu jener Zeit ist es in den Deux Magots eher düster und still. Man kann dort Roger Vitrac sehen oder André Gide... André Gide! Gréco erinnert sich: Eines Tages zu

Sommerbeginn schlug ein Freund ihr einen merkwürdigen Spaziergang vor: »Willst du mitkommen zu Gide?« Leuchtenden Blickes antwortete sie: »Ja.« Der junge Mann verfügt über den Schlüssel zu Gides Wohnung, und als er ihn ins Schloß steckt, verspürt Gréco ein leises Kribbeln entlang der Wirbelsäule, eine Art Schauder. Sie treten ein. Stille, provinzielle Ruhe. Konzertflügel-Grünpflanzen-Bücher. Sachte, wie eine Diebin, schleicht sie hier herum. Der junge Mann redet, sie hört nicht zu. Der junge Mann stößt eine Tür auf, und sie hört: »Schau, das ist sein Schlafzimmer.« Sie bleibt auf der Schwelle stehen. Gelähmt. Der Raum ist winzig. Schmucklos. Eine Mönchszelle. Kleines Eisenbett. Kruzifix. Ihr Herz jagt, sie möchte fliehen, wie ein Unhold Reißaus nehmen. Sie rast los, in gestrecktem Galopp, und stolpert die Treppe hinunter. Ihr Freund holt sie ein; sie bringt keinen Ton heraus und ringt nach Atem.

Begegnungen werden bei Gréco immer Beklemmung auslösen, vor allem unerwartete wie an jenem Tag, als sie, von Christian Bérard und Boris Kochno zum Essen eingeladen, das Restaurant La Méditerranée an der Place de l'Odéon betrat und plötzlich ein eleganter, großgewachsener, schlanker und nicht mehr ganz junger Herr aufsprang, dem langhaarigen Mädchen, das seine einzige schwarze Hose und seinen einzigen Pullover trug, beide Arme weitgeöffnet entgegenstreckte, ein fröhliches *»Bonjour, Gréco!«* schmetterte und sie an sein Herz drückte. Es war François Mauriac. Das Schweigen, mit dem die verdutzte Gästeschar dieses Ereignis quittierte, wäre nur mit einer Metallsäge zu durchschneiden gewesen. Gréco hatte Farbe bekommen und lächelte. Der Mann, der die Kleine aus Bordeaux so überschwenglich begrüßt hatte, genoß sichtlich die Wirkung seines Auftritts. François Mauriac provozierte gern und spielte diese Neigung dann auch voll aus.

Gréco nahm ihren Platz am Tisch ihrer belustigten Gastgeber ein. Kochno hatte sich in den Kopf gesetzt, Jujube solle wieder tanzen. Er wollte ein Ballett für sie schaffen. Aus Angst, die beiden, Christian Bérard und Kochno, zu enttäuschen, aber mehr noch aus Angst, sich selbst zu enttäuschen, lehnte sie ab. Die Oper erschien ihr als etwas Unwirkliches, als ein gelebter Traum früherer Jahre, einem anderen Leben – der Kindheit – zugehörig. Der Zeit vor dem Kriege. Jetzt dachte sie nur noch ans Schauspiel. Die Tragödie. Sie wartete, doch ohne Ungeduld, weil ohne Hoffnung. Hinter ihren geschlossenen Augenlidern, gesenkt wie der Vorhang nach der letzten Replik eines Stückes, sah sie sich im Licht stehen. Hoch aufgereckt. Eine andere. Die das Leben einer anderen lebt. Einer anderen, die spricht, schreit, ihr Ich hinausbrüllt, dem Publikum ins anonyme Gesicht, einer anderen, die im gleichen wilden, Herz und Atmung peitschenden Rhythmus wie sie diese magischen Augenblicke durchlebt.

Für uns und andere blies Boris sein »Trompetchen«. Seine beiden Brüder gehörten auch zum Orchester. Spät fanden sich die Musiker aus allen Nachtlokalen ein, um mit ihnen noch eine Jam session, die sie *bœuf* getauft hatten, zu veranstalten. Auch die in Paris gastierenden amerikanischen Musiker, die großen Jazz-Stars jeglicher Couleur erschienen nach ihren Konzerten, angelockt vom magischen Mund-zu-Mund-Tam-Tam, das über die Ozeane und in die schwarzen Viertel von Harlem gedrungen war und dieser Jugend von Saint-Germain-des-Prés nun die Verwirklichung ihrer wahnwitzigsten Träume brachte. Sie waren einfach da, zu unser aller Vergnügen: Miles Davis, Gillespie, Charlie Parker, das vollzählige Modern Jazz

Quartet, Kenny Clarke und all die anderen, die in Paris, das wieder die Hauptstadt der Welt geworden war, auftraten.

Auch die ausländischen Maler und Schriftsteller machen alle im Tabou Station. Und während dieser Zeit reden, spielen, lachen diese »Kinder« wie alle Kinder auf der Welt; daß sie die Werbewirksamkeit dieser Konstellation ausnützen könnten, kommt ihnen nicht in den Sinn, sie sind nur trunken vor Glück. Und die Instrumente, auf denen sie am liebsten und besten spielen, sind sie selbst.

Einige Figuren leben weiter in der Erinnerung jener, die damals diese Lokale besuchten: der Neffe von Christian Pineau, dem Minister (Alain Quercy, um den Onkel nicht zu inkommodieren), trug einem widerwärtig geschwätzigem Publikum eigene Gedichte vor; Gabriel Arnaud sang, unbeirrt vom unbeschreiblichen Getöse und einem Sturzbach von Schmährufen, sein *Cheval de cirque* und *C'est dimanche,* zwei übrigens sehr hübsche Chansons, die er selbst geschrieben hatte, hier aber nicht anbringen konnte, weil sein Typ abgelehnt wurde. *»Das Pfarrkind«* – Titel eines seiner Bücher – »ist ihm auf den Leib geschrieben«, urteilte Charles Trenet, »dieses unterwürfige Gehabe eines schüchternen Abbé... diese weißen Hände, die beim Durchblättern eines Buches immer den Eindruck erwekken, als wendeten sie die Seiten eines Meßbuchs...« Man könnte fast meinen, er käme hierher, um Prügel zu kassieren; dabei ist er feige und meidet jede physische Konfrontation. »Schlag mich nicht... ich bin ein Mädchen...« Mehr brauchte es nicht, und die Menge johlte. Ein junger Mann, seines Zeichens Dichter und Komödiant, bezaubernd und engelsgleich, läßt sich Radiguet nennen und behauptet, der Neffe zu sein. Er heißt aber, wie man sich erzählt, Alibert. Besonderes Kennzeichen: eine sagenhafte

Derbheit, seine Phantasie und Schönheit weit überbietend. Für die Damen von Welt hat er nur Zoten parat. Das mag gefallen. Auch Pommerand reizt mit seiner Art, alles im Haß anzugehen, sogar seine eigene lettristische Lyrik, deren Wörter er den Zuhörern mit unnachahmlicher Heftigkeit ins Gesicht schleudert. Wer ihn einmal sein »Kublai Khan, Kublai Khan!« hat brüllen hören, wird es so leicht nicht mehr vergessen. Robert Auboyneau, der Neffe des Admirals, der wirkliche, trägt seine Eleganz zur Schau, spielt Komödie und vermag den Diplomatensohn nicht zu verleugnen. Er leidet an einem quälenden Husten und bringt nach tausenderlei Winkelzügen Gréco dazu, ihn zu seinem Arzt zu begleiten und ihm während der Dauer der zum richtigen Funktionieren seiner Lungen erforderlichen Beatmung Gesellschaft zu leisten. Die ersten Male war Jujube starr vor Entsetzen. Dann aber wurde sie fürsorglich und hielt ihm während der ganzen Prozedur die Hand, fast glücklich, ihn atmen zu hören und seine Brust sich wölben zu sehen, offenbar mühelos. Kaum war die Behandlung abgeschlossen, zogen sie Hand in Hand, über alles und nichts lachend, herausfordernd, und stolz, am Leben zu sein, zurück zum Flore oder Montana.

Während die einen exhibitionistischen Neigungen frönen, singt anderswo und ganz andersartig Moulou, Marcel Mouloudji. Entdeckt hatte ihn die Prévert-Bande, die an Intelligenz und Flair unübertroffen war. Mouloudji gehört zu jenen Personen, denen Gréco oft in ihrem Leben begegnet ist, und immer hat er sie in Staunen versetzt. Er kann einfach alles – und gut: schreiben, malen, Komödie spielen und singen. Er besitzt alle Begabungen – und ein unwiderstehliches kindliches Lächeln. Er lebt sein Leben, unaufdringlich und erfolgreich. Aus dem kleinen Moulou sollte der große werden.

Im Ecluse am Quai des Grands-Augustins, im Saint-Thomas-d'Aquin und in der Rose rouge singt Léo Ferré. Er rüttelt auf und erstaunt, macht betroffen. Seine Chansons sind Meisterwerke und werden es bleiben. Davon ist jeder überzeugt. Jacques Douai begleitet sich auf der Gitarre, mal hier, mal dort, am häufigsten in der Echelle de Jacob. Seine Stimme ist sanft und sicher, seine Chansons sind Gedichte. Wie kein anderer singt er die alten französischen Weisen, und er und Cora Vaucaire werden mit als erste *Les feuilles mortes* entdecken. Bevor sie zu singen beginnt, zittert Cora Vaucaire derartig vor Angst, daß sie sich jeden Abend erneut fragt, ob sie dieses Metier überhaupt noch weiter ausüben soll.

Man muß viel herumlaufen, wenn man alle hören will, die man liebt. Also läuft man eben. Heute abend ist Jujube mit Marc Doelnitz im Montana verabredet. Sie geht über die Place Furstenberg und setzt sich, wie es ihre Gewohnheit ist, für ein paar Minuten auf eine Bank. Da kommt, furchterregend, gestikulierend, eine stumme, aber offenbar schmerzliche Rede haltend, Antonin Artaud daher. Sein Vogelprofil spaltet die Luft, und ein Fausthieb streckt einen unsichtbaren Widersacher nieder. Jujube überkommt leises Zittern, doch der Mann setzt seinen einsamen Marsch fort. In grenzenlosem Zorn zu Eis erstarrt, von seinem Wahn und seinen Ärzten gefoltert, ist er allein. Jenseits alles Menschlichen.

Jujube, plötzlich elendig traurig, schleppt sich bis zum Montana. Das Bild des Schimärenjägers wird überdeckt von dem eines auf dem Gang zu den Toiletten vor einer stolz aufgerichteten Frau knienden Arthur Adamov, der unter abschätzigen Blicken mit schmalen Riemchen umgürtete Fesseln küßt. An jenem Tag hatte sie die Tür so hastig wieder zugeknallt, daß die Gäste sich umwandten und verwundert feststellten, daß sie schon wieder davongelaufen war.

Das Unbehagen kehrt wieder, unverändert wie zuvor. Sie beschleunigt den Schritt. Das Gesicht von Roger Vailland, das auf dem hageren Körper sitzt, der die Rue Saint-Benoît heraufeilt, zerschneidet den Dunst dieses Winterabends. Der Schriftsteller geht schnell. Der Mann hat eine Verabredung. Er betritt das Montana und kommt sofort wieder heraus, an seiner Hand eine winzige junge Frau, fröstelnd in ihr Haar-Cape gehüllt, das den zierlichen Körper bis hinab zu den Kniekehlen umspielt. Sie stelzt auf sehr hohen Stöckelschuhen einher, die sie, wie ihr übertrieben und ungeschickt geschminktes Gesichtchen, nur noch kindlicher wirken lassen. Rührend. Zerbrechlich. Trapezkünstlerin. Vailland neigt sich hinab und küßt die nackten Finger der lebendigen Puppe. Er blickt ihr ins Gesicht, und seine Augen beginnen zu schwimmen. Er braucht nicht auch noch zu lächeln, er ist schon die Verkörperung von Glück.

Jujube lehnt sich mit der Schulter gegen die kalte Hotelmauer. Plötzlich ist ihr wohler. Sie sieht den beiden nach, die dort verschwinden, und stößt die Tür zur Hotelbar auf. Da sitzen Anne-Marie und Marc, von ihren Barhokkern herab schwatzend wie zwei Vögel auf der Stange. Sie geht zu ihnen. Marc ist ein Zauberer. Rotblond gekrauster Jünglingskopf und große Augen, die sich über das Lachen, das er auf den Lippen des Tout-Paris und seiner Freunde erblühen läßt, immer wieder zu wundern scheinen. Er sprüht von Ideen und träumt nur von Festen und Vergnügungen. Gemeinsam hatten Anne-Marie und er, als sie beide noch sehr jung waren, Tanzunterricht genommen, und seit der Zeit waren sie Komplizen und Freunde.

Marc war fast jeden Abend in Michel de Rés Inszenierung von *Victor oder Die Kinder an der Macht* gekommen und hatte immer ein ganzes Gefolge von Leuten mitgebracht. Er weiß, was Freundschaft ist. Außer den Anwesenden, unter ihnen zwei Herzoginnen, hatte er auch die Schwester von Moyses, dem Initiator des Bœuf sur le toit der dreißiger Jahre, eingeladen. Der Arme war kürzlich verstorben und hatte eine untröstliche und ob des kuriosen Erbes höchst verwirrte Schwester hinterlassen.

Da ihrer Meinung nach das Tabou ein außergewöhnlicher kommerzieller Erfolg ist, hat sie soeben Marc angetragen, sich ihres Etablissements anzunehmen. Das Trio Marc, Anne-Marie, Gréco scheint ihr eine Erfolgsgarantie. Die idealen Nachfolger. Marc, mit Anne-Marie und Gréco zur Seite, wird das Fanal ihres seligen Bruders in die Zukunft tragen! Dieses Angebot ist ein harter Brocken, aber noch längst nicht dazu angetan, Anne-Marie zu erschrecken, die darin nur einen weiteren Grund zur Belustigung sieht.

Marc, der Bühnenerfahrene, wird mit Bernard Zacharias seine legendäre Stummfilmnummer bieten, Jujube mit besagtem Bernard Sketches von Alphonse Allais spielen, und Anne-Marie könnte sich mit der Presse befassen. Marc ist ein Meister blitzschneller Entscheidungen und weiß ganz genau, worauf er hinauswill.

Am folgenden Tag überqueren sie die Seine, um die geheiligten Stätten vergangener Zeiten in Augenschein zu nehmen. Im Bœuf sur le toit geistert noch die Jugend derer, die die unsrige begeistern und unser Gedächtnis zum Klingen bringen: Die Stimme von Marianne Oswald jagt noch immer Schauder über den Rücken von *Anna la bonne*, und man vermeint, Cocteaus weiße Manschetten funkeln zu sehen, der hier dreißig Jahre lang unermüdlich applaudiert hat.

André Breton, Georges Auric, Tristan Tzara und der Dadaismus, mitten unter den Surrealisten und ihrem »reinen Denken«, Dali, Chirico, Masson, Ernst, Picasso, Eluard, Desnos, Crevel, Char... Der Schatten ihrer Jugend ist dageblieben, gehütet von Wiener und Doucet, die, unbeschädigt an den Wänden verewigt, auf ihren gemalten Klavieren spielen, unvergeßliche Silhouetten.

Eine gewisse Rührung dämpft den Elan der neuen Besucher, und sie bewegen sich so, als stünden sie in der Schloßhalle von Alain-Fourniers *Großem Meaulnes,* geblendet. Jujube schließt die Augen, aber sie sieht, erahnt, erinnert.

Diese Verzauberung durchbricht Anne-Marie, plötzlich von ungewöhnlicher Erregung gepackt. Sie zieht Marc in einen Winkel. Sie reden mit gedämpften Stimmen, aber Jujube achtet nicht darauf. Ein kleiner Satz entreißt sie ihrer Träumerei: »Und wenn Gréco sänge?« Die Betroffene steht da mit offenem Mund, ohne einen Laut hervorzubringen. Marc und Anne-Marie versenken sich erneut in ihr Gespräch, und Gréco in ihr Schweigen. Soll das Wasser ruhig weiter unter den Brücken fließen, sie wird sich nicht dazu äußern, und außerdem wird ohnehin bald alles in Vergessenheit geraten. Weit gefehlt!

Sartre liebte die irdischen Genüsse. Er war ein verwöhnter Feinschmecker und ein sinnlicher Schlemmer. Höchste Freude fand er bei denen der Tafel und in Gesellschaft von Frauen, die er jeder anderen vorzog. Und so kam auch Gréco – mit oder ohne Cazalis – in den Genuß, köstliche Mahlzeiten mit ihm zu teilen. Oft verabredeten sie sich im Dominique, dem berühmten russischen Restaurant der Rive Gauche. Niemals aus ihrem Gedächtnis tilgen kann Jujube jenes Mittagessen, zu dem Sartre neben den beiden jungen Frauen auch den gemeinsamen Freund Jacques-Laurent Bost, den geheimnisumwitterten Beau und trotz allem auch jungen Denker, geladen hatte. Während sie sich gerade die mit Wodka flambierten und mit Räucherlachs gefüllten Blinis zu Gemüte führen wollten, näherte sich dem Tisch ein hochgewachsener, graziöser und ernster Afrikaner, zweifelsohne noch sehr jung und schüchtern, und neigte sich zu Sartre hinunter. Sartre erhob sich, um ihn besser anhören zu können und seiner Frage Ehre zu erweisen. Eine natürliche, vollendete Höflichkeit war ihm eigen. Der etwas erstaunte junge Mann sagte leise: »Monsieur Sartre, ich habe soeben ihre *Betrachtungen zur Judenfrage* gelesen und wollte Sie fragen...« Merkwürdig! Jujube wandte ihr Gesicht, das sie dem wißbegierigen Leser entgegengehoben hatte, und zwang sich, die Fortsetzung des Gesprächs nicht mitanzuhören. Ein erstaunliches Bild. Sartre, immer noch stehend, sprach eine Zeitlang, und als er sich setzte, lächelte er. In diesem Augenblick ging von dem Mann ein großes, beglückendes, mildes Strahlen aus. Glück. Sartre liebte die anderen. Er verstand es, ihnen zu lauschen. Er aß sein Essen kalt.

Auch das Restaurant Allard in der Rue de l'Eperon hatte einen privilegierten Platz im Schlemmerdasein dieses Mannes. Rebhühner, Fasane, Cassoulet und andere liebevoll gegarte Gerichte versetzten ihn in heitere und gesprächige Laune. Er war kokett und wußte seinen bezwingenden Charme sehr wohl auszuspielen. Jede Frau hatte er bereits vor dem Dessert in seinen Bann geschlagen. Am Abend nach jenem seltsamen Gespräch zwischen Marc und Anne-Marie über eine eventuell singende Gréco hatte Sartre, der Route seines Appetits folgend, sie in die Cloche d'Or, einen anderen Tempel kulinarischer Köstlichkeiten, eingeladen.

Das Mahl war beendet, man schlenderte fröhlich plaudernd die Butte Montmartre hinunter, Gréco mit Jacques-Laurent Bost knapp hinter den anderen, als Anne-Marie völlig unvermittelt Sartre in ihren Plan, Gréco zum Singen zu veranlassen, einweihte. Dieser antwortete lachend: »Wenn sie singen will, soll sie singen...« Gréco, brummig, packte all ihren Mut zusammen und sagte zu Sartre, davon könne überhaupt keine Rede sein, womit dieser absurde Einfall, wie sie glaubte, ein für alle Male aus dem Felde geschlagen war. Aber die Replik folgte auf dem Fuße; Sartre, auf alles und jeden neugierig, fragte nach den Gründen ihrer Weigerung. Nun war sie gezwungen, sie preiszugeben. »Erstens kann ich nicht singen, und zweitens sind mir die Chansons, die man am Radio hört, zuwider!«

»Gut, wenn Sie die nicht mögen, welche mögen Sie denn dann?«

Mit tonloser Stimme murmelte Jujube die Namen von Agnès Capri, Yves Montand...

»Kommen Sie morgen früh um neun Uhr zu mir.«

Das war Sartres logische Schlußfolgerung.

Jujube schloß die ganze Nacht kein Auge, um sicher zu sein, pünktlich zu kommen. Und als es zur schicksalsträchtigen Stunde von der Kirche von Saint-Germain-des Prés neunmal schlug, läutete sie einmal an Sartres Tür. Man führte sie direkt in das Arbeitszimmer, wo Sartre sicher schon seit Stunden saß.

Der Gedanke, Gréco singen zu sehen, hatte ihm offenbar gefallen, denn neben ihm auf dem Tisch lag ein Stapel Bücher, zwischen deren Seiten er kleine weiße Merkzettelchen eingelegt hatte.

»Schauen Sie«, sagte Sartre. Und der Dialog beginnt.

Erstes Buch.

»Claudel«, murmelt Jujube. (Im Geiste sieht sie sich wieder als Woge im *Seidenen Schuh,* unter einer Plane und auf der Bühne der Comédie-Française.)

SARTRE Mögen Sie Claudel nicht?

JUJUBE Doch... doch.

SARTRE Tristan Corbière, kennen Sie den?

JUJUBE Nein.

SARTRE Raymond Queneau aber sicher. Und Jules Laforgue?

JUJUBE Ja. Danke.

SARTRE Gut, dann suchen Sie darin, wählen Sie aus, und bringen Sie mir die Bücher später zurück.

Jujube tat es. Als sie wieder zu ihm kam, um ihm gleichzeitig mit den Büchern das Ergebnis ihrer Wahl zu bringen, ließ Sartre sie am Fenster Platz nehmen, von wo aus sie den Kirchplatz überblicken konnte, der zu dieser morgendlichen Stunde noch menschenleer war.

SARTRE Nun?

JUJUBE Hm... (Sie wirkte lächerlich und wußte es.) Hm... also das Gedicht von Raymond Queneau *Si tu t'imagines* und dann noch *L'Eternel féminin* von Jules Laforgue.

SARTRE Das ist alles? Und warum nicht Corbière?

JUJUBE Ich glaub, das kann ich nicht.

SARTRE So? Und *L'Eternel féminin* trauen Sie sich zu?

Jujube errötete und gab keine Antwort. Sartre sah sie an und lächelte freundlich. Er stellte keine weiteren Fragen und sagte nur, ihre Wahl gefalle ihm und Simone de Beauvoir behandle in ihrem nächsten Buch auch *L'Eternel féminin* – das Ewigweibliche.

»Ich werde Ihnen etwas schenken: es ist ein Chanson, das ich für *Bei geschlossenen Türen* geschrieben habe; Text und Musik sind von mir, aber die Musik gefällt mir nicht, lassen Sie sie ändern.«

»Von wem?« hauchte Jujube.

»Von wem Sie wollen«, erwiderte Sartre unbekümmert.

»Die Musik zu den *Feuilles mortes* gefällt mir«, flüsterte Jujube.

»Dann gehen Sie doch zu Kosma. Oder besser noch: Ich werde Sie ankündigen. Er hat kein Telefon. Er wird Ihnen einen Termin geben. Auf Wiedersehen, Gréco.«

»Auf Wiedersehen...« Zwei Sätze in Richtung Tür: »Danke.« Damit flog sie die Treppe hinab und hatte vergessen, die Tür hinter sich zuzumachen. Sie hastete zum Montana, trank einen aufmöbelnden Kaffee und schilderte Anne-Marie bis ins kleinste Detail ihre »Unterredung« mit Sartre. Anne-Marie war selig, sich wieder einmal bestätigt zu sehen, setzte aber das unschuldigste Gesicht von der Welt auf.

Als sie zur Hotelbar hinunterging, traf sie auf Merleau-Ponty, der hinter seinem Kaffee saß. Sie setzte sich zu ihm, und sie sprachen. Wie gewöhnlich beantwortete er mit äußerster Behutsamkeit alle Fragen einer auffallend gesprächigen Jujube. Was für ein Glück sie doch hatte: Universität im Café!

Merleau-Ponty verabschiedete sich, er mußte zu seinen Vorlesungen, und sie ging in ihr Zimmer hinauf und wartete auf einen Telefonanruf.

Joseph Kosma rief zwei Tage später an.

Kosma und seine Frau hausten in einem Dachzimmer eines herrschaftlichen Hauses in der Rue de l'Université. Von hier aus hatte Lamartine seinen berühmten Appell in Umlauf gesetzt.

Die Mansarde war für die Bedürfnisse seiner Noten abschreibenden Frau noch beschnitten um die Länge und Breite einer Orchesterpartitur und der Vorlagen für die

Musiker. Zum Glück war Madame Kosma eine Frau von sehr geringen Ausmaßen. Das gleiche galt für das Klavier, auf dem Kosma spielte. Ihre Schlafstätte dürfte das Sofa gewesen sein, denn außer einem Stuhl und einem niedrigen Tisch gab es hier kein weiteres Möbelstück.

Er hatte den Termin festgesetzt, und Jujube fand sich ein. Unter dem Beistand von Anne-Marie. Madame Kosma war eine recht betagte Frau. Kosma hatte am Abend zuvor die Musik zu *Si tu t'imagines* komponiert. Die besten Eingebungen kamen ihm daheim.

Längst hatte Jujube die Elementarbegriffe des Singens, die sie im Kloster gelernt hatte, vergessen. Kosma setzte sich ans Klavier. Sie machte den Mund nicht auf, damit ihm nur ja kein Ton entschlüpfte. Um ihr Mut zu machen, sangen Anne-Marie und Kosma mit vereinten Kräften, bis sie mit heiserer, erstickter Stimme das Unmögliche wagte.

Mehr als eine Stunde später war es geschafft; sie saß auf dem Sofa, Madame Kosma holte Likörgläser und eine große Flasche aus einem Schränkchen, und das Ereignis wurde gefeiert.

Als sie fortging, nachdem sie Süßmost getrunken und ihn mit den Junibienen von Paris geteilt hatte, konnte sie ihr Lied, ihr erstes Chanson. Sie hatte sich getraut und war leicht trunken davon.

Sie ging in ihr Zimmer zurück und legte sich völlig angezogen aufs Bett, um dieses bis dahin unbekannte Glück voll auszukosten: singen, um angehört zu werden, ganz allein, um gehört zu werden.

Drei aufmerksame Zuhörer hatte sie schon gehabt, und das hatte sie trunken gemacht. Nicht der Süßmost.

Hinter ihren zur weißen Decke hinaufstarrenden Augen ließ sie die Bilder dieses sonnentrunkenen Vormittags nochmals ablaufen. An diesem Tag konnte niemand ein Bad bei ihr nehmen. Zum erstenmal hatte sie die Tür versperrt, die sie erst abends wieder aufmachte.

Die Zeit drängte, und im Bœuf sur le toit begannen die Proben. Jean Wiener war gekommen, hatte sich vor seinem Klavier auf den Schemel gesetzt und somit nach mehr als zwanzigjähriger Abwesenheit seinen Stammplatz wieder eingenommen.

Jean Wiener war ein Mann von vollkommener Schönheit. Der Widerschein seines Talents und seiner menschlichen Wärme umstrahlte ihn. Mit Gréco hatte er unendliche Geduld. Sie hat keinen Schimmer von ihrem neuen Metier und ist unerträglich. Er erträgt sie. Er sagt über sie: »Gréco, die mag ich gern, die klettert auf das Motorrad von jedermann, aber nicht mit jedermann.« Damit spielte er auf Marlon Brando an, der jeden Abend in T-Shirt und Blue jeans, schön wie ein junger Gott und noch kaum berühmt, zur Vorstellung erschien und häufig Gréco auf dem Rücksitz seines Stahlrosses nach Hause fuhr. Er machte einen Höllenspektakel, die Passanten runzelten die Brauen, und Gréco jubilierte.

Nach einer äußerst knappen Woche kam die Generalprobe. Drei Chansons waren ihr Repertoire; schwarzer Pullover und passende Hose, Geschenk des barmherzigen Samariters François Bamberger; ihr Schuhwerk eher spartanisch.

Gréco kann mit Fug und Recht behaupten, daß ihr an jenem Abend Tout-Paris zu Füßen saß, vor ihren nackten Füßen zwar, und zu ihren Füßen auch nur aus einem einzigen und wenig rühmlichen Grunde, weil es nämlich keine Sitzgelegenheiten gab. Diese begeisterten Leute von Welt saßen auf dem Fußboden wie weiland, als sie Kinder waren, in den Ferien. Dieses Tout-Paris hatte wohl ausnahmsweise sein Urteil an der Garderobe abgegeben. Man war verständnisvoll und nachsichtig. Freundlich applaudierte man dem kleinen Dummchen, das nicht singen konnte, Tränen in den Augen hatte und zitterte.

François Mauriac lud sie an seinen Tisch. Er kannte Jujubes Familie, mütterlicherseits, er war mit ihr zufrieden und amüsierte sich weidlich. Jujube ganz und gar nicht. Sie schämte sich. Ihr Foto, das seit Monaten auf den Zeitungen der ganzen Welt zu sehen war, hatte in ihren Augen keinerlei Berechtigung, diesen Platz einzunehmen. Sie mußte dies jetzt erst einmal rechtfertigen.

Als sie an diesem Abend heimkam, ging Jujube geradewegs auf den Spiegel im Badezimmer zu. Streng blickte sie sich in die Augen. Und so kam es, daß Jujube Gréco den Eid leistete, diese Rechtfertigung so weit wie möglich zu erbringen und alles daranzusetzen, damit es auch gelinge. Das ist auch heute noch ihr Bestreben.

Wenn sie auch nicht immer gefällt, so erstaunt Gréco immerhin in ihrem neuen Metier als Chansonsängerin. Marc Doelnitz und Zacharias sind großartig in ihrer Nummer. Und dann ist da noch eine junge schwarze Amerikanerin, eine Freundin von Brando, wildkatzenhaft und sinnlich bis in die Wimpernspitzen, die mit einem Akzent, bei dem ihren Zusehern und Hörern Hören und Sehen vergeht, eine der Show-Nummern singt: *»Chéri je vous aime beaucoup, je ne sais pas what to do.«* Eartha Kitt. Sie sollte ein Vollblutstar werden.

Die Sitze des Bœuf ächzen unter dem Gewicht der schau- und wissenslüsternen Klientel, und es ist Sommer. Was fatalerweise dazu führt, daß Anet Badel Gréco den Vorschlag macht, mit Anne-Marie nach Cap d'Antibes zu fahren, um in dem dortigen Ableger des Vieux Colombier, den er über dem Kino Antipolis seit kurzem eröffnet hat, zu singen. Kost und Logis werden sie frei haben. Und wie jeder weiß, ist die Sonne der einzige Star, der allgemein Beifall findet.

Also verließ auch Jujube, von der Julisonne in Reisefieber versetzt, mit Anne-Marie und ohne Gewissensbisse das Bœuf sur le toit, um an die Côte d'Azur zu fahren. Anet Badel, der Schlaumeier, hatte eine Villa gemietet, und wer dort Gast war, lud sich Gäste ein, so daß sich buntgemixt, je nach Tageszeit oder wirrem Schlaf die verschiedensten Leute hier trafen oder kreuzten. Marcel Lefranc sowie unzählige unbekannte und übermüdete Gesichter tauchten kurz auf und verschwanden wieder, ohne auch nur ein einziges Wort gesprochen zu haben. Alles schien natürlich und war es auch.

Im Vieux Colombier, einem weitläufigen Rechteck, das provisorisch möbliert und ausgestattet worden war, um die sonnengebräunte Klientel der Luxushotels aufzunehmen, fanden die Vorführungen auch im Publikum statt. In diesem Jahr wurde, zum ersten Mal im Sommer, fast ausschließlich Schwarz getragen. Langes Haar mit Stirnfransen, »Rehauge«, Herrenhosen und -hemden, Dutzende von kleinen reichen Grécos, die zu den Klängen von Claude Luters Orchester in den Armen muskulöser Playboys Jitterbug tanzen lernten. Alle Musiker aus der Rue des Carmes und vom Club des Lorientais waren mit Luter hierher gezogen, um dem Unternehmen »Badel Côte d'Azur« zum Erfolg zu verhelfen. Sie waren wundervolle Gefährten, voller Talent und Charme. Paul Dervaux, Trompete, Zaza, Bernard Zacharias, Posaunen, Christian Azzi, der Sanfte, am Klavier, Roland Bianchini und seine von den Saiten seines Kontrabasses geschundenen Finger, der Grieche Gallepidès, Moustache, der ewig Lachende, hinter seinem Bauch, der so rund war wie die große

Trommel seiner Schlagzeugbatterie. Alle diese jungen Leute leben und lieben diesen New-Orleans-Sound, dieses große Miteinander. Und verliebt sind sie in die Frauen, auch in die der anderen, doch treu stets der Freundschaft.

Für Jujube und ihre Freunde waren diese Ferien ein Geschenk des Himmels. Sie bildeten eine große Familie, schlugen über sämtliche Stränge, alberten und lachten wie Kinder, denen keine Strafe droht. Gréco war Gast und erhielt keinerlei Gage. Was ihr auch normal erschien. Eines Nachmittags kam Joseph Kosma aus Saint-Paul-de-Vence herüber, um Gréco ein Lied vorzuspielen. Er hatte *La Fourmi* von Robert Desnos vertont. Jujube, die in Hochstimmung war, nutzte die Gelegenheit, Kosma etwas abzuluchsen: Sie wollte die *Feuilles mortes* singen.

»Aber mit dem größten Vergnügen, liebe Gréco«, antwortete er mit seinem gurrenden ungarischen Akzent. Und so hatte Gréco nun fünf Chansons in ihrem Repertoire, was sie für völlig ausreichend hielt.

Sie schlief wenig, und die Neugierde trieb sie um, und so beschloß sie eines hübschen Sommermorgens, auszuziehen und sich einmal das Dorf anzusehen, von dem alle Welt redete und wo Jacques Prévert ein Haus hatte: Saint-Paul-de-Vence. Sie kam um zehn Uhr vormittags an, und die Straßen lagen verlassen, in einsamer Pracht. Die Farben, gegen die Sonne geschützt, waren lebhaft und nicht abgetötet wie in Cannes oder Nizza, wo sie ausgesetzt, ja, feilgeboten wurden. Jujube sah sich die Auslagen der Tuchweber, der Olivenholzschnitzer an. Die winzigen Läden waren dunkel und verschwiegen. Sie hatte plötzlich keine Lust mehr, zum Meer zurückzukehren. Sie streunte gemächlich herum und befand sich ein wenig abseits der Häuser, als sie auf einem Feldweg einen Mann bemerkte, der, gesenkten Hauptes, zu sich selber sprach. Jujube war es, als habe sie diese Silhouette schon einmal gesehen. Der Mann hob den Kopf, und sie blickten einander an. Er sagte: »Sieh an, bist du nicht Gréco?« Sie antwortete lächelnd, dies sei ihr Name. Und er war Prévert. Er sprach hastig, die Wörter und Fragen überpurzelten sich und erwarteten keine Antworten.

Er nahm Jujube mit zu sich nach Haus und zeigte ihr Collagen, die er auf einen Wandschirm applizierte. Seine Frau betrat den Raum und schien keineswegs verwundert über die Anwesenheit des jungen Mädchens. Sie bot ihr frisch aufgebrühten Kaffee an. Gréco fragte sich beim Fortgehen, ob sie diesen Traum wirklich erlebt hatte. An diesem Abend sang sie weniger schlecht und erzählte niemandem von ihrem Abenteuer.

Es dürfte etwa um die gleiche Zeit gewesen sein, als sie, von Vallauris, wo sie gerne bummelte, herabsteigend, am Straßenrand hinter den Stränden von Golfe-Juan dahinschlenderte. Ganz in Schwarz, Gesicht und Hände blaß, betrachtet sie das im Sand röstende, der Sonne und den Blicken dargebotene Fleisch. Sie findet das geschmacklos. Zwei riesige Augen schieben sich dazwischen und verstellen den Horizont, zwei so intensiv funkelnde Augen, daß Jujube ihre nicht loszulösen vermag. Eine wohltönende, fröhliche Stimme sagt: »Na, Gréco, während die anderen sonnenbaden, nehmen Sie wohl Mondbäder?« Einen Augenblick lang verharrt Jujube noch im Bann dieses Blikkes, doch dann blinzelt sie leicht mit den Wimpern. Der Mann lacht, und zwei weiße Zahnreihen blitzen. Sie senkt den Kopf, er trägt eine weiße Badehose. Es ist Picasso. »Auf Wiedersehen.« Er macht kehrt, geht zum Meer zurück, mit einem Ball und Kindern zu spielen. Was für ein schöner Sommer! denkt Jujube.

Gleichzeitig war die im Tabou, im Flore, im Montana, im ganzen Viertel wie auch in Grécos Zimmer entstandene Reportage mehrseitig im *Life Magazine* erschienen. Carl Pérutz, ein begnadeter Fotograf, hatte sehr gute Arbeit geleistet. Anne-Marie war ihm behilflich gewesen bei Begegnungen und Entdeckungen. Er hatte keine Lust mehr, nach New York zurückzukehren. Gréco sollte ihn dorthin begleiten, aber sie wollte nicht. Er kam erneut, aber sie schüttelte nur immer wieder ablehnend den Kopf, und so trennten sie sich schließlich, die besten Freunde von der Welt.

Die Amerikaner überschwemmten das Antipolis-Vieux Colombier und folgten nach Ferienende den Wogen in Richtung Paris und Tabou. Frédéric Chauvelot war im siebten Himmel, ebenso wie Badel vom Vieux Colombier und Nico von der Rose rouge. Das himmlische Klingeln der Kassen-Lade wurde auch ihnen zuteil.

Nicolas Papatakis, genannt Nico, der Grieche mit den Meeraugen, engagierte Gréco für die kommende Saison. Geschmeichelt nahm sie an. Doch ohne Schwierigkeiten ging das nicht vonstatten, da Badel auf diesem Ohr taub war. Aber die Rose rouge, das war doch die Krönung, die Gestaltwerdung eines Traums! Die Undankbare entschied sich. Nico bedachte Gréco mit fünf Francs Gage pro Auftritt und herzlichen, aufmunternden Worten.

Jujube begann einen erstaunlichen Aspekt ihrer Arbeit zu entdecken. Noch einmal präsentierte die Rose rouge eine Spitzenbesetzung. Eine Starparade superbegabter Komödianten unter der Leitung eines großartigen Yves Robert, die Frères Jacques, der Mime Marceau, dazu das Orchester von Michel Devillers, dem Herzensbrecher, mit Guérin an der Trompete, Bernard Planchenault am Schlagzeug, Alix Bret am Bass, Maurice Meunier an der

Klarinette, Géo Daly am Vibraphon und Henri Patterson am Klavier. Boris Vian sagte von Michel Devillers, den er sehr gern hatte, er habe waggongrüne Augen. Jujube kennt so manche, die etliches darum gegeben hätten, in diesen Waggons zu reisen. Dies alles war nicht dazu angetan, einer Anfängerin Mut zu machen, selbst wenn die anderen auch noch keine alten Hasen in diesem Metier waren.

Schon nach wenigen Tagen stellte Nico fest, wie schmal die Garderobe seiner Sängerin war. Bestürzt schleppte er sie zu Pierre Balmain. Dort war gerade Schlußverkauf. Gréco unternahm ein paar komische Versuche, sich in die abgetakelten Kleider der Mannequins zu zwängen, bis eine über dieses Fiasko bekümmerte Verkäuferin ein hübsches schwarzes Kleid herbeibrachte, an dem eine prachtvolle Schleppe aus goldfarbenem Satin mit Samtnoppen wallte. Gréco wiederholte das Experiment, stumm wie ein Fisch, und Nico feilschte.

In ihr Zimmer im Hotel Bisson zurückgekehrt, zog sie eine rachsüchtige Stickschere aus der Schublade und machte sich daran, die Schleppe abzutrennen. Als die Arbeit beendet war, hatte sich die kostbare Robe in ihr schwarzes Grundmodell zurückverwandelt. Sie trug es noch am gleichen Abend – ohne Vorwarnung, und Nico wäre beinahe in Ohnmacht gefallen.

Das schwarze Kleid gefiel dem Publikum. Man fand es originell. Und das war es auch! Jujube wird es ihr ganzes Sängerinnenleben hindurch tragen. Grécos Arbeitsschwarz! Sie trägt es wie eine schwarze Tafel, die der Phantasie des Zuschauers freien Lauf läßt. Sie hat Angst zu lesen, was man darauf geschrieben hat, und will es auch gar nicht hören. Sie fürchtet sich. Sie liebt das Publikum und respektiert es. Niemals trägt sie Schmuck auf der

Bühne; jeder mag nach freiem Ermessen sich einen für sie ausdenken, wenn er es wünscht.

Vom ersten Tag an oder fast fühlt Jujube, allein im Licht, sich wie eine nackte Weihnachtstanne in Erwartung von Girlanden und brennenden Kerzen, Freudenschreien von Kindern, ihre Arme streckend wie Äste. In der Bibel heißt es: »Ich bin die Magd des Herrn, mir geschehe nach Deinen Worten.« Gréco will dienen. Jenen dienen, deren Worte zwischen Buchseiten eingezwängt sind und so viel Mühe haben, daraus zu entfliehen. Jenen, die von eifersüchtig mit ihrem Wissen geizenden Einzelgängern gelesen werden. Sie will die Worte »frei« dahinfliegen sehen, befreit von ihrem Etikett »Luxusprodukt« nur für Eingeweihte. Die Worte der Dichter, die ganze Literatur, sie gehört jenen, die sie nicht kennen. Der Interpret muß dieses Treffen herbeiführen. Jujube pufft Gréco in die Rippen und diktiert ihr ihre Wahl. Sie wird nur jene und das singen, was sie liebt. Gréco beginnt ihr ausgiebiges Suchen. Man wird es ihr vorwerfen, sie als hart, hochnäsig, unnahbar abkanzeln. Als Intellektuelle. Das kümmert sie einen Dreck. Sie kämpft. In ihren Augen ist die Melodie das beste Mittel zur Befreiung der Wörter; so können sie herausgeholt werden aus ihrem Ghetto, ihrem Intellektuellenghetto. Sie singt. Sie schleudert den Leuten Wörter ins Gesicht. Sie will gehört werden, aber oft passiert es, daß man ihr nicht zuhört. Dennoch setzt sie verbissen ihren Weg fort.

Eines Abends in der Rose rouge, als sie gerade von der Bühne abtrat, sagte Cocteau zu ihr: »Du singst hier für zweihundert Personen, man muß für Millionen Leute singen.« Gréco hat den verborgenen Sinn erfaßt. Cocteau liebt Piaf. Auch Jujube liebt Piaf, aber sie ist Gréco. Punktum. Sie reden nicht dieselbe Sprache. Gréco erweckt kein

Mitleid und kultiviert es auch nicht. Ihr Äußeres verblüfft, irritiert. Sie erweckt keine zärtlichen Gefühle, und man hält sie für unfähig, zu leiden. Sie ist einfach zu anders. Unbequem.

Sie will es sich nicht leichtmachen.

Norbert Glanzberg wird überall nach Gréco suchen, um ihr *Padam padam!* anzubieten. Er wird sie finden und eine Abfuhr einstecken müssen, was ihn sprachlos macht. »Aber das wäre doch ein Bombenerfolg...« sagt er niedergeschlagen zu Gréco. »Das sind Gefühle und Wörter, die ich nicht recht verstehe«, wird die Antwort sein. »Mit diesem Mädchen ist nichts anzufangen!« werden die vom Metier sagen. »Sie hat nichts begriffen.«

Jujube sucht hartnäckig weiter. Charles Aznavour, ein vor kurzem von Piaf entdeckter junger Sänger-Texter-Komponist, arbeitet mit Pierre Roche und der großartigen Musikerin Florence Véran. Er bringt ihr eines Abends ein Chanson in die Rose rouge, das sie für den drei Tage später in Deauville stattfindenden Wettbewerb geschrieben haben. Schon damals zweifelte er an nichts, der geniale kleine Mann... Was Gréco nicht weiß, ist, daß Piaf *Je hais les dimanches* (»Ich hasse die Sonntage«) abgelehnt hat. Durch den Mund von Gréco sollte das Lied einen skandalösen Skandalerfolg feiern und sie selbst den Preis als beste Interpretin davontragen, wenn sie auch aus Lampenfieber und Mangel an Proben zu Aznavour hinzugedichtet hat. Jujube hält Gewissenserforschung. Gréco arbeitet mehr und mehr.

Ein gewisser Jacques Canetti sollte ihr eines Abends eine Plattenaufnahme vorschlagen. Sie lachte ihm ins Gesicht. Sie weiß, daß sie noch nicht so weit ist. Canetti wird sich mit Geduld wappnen und schließlich ans Ziel gelangen. Die Frères Jacques haben sich freundlicherweise bereit erklärt, als Vermittler tätig zu werden. Sie kennen sie gut und wissen, wie man mit ihr umgehen muß. Jujube bewundert sie zutiefst. Was sie machen, hat fast die Vollkommenheit erreicht, von der sie selber träumt, und ihre Interpretation der *Stilübungen* von Raymond Queneau ist ein Meisterwerk – unter anderen. Ein Freund Grécos, Oliver Gilles, der Maler ist, entwirft ein Plakat; ihre schwarze Silhouette, und im weißen Gesicht, angestrahlt, ein Auge. Gréco wird die erste oder eine der ersten sein, die für eine neue Plattenfirma aufnehmen, für Philips.

Jujubes Aufnahme ist schlecht, aber sie ist die erste und sollte gefallen. Also wird sie weitere machen. Immer leidenschaftlicher sucht sie nach Texten und Liedern. Inzwischen bieten Dichter und Schriftsteller ihr Texte an. Sie hat auch schon gelernt, nein zu sagen. Das ist wahrscheinlich überhaupt das einzige, was sie nicht zu lernen braucht.

In Begleitung von Jean-Pierre Vivet zieht Jujube sich häufig in die Rhumerie martiniquaise zurück. Dort ist es still und ein Gespräch möglich. Hier hat er sie Albert Camus vorgestellt.

Wenn sie allein hingeht und Camus dort ist, blickt und lauscht sie nur von Ferne zu ihm hinüber. Oft hat er ihr ein Zeichen gegeben, aber immer hat sie nur mit einem Lächeln und einem überstürzten Abschied darauf geantwortet. Sie wollte ihn nur hören.

Diese so nahe Vergangenheit, der so manche, die fast alle schon tot sind, »zuviel« waren, die als »Unbedeutende« in die Geschichte eingegangen sind, diese Vergangenheit, die sich vor dem Hintergrund meines Gedächtnisses abzeichnet, erweckt in mir, Jujube, das Bedürfnis, von niemandem zu sprechen oder nur von solchen, für die ich Liebe und Respekt empfinde; aber die Werke dieser

Frauen und Männer finden sich in den Museen, den Straßen und allen guten Buchhandlungen. Warum soll ich Sie nicht einfach darauf verweisen, falls es nicht ohnehin schon geschehen ist?

Jean-Paul Sartre war ein Mann. Großmütig, fröhlich. Er war die Jugend. Ist es bis ans Ende seiner Tage geblieben. Für ihn war jeder wichtig. Er machte sich die Mühe, zuzuhören und zu antworten. Simone de Beauvoir handelte genauso, ohne Angeberei, ohne nutzloses, steriles Gerede. Mit Humor. Das sind integere, anspruchsvolle, geradlinige Menschen. Seltene Wesen. Sartre war leicht verärgert über diese lebende Reklame für eine Philosophie, wie sie die Person Grécos darstellte. Eine Philosophie, mit der sich damals erst wenige Menschen ernsthaft befaßten. Sartre machte Gréco das kostbarste Geschenk, das sie je erhielt: einen wundervollen Brief, der ihr heute noch als Paß dient. Er wußte, daß sie nicht hinter diesem Reklamerummel steckte, nicht dafür verantwortlich war. Jujube war ausgewählt, dafür bestimmt worden. Stillschweigend. Sie wurde Gréco. Das war ihr Name. Der Name ihres Vaters. Sie wußte, daß sie Jujube war.

Saint-Germain-des-Prés, geschaffen von einer belustigten und neugierigen Presse, wurde für einige Jahre zum Mittelpunkt der Welt der Künste und Literatur, ein Ort außergewöhnlicher Begegnungen. Aber unter dieser Ansammlung von Lügen und Spekulationen gab es eine Realität. Die Unruhe. Die Unruhe jener, die auf der Suche waren nach sich selbst, die wie besessen Freundschaft, Mit-Teilen, Austausch begehrten, die das grausame Lachen der Jugend lachten und die neu erworbene Freiheit erst erlernen mußten. Das Wort »Befreiung« schlachteten wir aus bis zum Exzess, bis in all seine Bedeutungsnuancen.

## *Brasilien – Orchideen und Schmuck in den Schuhen – Sommer an der Côte d'Azur*

Brasilien bringt ihren ersten Vertrag außerhalb der Rose rouge.

Aus diesem Anlaß wird Gréco von Madame Schiaparelli zur Place Vendôme bestellt. Madame S. hat beschlossen, ihr eine komplette Garderobe zu stiften, wobei jedes Modell dem Lebensstil und der Tätigkeit jener, die Gréco heißt, entsprechen soll (d. h. der Vorstellung, welche diese geniale Couturière davon hat, die nichts von der materiellen Misere ahnt, in der sich Jujube befindet). Gréco nimmt an und, wie Sartre sagt, »vom Blick der anderen her nimmt sie sich an« – als Gréco. Warum sie enttäuschen?...

Sie läßt sich fotografieren, im Herzen diesen geheimen Schmerz der Gewißheit, nicht schön zu sein, aber auch mit diesem undefinierbaren Sinn für Teamgeist und Mißachtung ihrer selbst, der charakteristisch für sie ist. Niemals wird sie glauben, daß von ihr die Rede ist, wenn die Kritiker auch noch so jubeln... Das wird ohnehin erst Jahre später der Fall sein.

Zunächst einmal landet sie nach vierundzwanzigstündigem Flug, dem ersten ihres Lebens, in Rio de Janeiro. Schon beim Abflug in Paris wurde ihr eine Dolmetscherin zugeteilt. Eine charmante junge Französin, die fließend Portugiesisch spricht. Ein Glück!

Am Fuß der Gangway wartet ein Schwarm Journalisten auf Gréco! Jujube ist sprachlos. Kaum ist sie die letzte Stufe hinuntergestiegen, wird sie in einen Cadillac gestopft. Richtung Hotel. Blumengeschmückter und galanter Empfang. Der Besitzer des Hotels ist ein alter Wiener (sagt er), Baron von Stuckart. Der Theatersaal befindet sich im Erdgeschoß des Hotels. Herr Baron spricht sehr gut Französisch. Jujube wird mißtrauisch. Der nächste Abend, der ihres ersten Auftretens, bringt ein merkwürdiges, von der Straße aufsteigendes Geräusch mit sich. Eine unübersehbare Menschenmenge verstopft den Zugang zur Eingangstür des Saales, in dem Gréco singen soll. Sie bestehen darauf, koste es, was es wolle, dem Schauspiel beizuwohnen... Jujube traut ihren Ohren nicht. Sie tut recht daran.

Bei der Atlantiküberquerung haben die Informationen eine andere Gestalt angenommen... Man erwartet sich die existentialistische Sängerin im Evaskostüm... ausgerechnet sie, die stets von Kopf bis Fuß schwarz gekleidet ist! Gréco beginnt zu lernen, was in diesem Metier Demut heißt. Sie wird singen, voll angekleidet, all diesem Volierengeschnatter und Stimmengewirr zum Trotz!

Am zweiten Tag kamen sie wieder, und sie machte die Bekanntschaft brasilianischer Dichter und Musiker. Ihr Vertrag wird um zwei Monate verlängert werden.

Orchideen und Schmuck wird sie in ihren Schuhen finden, wenn sie sie morgens vom Gang vor der Tür hereinholt. Eine Limousine steht für sie bereit, damit sie fahren kann, wohin sie möchte; man wird ihr die Ehe antragen, und sie wird feststellen können, daß nicht nur in Frankreich die Männer zwar charmant, aber völlig ahnungslos sind. Sie wird allein baden gehen und Geschenke aussuchen für diejenigen, die sie liebt. Jean Manzon, der große Reporter und Korrespondent von *Match,* wird ihr die prachtvollen, aber duftlosen Blumen des dunklen Waldes, die freien Vögel, die wie Blumen aussehen, aber fliegen, und die Sambaschulen zeigen. Anläßlich der Festlichkeiten zur Ernennung des neuen Präsidenten Varga wird man Gréco einladen, in den Gärten der Präsidentenresidenz zu singen. Sie wird ihr schönes schwarzes Samtkleid und ihren riesigen roten Seidenumhang tragen. Ein französischer General und Spaßvogel in Uniform wird sie fragen, ob sie auch Mitglied der Ehrenlegion sei... Bekümmert verneinend, läßt sie ihn zur Strafe die ganze Litanei der an seiner Brust baumelnden Auszeichnungen aufsagen.

Nach drei Monaten wird sie abreisen, beglückt über ihre Entdeckungen und ungeduldig, wieder heimzukommen, die Ihren wiederzusehen. Ein dickköpfiger und milliardenschwerer Freier wird zweimal die Reise Rio-Paris zurücklegen und immer wieder versuchen, Gréco umzustimmen, die Taschen voller Edelsteine, aufgebläht wie die eines Schülerkittels; er wird sogar versuchen, ihre Umgebung zu bestechen, aber nichts erreichen. Allein wird er zurückreisen, die Taschen leer, das immerhin...

Um Geld zu verdienen, singt Gréco jeden Abend an drei verschiedenen Orten. Die Gage ist winzig und der Lebenshunger maßlos. Sie beginnt im Bobino, wechselt auf die Rive droite zu Carrère über und kehrt zur Rose rouge zurück, den Abend zu beschließen. Von dieser Minute an gehört die Nacht ihr.

Im folgenden Sommer ist auch der Sonnenteufel zurück und kitzelt ihr die Haut. Badel erneuert seine Einladung nach Cap d'Antibes, diesmal mit Gage, doch ohne Kost und Logis. Gréco treibt einen Wagen auf, der sie und Anne-Marie in den Süden bringt. Er gehört einem zauberhaften blonden Jungen, Jacques Sernas, der von einer Filmkarriere träumt und für Gréco schwärmt. Sein Reisebegleiter ist ein struppiger irischer Rotschopf, der allen in den Ohren liegt, weil er ohne Unterlaß irische Balladen singt. Mit Ohrensausen steigen Anne-Marie und Gréco im Hotel Provençal ab. Unbeschwert. Die beiden Jungen haben ein Zimmer bestellt, sie nicht. Sie finden sich unter dem Dachboden wieder, Tür an Tür mit den Herrschaftschauffeuren, die ihnen erstaunte Blicke zuwerfen. Um den Pinienhain zu sehen, müssen sie auf einen Schemel klettern. Das alles ist aber im Einklang mit ihren finanziellen Möglichkeiten.

Am Abend ihrer Ankunft bekommen sie Gelegenheit, den argwöhnischen Blick des goldschnittigen Portiers in huldvolles Lächeln zu verwandeln. Ein zwar verwundertes, aber immerhin huldvolles. Florence Gould, die mit dem amerikanischen Eisenbahnkönig verheiratet war und als Prinzessin von Juan-les-Pins galt, hatte sie zu sich zum Dîner gebeten.

Wieder ein Paß! Sie begeben sich also zu dieser Einladung in die Villa am Meer, das gegen die Mauern plätschert. Ein altmodisches, fast etwas trauriges Haus, das aber im Gegensatz zu so manchen Häusern reicher Leute so etwas wie eine vielleicht ermattete, aber gegenwärtige, spürbare Seele hat. Ein friedvoller Abend, der in den Gärten des Casinos sein Ende findet, wie vor dreißig Jahren und seit dreißig Jahren. Das Orchester spielt Madame Goulds Lieblingsweisen, und die Gäste in Abendkleidung tanzen und trinken Champagner, auch sie, so könnte man meinen, unwandelbar.

Cazalis und Gréco schreiten hocherhobenen Hauptes am Nachtportier des Provençal vorbei, bevor sie in ihren

Taubenschlag kriechen. Sie leben dem Augenblick, kosten ihn aus. Gréco singt, um das für diesen Aufenthalt nötige Geld zu verdienen, und Jujube schaut sich um.

Sartre trifft in Juan-les-Pins ein und hat zwei Lieder für Gréco in der Tasche: *Ne faites pas suer le marin* und *La perle de Passy*. Sie ist außer sich vor Freude. Sie wird die Texte einem ihrer Freunde anvertrauen, einem Musiker, und sie werden für ewig verloren sein. Sartre besitzt keine Kopie, und sie waren handgeschrieben... Gestohlen? Unterschlagen? Jujube ist traurig. Sie hat nicht nur zwei herrliche Lieder eingebüßt, sondern, was schlimmer ist, einen Freund verloren. Man hatte ihr doch gesagt, in diesem Metier dürfe sie niemandem trauen, und sie hatte es nicht geglaubt. Inzwischen ist sie argwöhnisch. Über ein Jahr lang hatte man sie glauben machen wollen, die Musik sei so gut wie fertig. War sie es? Sie wird es nie erfahren. Eine böse Verstümmelung. Grausam.

Adry de Carbuccia hat Grécos und Cazalis' Anwesenheit in Juan-les-Pins aus den Gazetten erfahren. Sie lädt sie ein, ein paar Tage bei ihr auf ihrem Anwesen in Sainte-Maxime zu verbringen. Jujube zögert, aber die Neugierde siegt. »La Grande Pointe« liegt an einem ungewöhnlich schönen Fleck, und das Haus atmet Luxus und geschmackvollen Lebensstil. Die einzelnen Gebäude erstrekken sich hoch über der Bucht von Sainte-Maxime, gegenüber von Saint-Tropez. Kaum angekommen, macht Jujube einen Rundgang. Der Tag neigt sich, der Schatten der wie alle Zinnien zinkfarbenen Zinnien spiegelt sich in den artigen Beeten, und ein Gärtner begießt ihre Starre. Das Meer ist türkisblau, und das weiße Boot Adrys schaukelt träge, in Erwartung seiner Herrin.

Angekommen sind bereits Maurice Clavel und Silvia

Montfort, die soeben von einem einsamen Spaziergang zurückgekehrt, ihrem Gatten Clavel eine Blume darreicht und mit nebulöser Stimme sagt: »Diese Blume habe ich in den Bergen für dich entwendet...« Jujube verschlägt's die Stimme, und die exotische Ophelia entschwindet unter den Arkaden, die das Schwimmbecken säumen.

Jujube bekommt eines der Zimmer, deren Türen sich auf diese Arkaden hin öffnen. Ein Zimmer für ein Sirenchen. Das Licht fällt aus rosaroten Muscheln, und die Wände scheinen dem Meer anzugehören. Zum Dîner kleidet sich die Gastgeberin in lange, duftige Gewänder; ihre Hände zieren prachtvolle Ringe, ihren Hals Perlen oder Edelsteine; ihre überaus zierlichen Handgelenke beschweren gewichtige Armbänder. Ob sie auf einer Chaiselongue ruht und aus vergoldeten Bechern Orangenwein trinkt oder an dem weißen Marmortisch im Patio sitzt und die Mahlzeiten einnimmt – sie ist ein Geschöpf ihrer Zeit geblieben. Die weißen Leinenkissen tragen noch den Namen der Zeitung ihres Gatten Horace de Carbuccia: *Gringoire*. Horace, bei der Befreiung Frankreichs in Abwesenheit zum Tode verurteilt, ist verschwunden. Wegen geheimer Verbindungen zum Feind ist Horace verschwunden. Doch er ist zugleich unsichtbar und gegenwärtig; man fühlt sich von dem Abwesenden überwacht. Philippe Duseigneur aus der Familie des Generals stolziert in eleganter Pose um den Swimming-pool, ins Gespräch vertieft mit Christian de Galéa, dem Enkel der berühmten Automatensammlerin. Nach dem Dîner gehen alle tanzen in die modernen Nachtlokale.

Zu dieser späten Stunde hat sogar Gréco angefangen zu tanzen und ihre Unterröcke kreiseln zu lassen. Sie trägt eng auf Taille gearbeitete Kleider und wirbelt wie eine Furie deren Volants und die wahren oder falschen Gefühle ihrer Anbeter durcheinander. Sie beginnt ihren Ruf als grausames und unnahbares Geschöpf zu rechtfertigen. Sie gilt als *femme fatale,* und das scheint glaubhaft. Ein paar mißglückte und zwei geglückte Selbstmorde untermauern ganz massiv diese aufkeimende Legende. Ihr ist das alles gleichgültig. In Wirklichkeit glaubt sie nämlich nicht daran. Sie hält sich gar nicht für fähig, Leidenschaft oder gar Leidenschaften zu wecken. Als ein Mann ihr zum erstenmal sagte, sie habe schöne Augen, lachte sie ihm schallend ins Gesicht und wirbelte in einer Pirouette davon.

In diesem Sommer wird sie weiterhin allein baden, und nur wer sie dabei überrascht, wird sie im Badeanzug zu sehen kriegen. Sprachlos wird sie vor dem knappen Zweiteiler stehen, den die Herrin des Hauses ungeniert trägt. Sprachlos und bewundernd.

Eines Abends betrachtet eine sehr elegante Dame, die Adry einen Besuch abgestattet hat, mit einem Glas Sherry in der Hand bewundernd das Panorama im Abendlicht. Ihre Blicke suchen den Horizont ab und das gegenüberliegende Saint-Tropez. Das Meer spiegelt einen ungewöhnlich grauen Himmel wider. Piekfein, stinkvornehm, die Dame.

»Eine Pracht«, sagt Anne-Marie, »man könnte meinen, ein Boudin.«*

»Finden Sie?« sagt die mondäne Schönheit nachdenklich. »Mich erinnert es eher an Schweizer Käse.« Anne-Marie gluckst hinter vorgehaltener Hand, während Jujube ungezwungen losprustet. Adry wechselt hastig das Thema und sucht die Aufmerksamkeit ihrer Gäste auf eine eventuelle Bootsfahrt am nächsten Tag zu lenken. Sie ist ein Seeteufel. Am nächsten Morgen erhebt sich als erste die Tramontana, und Jujube überläßt es den anderen, den

* Boudin, der Maler, aber auch *boudin* = Blutwurst

Fluten zu trotzen. Ihr ist das ferne, harmlose Rauschen der Wellen lieber, dem sie im Schutz des Hauses, auf ihrem Bett ausgestreckt, bei offener Zimmertür lauscht.

Die Pariser überschwemmen Saint-Tropez. Gréco trifft Annabel und ihren Freund, Marcel Lefranc, wieder. Sie versprechen einander, sich häufig zu sehen, und Gréco ahnt noch nicht, welchen Platz er in ihrem Leben einnehmen sollte.

## *Der beste Partner am Klavier – Die Geschichte von Grécos Nase*

Die Ferien gehen ihrem Ende entgegen. Der Sonnenteufel wird bald abziehen, um andernorts zu gleißen. Anne-Marie und Gréco finden ein herbstlich gefärbtes Paris wieder. In der Rose rouge läuft ein neues Programm: *Fantomas*.

Michel de Villers' Orchester spielt in voller Besetzung, und etwas unterhalb thront Henri Patterson, der König am Klavier. Auf der Bühne ist nicht genug Platz für alle. Er wird Gréco bei ihren Gesangsnummern begleiten, und das sollte mehr als zwanzig Jahre so bleiben. Mit ihm kann Gréco ehrlich und unbefangen arbeiten und lachen. Bevor sie auf die Bühne hinaustritt, bückt sie sich hinter dem Vorhang und hebt einen Zipfel hoch, um auf ihn, den hier alle zärtlich Pat nennen, einen Blick zu werfen. Er spielt ihr ein kleines Stück, das er eigens für sie komponiert hat, um sie zum Lachen zu bringen und ihre Angst zu bannen: *Der Marsch der Katze*. Und sie lacht. Die Katze tanzt über die Tasten und erfüllt Jujube mit Kindheit. Pat ist ein wundervoller Gefährte. Sie wirken wie ein Paar in voller Harmonie, vermutlich, weil sie keines sind. Keinerlei Leidenschaft vermag ihre Freundschaft zu trüben. Sie werden miteinander, nebeneinander leben, doch im richtigen Augenblick jenen kostbaren Moment der Begegnung und des Gedankenaustauschs zu finden und zu nutzen wissen. Sie sind voll und ganz aufeinander eingeschworen. Mehr als normalerweise üblich. Ein unverdientes Geschenk für beide. Eines Tages wird er aus Grécos Leben verschwinden. Sie wüßte ihn gerne glücklich. Ihre gemeinsame Leidenschaft galt ihrer beider Beruf; daher hatten sie sehr glücklich gelebt und weder Lust noch Laune gehabt, Kinder in die Welt zu setzen.

Der Herbst kündigt sich stürmisch an. Das Tabou ist überlaufen. Die Menschenfluten verjagen Anne-Marie, Marc und Gréco; sie können es nicht mehr ertragen und beschließen, keinen Fuß mehr in dieses Lokal zu setzen.

Der unverwüstliche Frédéric Chauvelot hat vor kurzem ein Lokal in der Rue Saint-Benoît entdeckt, einen Katzensprung nur entfernt vom Flore, von den Deux Magots und vom Montana. Das Trüppchen beginnt mit den Einrichtungsarbeiten unter der illustren Anleitung von Marc, und nach zahllosen lustigen und schlaflosen Nächten kann im Juni 1948 die Eröffnung gefeiert werden.

Ein Bombenerfolg für die Veranstalter, und Marc eröffnet sogleich die segensreiche Ära der Feste und Kostümbälle. Oben an der Treppe, die in das neue nächtliche Paradies hinabführt, steht der Portier, François de la Rochefoucauld. Niemand wußte so recht, woran er unter seiner Schirmmütze wohl nicht denken mochte.

Marcs rotgoldblondes Haar kräuselte sich vor Vergnügen, wenn auf Bleistiftabsätzen und in New-look-Roben der vergangenen Saison gezwängt, ein paar Herzoginnen seiner Privatkollektion die Treppe herunterstolperten, kichernd wie verschreckte junge Mädchen und hustend wie alte Schlachtrösser, denen der dicke Rauch die Luft abschnürt. Wollüstig streiften sie an »diesen großen amerikanischen Schwarzen« vorbei, die sich hier in Gesellschaft ihrer Musikerkollegen auch keinen Zwang antaten.

Pierre Michelot hinter seinem Kontrabaß, dem er geradezu unheimlich ähnlich sieht, Martial Solal, vertieft in die Tasten seines magischen Klaviers, Sacha Distel, dunkelgelockter Hirtenknabe (russischen und nicht griechischen Ursprungs), heißersehnt als Begleiter an der Gitarre vom großen Geiger Stéphane Grappelli, doch mit Leib und Seele den jungen Damen zu sehr verfallen, als daß er sich zu einem so schwerwiegenden Entschluß hätte durchringen können. Bei einem Wettbewerb ausgewählter Gitarristen wird er unter den Siegern sein und sich dann mit Leib und Seele diesem herrlichen Instrument widmen, als Solist auftreten und tiefes Glück erfahren. Singen sollte er erst später. Die vornehmen Brüder Fol, Raymond, sowie Hubert am Altsaxophon, das er meisterhaft spielt, können sich mit den Amerikanern messen und treten im Konzert auf mit Kenny Clarke am Schlagzeug oder Coleman Hawkins am Tenorsaxophon, ganz zu schweigen von Dom Byas (der den Frauen und dem Angelsport um ein Haar für immer verlorengegangen wäre) und der seinen diversen Liebhabereien zuliebe beschloß, das süße Frankreich niemals mehr zu verlassen, obwohl er mit Lester Young und Coleman Hawkins zu den drei Großen des Tenorsaxophons gehörte. Benny Vasseur an der Posaune, der zärtliche René Urtreger am Klavier, vielversprechend und seine Versprechungen haltend. Und viele andere mehr. All diese Männer, diese blutjungen Männer sind oder werden Freunde des Jazz, des besten, der von jenseits des Ozeans zu uns herüberkam. Aus diesem Anderswo, von dem unsere Generation schon immer geträumt hat. Max Roach, Duke Ellington, Charlie Parker, The Modern Jazz Quartet, Miles Davis... Es herrscht Hochspannung. Sie spielen sich die Seele aus dem Leib, unter Aufbietung all ihrer Kräfte. Leergepumpt gehen sie heim, vor sich hinträllernd, taumelnd vor Müdigkeit und geteilter Freude.

Marc Doelnitz bringt die »tollen Zwanziger« wieder in Mode und organisiert einen prachtvollen Kostümball unter diesem Motto. Er sprüht vor Ideen. Er ist die Anmut in Person und scheinbar unbeschwert. In Wirklichkeit ist er liebevoll und besorgt. Sein größter Erfolg wird der »Ball der Unschuld«: Anne-Marie mit einem Erstkommunionskrönchen und ihrem spitzbübischsten Gesicht; Marc, im Knabenanzug mit einem Orden für Fleiß und gutes Betragen an der Brust, wirbelt wie besessen den Gotha über die Tanzfläche; Jujube als vorbildlich artiges Mädelchen erntet Lacherfolge; Boris Vian, die Hosenbeine bis übers Knie hinaufgekrempelt, bläst Hirtenflöte unter dem aufmerksamen Blick von Claude Mauriac und dem spöttischen von Jean Cau, dem »verführerischen-aber-untadeligen-Sekretär-von-Jean-Paul-Sartre«. Nach einem erbaulichen Defilee von Konkurrentinnen wird Edith Perret in rosaroten Beinkleidern unter superkurzer Tunika zur Miß Unschuld gekürt, spät in der Nacht und von einer Jury, bestehend aus Félix Labisse (dem keine entgeht), Pierre Brasseur, der wie eine Löwe brüllt, France Roche, schön wie die Sünde, François Chalais mit seinem undefinierbaren Lächeln und – natürlich – Frédéric Chauvelot.

Während dieser langwierigen Beratungen brütet Alexandre Orson Williams S. Astruc, der mit Nicole Védrès und zwei Freunden Champagner schlürft, etwas aus. Plötzlich hallt eine den Lärm übertönende Stimme von ihrem Tisch herüber: Astruc will etwas sagen! Wörter purzeln aus seinem Mund. Die Sonne ist schon aufgegangen, als dieses bunte Völkchen schlafen geht und Astruc sein Zimmer und sein Bett im Montana aufsucht. Dieses berühmte Bett, auf dem er, lang ausgestreckt und den Kopf mit einem Tuch abgedeckt, die »Eiserne Maske«, wie er sagte, spielte. Das war seine Art, sich zu konzentrieren, doch der Schlaf überraschte ihn mitten in der tiefsten Meditation, und das Genie entschlummerte, schnarchend wie ein gewöhnlicher Sterblicher. Zum größten Entzücken von Gréco und Anne-Marie, die dieses Manöver längst durchschaut hatten und ihr Lachen unterdrücken mußten, um den Schlaf und die Träume des »Ungeheuers«, wie Anne-Marie ihn zärtlich getauft hatte, nicht zu stören.

Nichtsdestotrotz war er ein Ausbund an Talent, und Jujube würde viel darum geben, heute das Gesicht des Analytikers Jacques Lacan und seiner Jünger beim Betrachten einer der Szenen jenes berühmten *Aller et Retour* beobachten zu können. Sie wüßte zu gern, was die anderen von ihrer und der Jugend derer, die sie liebte, wahrgenommen haben.

Jujube fand sich häßlich und suchte ihre Unsicherheit durch eine grauenvoll ungeschickt und dick aufgetragene Schminke zu übertünchen. Eines Tages besuchte Simone Signoret die kleine Truppe, die in der Rue Saint-Benoît unter der Fuchtel von Astruc *Die unheilvollen Begegnungen* drehte. Sie gab Gréco ein paar freundschaftliche Tips. In stummer Verzweiflung betrachtete Jujube das wunderschöne Gesicht ihrer Freundin Simone. Sie war überzeugt, bei ihr sei Hopfen und Malz verloren. Simone merkte es nicht und sagte noch: »Wenn du deine Nase wirklich verkürzen willst, mußt du auf die Spitze etwas Rouge geben.«

Jujube tat es. So schlecht, daß sie wie ein tieftrauriger weißer Clown aussah. Mit zinnoberroter Nasenspitze. Zum Glück war's ein Schwarzweißfilm.

Diese Nase hat viel Druckerschwärze fließen lassen und Polemiken aufgeworfen! Aber niemand hat je den wahren Grund ihrer Verwandlung erfahren, niemand konnte die verschwiegene Wirklichkeit erahnen.

J.-P. W., der Mann, der Jujubes sterbliche Liebe war, hatte sie eines Tages zu einer Reise nach Italien eingeladen, wo er einen neuen Alfa Romeo in Empfang nehmen sollte. Jujube folgte ihm, ohne zu bedenken, was sie hinter sich ließ, und ohne jemanden zu benachrichtigen. Sie schwebte über den Wolken.

Der italienische Gepäckträger hatte nichts auf seine Karre zu laden, denn Jujube besaß keinen Koffer. Ein Handtäschchen baumelte verwegen am Ende ihres Arms, und das war alles. Der Gepäckträger lud die Koffer von J.-P. W. auf. Sie aßen gemächlich, plaudernd und lachend, auf der Hotelterrasse zu Mittag. Sie entdeckte neue Gerichte, neue Geschmacksnuancen, neue Freuden. Sie war glücklich. In ihr Zimmer zurückgekehrt, gab J.-P. W. Jujube ein Bündel Lire, denn er mußte fort. Er fragte, ob sie nicht Lust hätte, sich Schuhe zu kaufen. Sie nickte zum Zeichen der Zustimmung und schämte sich nicht. Sie schlenderte an den Auslagen entlang und entschied sich schließlich für ein Paar weiße Sandalen mit Lederriemchen, die aus Capri kamen. Geschmückten Fußes und zufrieden kehrte sie ins Hotel zurück. J.-P. W. war nicht zufrieden. Das war zu bescheiden. Er begriff nicht, daß sie keine anderen Bedürfnisse hatte und sich wohlfühlte, so wie sie war. Sie mußte erklären, und er verstand halbwegs. Doch sein blaßgrüner Blick ruhte fragend auf ihr.

Im schnellen dunkelblauen Alfa Romeo, der herrlich nach neuem Leder duftete, traten sie die Heimfahrt an. J.-P. W. entschied sich für die Route entlang der Côte d'Azur mit Zwischenstation im Hôtel du Cap auf dem

Cap d'Antibes. Diese Gegend war im Frühling relativ wenig besucht, und so konnten sie unbeschwert in den Alleen des Parks spazierengehen, sich bei der Hand halten und wie alle Verliebten Zukunftspläne schmieden.

Am letzten Tag schlich Jujube, bevor J.-P.W. aufwachte, aus dem Zimmer, um in einer Mulde zwischen zwei Felsen ein letztes Mal die schon wärmende Sonne zu genießen. Wohlig ausgestreckt schloß sie die Augen über den strahlenden Bildern des mit dem geliebten Manne geteilten Glücks. Er war aufgewacht durch ihre Abwesenheit und ihr leise nachgefolgt; er beugte sich über sie und legte seinen Zeigefinger auf die Nase des jungen Mädchens. Sie öffnete die Augen und vernahm den schrecklichen Satz: »Wie lang ist doch dieses schöne Näschen!« Jujube verschloß die Augenlider erneut über den Tränen, die hervordrängten, und schwor sich, diesen widerlichen Kummerzinken ändern zu lassen. Doch die Kosten der Operation konnte sie erst nach dem Tod dessen aufbringen, der ahnungslos den Anstoß dazu gegeben hatte. Trotz der physischen Abwesenheit des Hauptinteressenten setzte sie ihren damals gefaßten Plan in die Tat um.

Die erste Nase war eine Katastrophe, die zweite ebenfalls. Die dritte gelang dank der britischen Zauberhand von Sir Archibald Mac Indoe, jenem Chirurgen, der zu Berühmtheit gelangt war durch seine Leistungen bei jenen, die im Laufe des letzten Krieges schwere Gesichtsverbrennungen erlitten hatten, wie auch aufgrund seiner Entdeckungen auf dem Gebiet der allgemeinen Schönheitschirurgie.

Gréco verschwendet keinen Gedanken mehr an jene Nase, die wieder die von Jujube geworden ist. Gréco weiß, daß das äußere Erscheinungsbild eine mächtige Waffe ist. Sie ist froh, nicht ihrem Geschmack zu entsprechen, sich selber nicht schön zu finden und somit beruhigt altern zu dürfen.

Jujube im Innersten ihres Kopfes ist intakt und kann sich alles erlauben. Sie ist unsichtbar. Und das nützt sie aus.

Die Zeit verstreicht, und Gréco wandelt sich. Ihre Freunde trauern ihren jugendlichen Rundungen nach. Sie reist, fährt um die Welt und kleidet sich bei Chanel. Manchmal ist sie allein bei ihren frühmorgendlichen Anproben, abgesehen von Mademoiselle, die in Hut und Stiefeln, die Handtasche am Schulterriemen baumelnd und die Steckkissennadel vorne am Rock ihres kleinen Kostüms, auf einer Stufe ihrer Spiegeltreppe sitzend, den Salon überwacht.

Mademoiselle ist erstaunt, sie so früh auf den Beinen zu sehen, und wettert gegen die faulen Damen, die den ganzen Tag nichts zu tun haben, aber morgens nicht aus den Federn kommen...

Jujube weiß um ihre eigene fürchterliche Saumseligkeit, wagt aber nicht, Mademoiselle, die wirklich geniale, über ihre eigentlichen Beweggründe aufzuklären. Feige, und um so schnell wie möglich fertig zu werden, schweigt sie und beobachtet im dreiflügeligen Spiegel den vom Observatorium herniedersteigenden Blick und die unerbittlichen Schnitte einer wie eine Waffe geschwenkten Schere unter den Augen des ebenfalls stummen Personals. Hier herrscht Furcht und Schrecken. Andere, häufigere Anproben verlaufen ohne die Anwesenheit des obersten Richters, und da kann man plaudern, frei atmen, sich amüsieren, humorig spitz wie die Nadeln von Margot und Jean, unter dem wohlwollenden Blick von Madame Suzanne, der sanften und lächelnden Verkäuferin. Gréco mausert sich zu einer eleganten Frau. Sie überläßt es niemandem, die Wahl für sie zu treffen, aber sie weiß Meinungen und Ratschläge anzuhören. Sie ist hochmütig, aber nicht eitel. Sie weiß zu gut, was Demut vor der Leistung anderer bedeutet.

## *»April in Paris« im New Yorker Waldorf Astoria 1952*

Von Anfang an hat Maurice Carrère Gréco Vertrauen geschenkt. In diesem Jahr 1952 arrangiert er den Ball »April in Paris«, ein Ereignis für spendenfreudige Milliardäre, das gleichzeitig Gelegenheit bietet, außergewöhnliche Shows auf die Bühne zu bringen. Und darin ist Maurice Carrère ein Meister. Er bittet Gréco, dort drüben, jenseits des Ozeans, zu singen. »Ich werde auch dasein, brauchst dir keine Sorgen zu machen«, und bei diesem Lächeln vergißt Jujube ihre Angst. Sie wird fahren. Sie schläft kaum mehr bis zum Tag ihrer Abreise. Sie stellt sich das Unvorstellbare vor und landet nach einer bewegten Überfahrt von acht Tagen, die sie als Opfer einer unbeschreiblichen Seekrankheit mit gekreuzten Armen auf ihrem Kabinenbett zugebracht hat, an einem schönen sonnigen Morgen mit weichen Knien, aber weit aufgerissenen Augen in fahlem Gesicht im Hafen von New York.

Grécos Gepäck ist schmal bei dieser ersten Amerikareise. Daher hat man ihr einen Koffer voller Kostüme für die Show mitgegeben. Das Auge des Zollbeamten registriert stante pede diesen Kontrast und fordert die Öffnung des Gegenstands seines Argwohns. Jujube hat keine

Ahnung von dessen Inhalt und klappt seelenruhig den Deckel hoch: fünfundzwanzig bezaubernde, winzige Dreiecksslips und ebenso viele farblich abgestimmte, schillernde und federnbesetzte Miniatur-BHs bieten sich wie eine Schar schlafender Vögel den Augen des Zollbeamten dar. Der Zollbeamte faßt zwischen Daumen und Zeigefinger ein Federchen und rüttelt es, um es zum Flattern zu bringen. Der Zollbeamte grölt wie ein Zöllner. Jujube ist betroffen.

»Was ist das?« fragt der Mann feixend.

»Ein Bühnenkostüm«, antwortet Jujube in einem Atemzug.

»Aha!« Und das Lächeln des Mannes verbreitert sich bedrohlich. »Und wie trägt man das?«

Jujube hält das vermaledeite Dreieck dorthin, wo es hingehört, und der Mann beginnt zu strahlen. »Das ist französisch! SSt... SSt... *That's french!*« Hingerissen, der Herr Zöllner.

Jujube ist Französin und scharlachrot. Sie schnappt sich den Unglücksvogel, stopft ihn in die Trickkiste und geht gesenkten Blicks, den Koffer der Scham mit sich schleifend, begleitet von belustigtem Pfeifen, in Richtung Ausgang. Noch kennt sie die Reputation der Französinnen im Ausland nicht, aber das Ausland kennt auch noch nicht den draufgängerischen Charakter Jujubes.

Das Waldorf Astoria ist eine Stadt in der Stadt. Bei ihrer Ankunft stutzt Jujube vor einer etwa hundertköpfigen Ansammlung näselnder Damen mit blumenbesteckten Hüten und Nerzcapes, die die Hotelhalle blockieren und durch die man sich nur schwerlich einen Weg bahnen kann. »Das ist nur ein Damenessen«, erklärt der Kofferträger, der den verdutzten Ausdruck von ihrem Gesicht abgelesen hat. Auf diese Erklärung hin klappt Jujube ihren

Mund wieder zu, den sie vom ersten Augenblick an, da sie diese Voliere betreten hatte, in Form eines großen Os offengehalten hatte. Doch darin durfte sie sich noch mehrmals üben. Jujube staunt nur. Baß erstaunt.

Sie nimmt Besitz von ihrem Zimmer und entdeckt auf dem Tisch eine Notiz mit dem vorgesehenen Zeitplan und den nötigen Informationen. Sie rast in den Probensaal und findet Maurice Carrère, schwelgend in Gaze und Musselinen, für jeden eine Antwort und sein immerwährendes Lächeln bereithaltend. Auch die Frères Jacques sind angekommen, desgleichen Jean-Pierre Aumont, Claude Dauphin, Anne Vernon und Jean Sablon, die bei den Sketchs mitwirken werden, welche die New Yorker High Society unter dem Motto »Die spektakulärsten Augenblicke der Geschichte Frankreichs« vorführen wird. Nicht ein Name des *Who's Who* wird beim Appell fehlen, weder der kleinste Vanderbilt noch der größte Star. In den Pausen wird man sogar Charles Boyer im Gespräch mit Jacques Charon und Mony Dalmès sehen, in Erwartung von Rex Harrison und Sir Laurence Olivier. Jujubes Sinne sind überwach.

Pierre Balmain kleidet die Gréco ein, die Maurice Carrère den Amerikanern präsentieren will. Zunächst wird sie als sie selbst erscheinen, in ihrem schwarzen (Ausverkaufs-)Kleid, dann wird das Licht sekundenlang erlöschen und sie, dank einem ausgeklügelten Druckknopfspiel, in einer Lichterflut wieder auferstehen, modelliert von einem Goldlaméetui, das Schultern und Arme unbedeckt läßt... Und nun soll sie singen. Arme Jujube, die sich so gar nicht wohlfühlt. Der Überraschungseffekt ist todsicher. Das goldene Gewand ist nach ihren Maßen geschneidert, und Pierre Balmain im Sonnenkönigskostüm wird letzte Hand anlegen an einen Saum, der ohnehin vollkommen ist. Mit den Ausverkaufskleidern ist's jetzt vorbei. Von nun an wird sie neuen Kleidern ihren eigenen Geruch einprägen. Keinem früheren aufgepfropft und mit keinem vermischt. Das ist Luxus.

Die Hotelstadt ist in heller Aufregung. Man erwartet Königin Juliana der Niederlande und ihren Gemahl, Prinz Bernhard, aber das Schicksal fügte es, daß die Elefanten, die auch zur Show gehörten, genau im selben Moment eintrafen. Das Gedränge war vollkommen. Nach spitzfindigen Erwägungen läßt man die Elefanten schließlich als erste herein. Und Elsa Maxwell muß sich einem von ihnen auf den Rücken schwingen, aus Reklamegründen für die Wohltätigkeitsshow ... Das königliche Paar stellt bei seiner Ankunft leicht verwundert fest, daß sämtliche Teppiche aufgerollt und entlang der Wände des Vorraums zum Ballsaal gestapelt sind. Ein Fotograf ist zur Stelle, das Ereignis auf seine kostbare Spule zu bannen. Irritiert fragt ihn der Prinz: »Glauben Sie wirklich, mein Herr, daß Elefanten hier durchgelaufen sind?« – »Sie sind es, Eure Majestät, ich kann es versichern«, erwidert Zerbe, der große Fotograf, in höchster Verlegenheit. Er hatte ja die Beweise in der Hand!

Die Presse sollte diese Neuigkeit genüßlich ausschlachten, und Maurice Carrère lachte herzhaft.

Maurice Carrère hat denen, die er liebt, immer Glück gebracht. Er ist drollig ohne eine Spur von Bosheit oder Hinterhältigkeit und niemals gehässig wie so häufig jene, denen man Humor zuspricht. Sein Humor ist absolut frei von Niedertracht. Die Show sollte zu einem echten Triumph werden.

Fünf der größten Modezaren jener Zeit haben für diesen Anlaß je acht Roben geschneidert. Ein hochgewachsener, langbeiniger, wahnsinnig eleganter blutjunger Mann feierte dabei sein Debut neben ruhmbeladenen Vorbildern: Hubert de Givenchy. Schlichtheit und Glanz der Haute Couture wurden vertreten durch Christian Dior, Jacques Fath, Jean Dessès und Pierre Balmain. Auch Schmuck, dargeboten auf Mannequins unter Hüten von Paulette und in hautengen, indiskreten schwarzen Tricots, besetzt mit Kaskaden von Edelsteinen.

Der erste Kontakt mit Amerika entsprach genau den Träumen der Kinder jener Zeit. Gréco kannte die Musiker, sie waren ihre Freunde, ihre Spiel- und Lachgefährten, die meisten waren schwarz.

Sie mußte so schnell wie möglich nach Paris zurück. Arbeiten. Auf ihre erste Frankreichtournee geht sie als Amerika-Star von Robert Lamoureux. Tournee Jacques Canetti. Was sollte Gréco dabei nicht alles erleiden! Sie wurde ausgepfiffen, verjagt, man warf ihr Münzen auf die Bühne des Alcazar von Marseille. In der Arena von Béziers mußte sie etwa dreißig Meter bis zum Mikrofon zurücklegen, unter den Buh-Rufen eines Publikums, das gekommen war, um Robert Lamoureux zu hören. Sie sang vier Chansons, tränenüberströmt, tränenerstickt. Beim vierten Chanson wurde ihr bewußt, daß nach dieser Konfrontation der gleiche Weg noch einmal zu bewältigen war, in umgekehrter Richtung, mit dem Rücken zum Sieger, dem Publikum. Daher beschloß sie, rückwärts zu gehen, mit dem Gesicht zum Publikum. Da plötzlich begann dieses selbe Publikum ihren Namen zu brüllen. Sie muß nochmals vortreten. Sie zittert. Sie tritt erneut ans Mikrofon und singt ein letztes Chanson, in relativer Stille. Dann zieht sie sich zurück, um nicht wieder zum Vorschein zu kommen. Das Publikum hat eine Kehrtwendung vollzogen, skandiert ihren Namen bedrohlich wie die Meeresbrandung. Narben. Doch vorher Verletzungen.

Mißerfolg, Ablehnung wird Gréco niemals vergessen. Erfolg wird niemals ein Heilmittel sein für Mißerfolg. Ihr ganzes Leben lang wird sie nach jenem Weg suchen, der hinführt zur Begegnung mit dem anderen, den man Publikum nennt. Und zu jenem, den man den »Partner« nennt...

## *Reisen nach England, Deutschland, Schweden, Japan, Rußland*

Dieses Bedürfnis, dieser Drang, gewisse Dinge zu sagen, die man selbst als zu kostbar erachtet, mit anderen Worten, die man im Geheimen lebte, zum Schutz des anderen, und daher preisgibt wie einen Besitz, Besitz nicht von etwas, das man nicht zugeben kann, sondern von etwas Einzigartigem, von etwas einzig und allein der betroffenen Person und ihrem Partner Vorbehaltenem.

Ah! Der Partner... Wie schwierig es sein muß, der andere zu sein. Der Erwählte. Das erwählte Wesen muß eine unauslöschliche Erinnerung daran bewahren. Eine glückliche oder eine schmerzliche.

Jujubes Verhalten war immer eindeutig. Sie hat ihr Begehren oder ihr Verweigerungs-Nicht-Begehren stets durchgesetzt. Mit aller Heftigkeit.

Es stimmt: Sie ist heftig.

Zu Beginn ihrer Karriere als Frau war sie durchaus fähig, vor aller Öffentlichkeit auf den, der ihr gefiel, ihre Blicke zu werfen und ihre Pläne dann auch bis zum guten Schluß durchzuführen. Es war an einem jener glühendheißen Madrider Abende, glühender noch als sonst, weil angeheizt durch dieses *Franco la muerte,* wie Léo Ferré so schaurig und so unmißverständlich singt, an einem dieser Abende also war es, da sie beschloß, ihr Unwesen zu treiben. Sie steigt eine Treppe hinab, umbraust von einem Applaus, der ihr nicht ans Herz geht, der sie eher schmerzt, weil er an eine ewig klaffende Wunde rührt, aufgerissen durch den Tod jener, die sich im Spanienkrieg für die Freiheit dieses prachtvollen, stolzen, würdigen Volkes geopfert haben.

Zittrig, auf nadelspitzen Absätzen, verwandelt sie ihre Beklemmung in einen Tanz der Verführung. Wiegt und windet sich, eisig. Provozierend. Man umdrängt sie. Sie stirbt vor Angst. Im Ohr das Geräusch der Schritte derer, die foltern, bevor sie krepieren lassen.

Dann wird sie sich einen blutjungen Mann angeln, blond, aus bester Familie, dem sie nur einen Geschmack von Asche und Blut im Mundwinkel belassen sollte. Dabei war er schön und vielleicht unschuldig. Doch für sie ist es so unwahrscheinlich, dieses Gefühl der Nicht-Verantwortlichkeit, des Von-sich-Weisens. Des Von-sich-Weisens von des anderen Aufschrei. Dessen, der weder um Unterstützung noch um Hilfe bettelte, sondern nur um Anerkennung seines Lebens und seines erlebten Sterbens.

Im Verlauf ihrer Reisen um den Globus wird sie stets von neuem eine Wahl bejahen und wieder verleugnen, häufig eine Schleppe zerstörerischer Lava hinter sich lassend. Sie wird glücklich sein in England auf der Bühne des Hotel Savoy, auf der des Globe, dem Theater von Mr. W. S. persönlich, auf der des Savoy-Theaters und der Festival Hall, ihrem zur Themse schauenden Fenster genau gegenüber. Jujube ist und bleibt stolz, aber auch stets verwundert, an solchen Orten singen zu dürfen. In Konzertsälen, Opernhäusern. Als sie eines Tages in Frankfurt ankam, konnte sie auf dem Opernplakat lesen: »19 Uhr 30

*Salome* – 22 Uhr 30 *Gréco.*« In dem Augenblick lachte Gréco ganz und gar nicht. Erst viel später am Abend lachte sie. Als alles vorbei war. Es ist oft hart, Nachfolger zu sein.

Beim Festival von Edinburgh sollte ihr England-Debüt steigen. Im Anschluß an ein von Mr. Nigel Denis geschriebenes und von Rex Harrison gespieltes Stück. Gréco sollte die Ehre haben, über eine Stunde lang zu singen. Volle, duftende Rosen, wie sie in Pfarrgärten wuchsen, bereiteten ihr Abend für Abend einen lebenden Teppich, zusammengekehrt vom rot-samtenen Vorhang des Erfolgs. Ebenso sollte es ihr in Dublin mit den Irländern, ihren großzügigen Spleens, ihrer Genialität und der Pracht ihrer Landschaften, ergehen.

Am ersten Abend, als Gréco ankam, läutete sie nach dem Etagenkellner des Hotels, in dem sie abgestiegen war, und bestellte bei dem höchst distinguierten Herrn, der kam, um die Bestellung aufzunehmen, eine Flasche Whisky. Ein paar Minuten später kehrte der Gentleman mit einem Tablett zurück, auf dem hübsche Stielgläser, eine Karaffe Wasser und ein Kübel Eiswürfel klingelten. »Wünscht Madame Eis?« – »Nein, danke.« – »Wasser?« – »Nein danke.« – »Aber Madame wünscht doch irischen Whisky, oder?« – »In der Tat, ja, danke.«

Der Gentleman, plötzlich lächelnd, füllte mit Andacht das Glas, hielt es Gréco hin und sagte: »Sehr, sehr gut, Madame, mein Kompliment, vielen Dank.« Strahlend ging er, Wasser und Eis forttragend, aus dem Zimmer. Jujube wußte nicht, daß sie soeben der Ehre eines Irländers geschmeichelt hatte, der für sein Nationalgetränk echte Zuneigung empfindet. Ein fünfzig- bis sechzigprozentiges! Ehre wiegt schwer. Aber welch eine Freude! Sie blieb ungestraft, hatte nicht die geringsten Kopfschmerzen und konnte ihre Kur, mit zahlreichen Irish Coffee angereichert, heiteren Herzens fortsetzen, in Gesellschaft von Männern und Frauen, kräftig und gerade wie die Bäume ihrer Wälder, klar wie das Wasser ihrer Flüsse, warm wie das Blut, das nur allzuoft aus ihren Adern auf das Pflaster, gegen die Mauern ihrer Häuser rinnt. Häuser mit vermauerten, stacheldrahtvergitterten Fenstern. Christus mit der Dornenkrone auf dem Haupt, lichtstrahlend sein gutes Recht behauptend. Verletzt. Geopfert.

Gréco sollte nach dem Kriege die erste französische Sängerin auf deutschen Bühnen sein.

Ganz reibungslos ging dieses Ereignis nicht vorüber. Die ihr zu Ehren im obersten Stockwerk eines amerikanisch-berlinerischen Luxushotels veranstaltete Pressekonferenz machte aus ihr bereits am nächsten Morgen und auf der ersten Seite sämtlicher Zeitungen, egal welcher Richtung, ein Skandalobjekt.

Sie hatte ihre Meinung gesagt.

Jujube hatte ihren Argwohn, ihre Besorgnis, ihre noch frischen Erinnerungen, gleichzeitig aber auch ihre Hoffnung in die aufkommende Generation zum Ausdruck gebracht. Eine Generation, in der – wie sie sagte – die Eltern sich nicht verantwortlich für ihre Kinder, die Kinder sich aber verteufelt verantwortlich für ihre Eltern fühlen.

Die lange Liste der Konzentrationslager mit ihren wahrheitsgetreuen Fotomontageromanen spult sich ab, wie festgebannt auf einen Film aus Menschenhaut, aus der Haut jener, die, über den Tod hinaus gefoltert, ihr Bild in die Köpfe derer, die übrigblieben, eingraviert haben. Gréco ist übriggeblieben. Sie ist da. Also muß sie antworten.

Weh- und Schamgeheul bildet die schaurige Nachtmusik von Millionen Menschen. Gréco singt sie für diejenigen, die Angst haben, aufrecht Fragen zu stellen. Tief in die Augen des anderen, tief in die Erinnerung hineinzublicken.

Am ersten Tag ihres Konzerts und Jahre später noch kamen junge Leute zu ihr und fragten, ob es wahr sei, daß sie für das deutsche Volk Haß empfinde. Gerührt und irritiert antwortete sie, die Wahrheit liege anderswo, in der Vergangenheit ihrer Eltern, denn was ihre Väter und Mütter anbetreffe, könne sie kein Urteil fällen. Jene allein hielten die Antwort in Händen. Für sie jedoch bleibt die Wunde offen.

Sie wechselte nach Ost-Berlin und gab drei Konzerte im gleichen Theater mit nur fünfzehn Minuten Pause zwischen den Konzerten.

3000 Personen werden eingelassen, 3000 gehen hinaus. 15 Minuten Pause.

3000 Personen werden eingelassen, 3000 gehen hinaus, 15 Minuten Pause.

3000 Personen werden eingelassen, 3000 gehen hinaus. Ende.

Gréco taumelt, fast ein Glückstaumel. Die ersten zwei Stunden hat sie so gut wie möglich gesungen. Die nächsten zwei Stunden meinte sie, ihre Kräfte ließen nach. Die letzten zwei sang sie, wie sie es sich nie zugetraut hätte. Achtzig Chansons, aufrecht stehend vor den anderen Deutschen. Sie fühlt sich bestärkt nach dieser körperlichen Meisterleistung. Ihr Empfinden ist intakt. Vielleicht geschärft?

Zwischen Ost und West bleibt ein Stück Niemandsland. Von Bomben aufgewühlt. Sie betritt es. Verrenkt sich die Knöchel und den Geist. Der Unterschied? Auf der einen und der anderen Seite sind und bleiben sie Deutsche.

Seltsame Architekten- und Städtebauameisen, die ihre Stadt, ihr eigenes Leben wieder aufgebaut und für manche ihrer Bewohner gleichzeitig den Tod errichtet haben. Von Amts wegen abgestempelt. Deutsche... Sie sind Deutsche, mit allen Qualitäten, die dieser Name beinhaltet, für Gréco aber auch überschattet von dieser nicht genau konturierten Besorgnis, die sich wie ein Trauerschleier über die noch zu nahe Vergangenheit senkt. Eines Tages vielleicht... wird etwas Schönes wie die Sonne diese Dunkelheit aufreißen. Eines Tages... wann wohl?

Von den Juden hat Jujube nicht geredet. Es ist nicht ihre Art, sich mit dem Blut anderer hervorzutun. Was sie gehört hat, wird sie behalten. Was sie gesehen hat, bleibt in ihr Gedächtnis eingraviert, das ganze Leben lang, bis zu ihrem letzten Augenaufschlag.

Das jugendliche Publikum, das zu ihr strömt, wird nach und nach von älteren Menschen begleitet, die frei zu sein scheinen von Erinnerungen oder Gewissensbissen. Während der deutschen Besatzung gab es in Frankreich ja auch nicht Millionen von Widerstandskämpfern. Also gab es in Deutschland vermutlich auch nicht Millionen Nazis...

Gréco entdeckte die skandinavischen Länder und das Brennen der Schneekälte, ähnlich dem Brennen von unausgesprochenen Worten und nicht ausgedrückten Gefühlen. Scham. Manchmal auch Religion.

Schweden, Dänemark, Norwegen, Finnland. Oberflächlich identisch angesichts einer Natur, die von Weiß zu Grün wechselt und wo die Sonne die wie mit dem Rasiermesser aus einem seltsam dunklen Metall ausgeschnittenen Vogelschatten aufs Meer wirft.

Unter unverhohlener Sittenfreiheit verbirgt sich häufig eine verzweifelte Suche nach geteiltem Glück. Auf dem

Grund der Schnapsflasche lauert gräßliche Einsamkeit. Überall auf den Straßen begegnet man der Schönheit. Sonne in den frei flatternden Haaren, jugendliche Zähne, weiß wie frische Mandeln, strahlendes Lächeln.

Jujube und Françoise Sagan gehen zum Fischen, begleitet von Madame Rigal, Grécos Sekretärin. Françoise ist aus verschiedenen Gründen hier, unter anderem wegen des Erscheinens eines ihrer Bücher. Sie wohnen in Stockholm, und ihr Hotel steht direkt am Meer. Der Kapitän des Fischerbootes kocht, und Françoise stellt dem Fisch nach. Jujube mag dieses Aufreißen nicht. Françoise erwischt alles, was sie haben will. Konzentriert, geduldig, lauert und gewinnt sie. Obwohl ihre gewollte Nutzlosigkeit sie kränkt, kann Jujube sich nicht entschließen, das Tier am Ende der Angelschnur zappeln zu sehen. Außerdem fehlt es ihr an der Begeisterung, die Geduld annehmbar macht. Sind die lieben Kleinen aber erst einmal gegrillt, verspeist sie sie ohne Gewissensbisse. Unbeschwerte und selige Tage verleben sie hier miteinander, eingekreist nur vom schrillen Schrei der Möwen, und ihr Blick wird wieder keck und rund wie auf einem Fest erhaschtes Konfetti. Kindheit!

Allabendlich schlüpft Jujube in ihr Bühnengewand, nachdem sie sich allein und sorgfältig geschminkt und mit jener fast rituellen Geste die Erinnerung des verlebten Tages verwischt hat, um sich wieder in Gréco zu verwandeln.

Sie werden zu einem offiziellen Essen in die französische Botschaft geladen. Ehrengast ist der erste Mann im Staate, Olof Palme. Georges Pompidou, der mit seiner Frau dieser Zeremonie beiwohnt, hält im Anschluß an etliche andere seine Ansprache. Françoise, die ihn seit frühester Kindheit kennt, sitzt nicht weit von ihm entfernt. Sie weiß, daß er auf gewisse Längen in den Reden leicht allergisch reagiert, und so beginnt sie, ihn schalkhaft nachzuäffen, wenn er auf seine typische Art Grimassen schneidet, indem er den Kopf senkt und die Oberlippe über die Unterlippe schiebt, um ein gegen die elementaren Regeln der Diplomatie verstoßendes Gähnen zu ersticken. Gréco setzt zu einem kaum zu erstickenden Gekicher an, woraufhin ihr Tischnachbar, ein hoher Funktionär der Vereinten Nationen, ihr einen mehr als tadelnden Blick zuwirft. Françoise feixt innerlich. Ein Satan. Wunderbare Françoise! Ein nicht kleinzukriegendes Kind, bei dem man stets von neuem erstaunt ungeahnte Talente entdeckt. Dieser Zwischenfall blieb folgen- und bedeutungslos.

Von den Antillen kommend, wo die Männer glatthäutig und verträumt sind und die Frauen ein strahlendes, erfrischendes Lächeln und einen von sanften Rundungen leuchtenden, das Licht der Blicke auf sich ziehenden Körper haben, purzelt Gréco, noch ein wenig Sand in den Schuhen, von 30 Grad über auf 30 Grad unter Null.

Montreal, die kanadische Komödie. Dieses französische Publikum vom Ende der Welt, glühend unter seinem dikken Schneepelz, im Gold und Blut der indianischen Sommer badend. Diese gewaltigen Frankokanadier, die einem ihre Kraft und ihre tief eingewurzelte Originalität ins Gesicht schleudern. Mitten ins Herz.

Dort lebt sie fort, die verlorene Jugend der schönen alten Dame Frankreich. Explosiv. Frei. Jujube kostet jede Entdeckung voll aus.

Echte Offenbarung und tiefe Erschütterung sollte jener Tag bringen, da sie zum ersten Mal in Japan sang. Eine andere Welt. Eine andere Zivilisation. Die vielen Inseln, vereinter als ein Kontinent. Märchenhafte Sanftheit. Märchenhafte Heftigkeit. Vollendete Höflichkeit. Absolute Verschwiegenheit in allem, was das Privatleben betrifft.

Großzügigste Mittags- und Abendeinladungen – aber im Restaurant. Das Haus scheint ein geheiligter Ort zu sein. Unverletzlich. Gewaltige Hochachtung vor allem, was in den Bereich der Kunst gehört.

Schaurige Stille in einem 2000 oder 3000 Personen fassenden Saal. Applaus, leicht wie der Flügelschlag eines kleinen fliegenden Insekts. Eine erste Reihe, in der mit geschlossenen Augen hingestreckte Zuschauer zu schlafen scheinen.

Nach dem ersten Teil ihrer Darbietung trat Gréco mit feuchten Augen und jagendem Herzen von der Bühne ab. In der Meinung, nicht den geringsten Anklang gefunden zu haben, sieht sie die Zuhörer schon die Pause nutzen, um zu verschwinden. Herr Ashihara, auf das französische Chanson spezialisiert und Besitzer Tausender von Karteikarten über jeden Sänger, über jede Sängerin und deren jeweiliges Repertoire, bemüht sich um sie, will ihr Mut zusprechen, doch vergebens. Mit weichen Knien und verschleiertem Blick stellt sie sich der zweiten Halbzeit. Das Publikum hat sich nicht von der Stelle gerührt. Haargenau das gleiche Bild. Nur die Flügel des Fluginsekts scheinen ein wenig schneller zu schlagen. Am Schluß des Konzerts applaudieren sie langanhaltend, sehr ausgiebig, erheben sich von ihren Sitzen, ohne die Bewegung ihrer Hände zu unterbrechen; Gréco muß viel Weg zurücklegen zwischen Kulissen und Mikrofon, doch jedesmal glänzen ihre Augen stärker, wird ihr Lächeln sicherer. Sie ist glücklich. Bezähmt durch diese stumme, durchdringende, einschmeichelnde Herzlichkeit.

Herr Tsutsumi, Yasujiro Tsutsumi, eine Art japanischer Industrie- und Handelskaiser, ein Mann von Geschmack und Bildung japanischer Prägung, erweist Gréco die seltene Ehre, sie in sein Haus in Tokio einzuladen. Von ihm stammte die Entscheidung, Gréco nach Japan zu holen. Und nun ließ er sie die riesige Stadt von seinem Hubschrauber aus entdecken, der vom Dach seines »Luxus«-Kaufhauses, dem Seibu, abhob. Ein Haus des »erlesenen Luxus« – wohlverstanden.

Er beschenkt Gréco und ihre Begleiter mit einer Schiffsrundfahrt, damit sie das Land mit seinen Tempeln und seinen unvergleichlichen Gärten besser erkunden können. In Kioto gibt er ein Traumdîner, serviert von sehr schönen und begabten Geishas, von denen eine für Gréco die *Feuilles mortes* singt, sich selbst auf dem Koto begleitend. Sie tanzen auch. Zwitschern. Lachen hinter vorgehaltenen zartgliedrigen Händen. Servieren Unmengen von lauwarmem Sake, mit leichter Geste den Ärmel ihres prächtigen Kimonos hochstreifend. Nach beendetem Festschmaus werden sie ihre Gäste mit den üblichen Verbeugungen und Dankesbezeugungen bis zur Eingangstür zurückbegleiten. Und dort, auf der ersten Stufe, die zum Ausgang führt, warten artig, mit der Spitze nach draußen weisend, die Schuhe, die jeder beim Eintritt abgestreift hat. Jeder wird seinen eigenen Teil Poesie mitnehmen. Bilder. Wie japanische Holzschnitte.

In dieser Art Irrealität wird die ganze Tournee ablaufen. Nur die Konzertabende, sie sind konkret, konkret im besten Sinne.

Gréco wird noch oft nach Japan fahren. Sie wird den außerordentlichen Fortschritt, der im Technischen, im Bereich der unterschiedlichsten Techniken, erzielt wurde, feststellen. So wird sie auch erfahren, daß der Supermann des Geschäftslebens, sobald er in das Geheimnis seines Privatlebens, hinter die Fensterläden seines Hauses zurückkehrt, im dampfenden Bad wieder ein ganz normaler Japaner wird. Nur Japaner. Der gleiche seit Jahrhunderten.

Jede Reise in dieses Land der unberechenbaren Gegensätze wird eine Bereicherung sein, was Theater, Musik oder Architektur anbetrifft. Eine eigene Art von Lebenskunst. Sie lernt eine junge Frau kennen, Keiko Nakamura, die in die französische Sprache verliebt ist und über eine ganz subtile Intelligenz verfügt. Sie werden zusammen arbeiten. Die Japanerinnen wagen so langsam, ihr verteufelt hübsches Näschen in die Welt zu strecken. Japan, das Land der Erdbeben, schmiedet starke, mutige, dickköpfige und hartnäckige Menschen, die für Außenstehende oft unverständlich, schwer zu sondieren sind.

In der UdSSR sollte sie mit Russen sprechen. Mit Sowjetrussen, gewiß, aber Russen. Den lässigsten, die man sich denken kann. Für sie gibt es nur lachen, trinken, tanzen, reden, sich amüsieren. Keine wirklichen Arbeitsfanatiker. Sie lieben das Leben. Jede Verrücktheit. Unterhaltung in jeder Form. Sie sollte oft den Eindruck haben, etwas gerade Erlebtes schon einmal erlebt zu haben.

Die Personen, denen zu begegnen sie das Glück haben sollte, wirken auf sie wie Brüder oder Schwestern derer, die sie im Laufe ihrer Lektüren entdeckt hatte. Denn seit frühester Jugend hat sie die russischen Schriftsteller verschlungen: Tolstoi, Dostojewski, Tschechow, Majakowski... und so viele, viele andere. Wie aus den Buchseiten entschlüpft, stehen diese Figuren nun vor ihr. Unwandelbar. Dargestellt, gelebt von den jetzt Lebenden.

Sie besucht die Moldauische SSR, kostet die Weine und besichtigt in den Schaukästen des Zentrums für Agrarforschung die erzielten Resultate. Sie sollte die Ehre einer Privatvorführung haben. Ein Farbfilm über die Paarung zweier Pfirsiche. Absolut sexuell. Ganz nahe die Organe! Seitdem ertappt sich Jujube dabei, wie sie erst zweimal hinschaut, bevor sie in einen Pfirsich beißt.

Max Léon (Korrespondent der Zeitung *L'Humanité*) und seine (sowjetische und entzückende) Frau geben ihr zu Ehren eine Abendeinladung mit befreundeten Malern, Sängern, Dichtern und einer Zigeuner-Artistentruppe.

Der Abend endete am frühen Morgen. In reiner Freude.

Auf einem Cocktail in der französischen Botschaft sollte Gréco auch Jewtuschenko kennenlernen. Der Dichter war wie immer elegant, charmant, betörend. Der Raum schwirrt und surrt, das Schwirren und Surren ist unter dem eisernen Vorhang durchgeschlüpft. All diese Leute sind gut gekleidet, gut frisiert, tragen Schmuck und Parfum. Gréco mit eingeschlossen.

Jujube sucht nach der Wahrheit. Zumindest einer Spur von Wahrheit. Die sollte sie anderswo finden.

Als sie ins Krankenhaus ging, um eine böse Angina, die dem überaus strengen Winter anzulasten war, behandeln zu lassen, sah sie sich ausschließlich weiblichen Ärzten gegenüber. Auch auf den Straßen bei den härtesten Arbeiten wie Planierung oder Beseitigung von Schneebergen entdeckte sie weibliche Gesichter. Parallel zu ihrem Beruf als Mutter und Gattin mußten sie herhalten, um das schreckliche Ungleichgewicht auszugleichen, das einer der an Kämpfen, Morden und Foltern mörderischsten Kriege ausgelöst hat und das noch lange anhalten wird.

Jujube betrachtet diese wie Teewärmer ausstaffierten Frauen, die gebückt diese auslaugenden Arbeiten verrichten, und denkt an ihre Mutter und ihre Schwester, nackt unter ihren dünnen gestreiften Kleidern, die den Winter der Nazi-Konzentrationslager durchstanden.

Diese sowjetischen Frauen auf den Straßen, wo Kinder

und Jugendliche leben und spielen, wo Erwachsene ihren Weg gehen, erscheinen ihr als das Symbol der Tapferkeit und der Selbstverleugnung in der Hoffnung auf ein besseres Leben. Jujube würde gern danke sagen. Ohne diese Frauen hätte keines dieser hehren Ziele erreicht werden können.

Natürlich war nicht alles, wie man es sich wünschte. Die langen Warteschlangen vor den Geschäften sind allzu frische Erinnerungen, als daß wir Franzosen sie schon vergessen hätten und sie nicht in unsere eigene erlebte Realität mit einbeziehen könnten. In diesem erwachenden, wiedererwachenden Land sind sie vermutlich ganz normal.

Nur die Dolmetscherinnen reizen Jujube. Ihre eigene Schuld. Sie müßte eben die Landessprache lernen. Das gilt für alle Länder, in die sie kommt und wiederkommt.

Svetlana, der Frau von Max Léon, vertraut sie. Sie spricht ein sehr reines Französisch und übersetzt auch einige Gespräche, denen sie beiwohnt, ohne einen Schatten über Frage oder Antwort zu belassen.

Auch die Leute vom Rundfunk, die für die französischsprachigen Sendungen zuständig sind, geben wortgetreu wieder, was die ausländische Künstlerin sagt. Gewisse Dinge sind natürlich schwer zu begreifen. Daß eine Frau einen überwacht, wenn man in seine Hoteletage und sein Zimmer zurückkehrt, ist wirklich widerwärtig. Allerdings, das gleiche passiert einem in Amerika, in den USA. Der gleiche elektrische Schlag haut einem den Schlüssel aus den Fingern. Die Teppiche sind nicht aus Wolle, sondern aus Nylon oder einem anderen barbarischen Material. Wie überall. Umweltverschmutzung.

Der waschbare Fortschritt, dessen Brühe das Leben vergiftet und die natürlichen Abwehrstoffe zerstört, ekelt Jujube. Ebenso wie die Überwachung.

In einem Luxushotel in Moskau gibt es am Ende des Ganges immerhin einen Samowar, der Tag und Nacht funktioniert. Tee. Geheiligtes Gut. Die Revolution verwirft den Luxus nicht. Gratis. Sie sucht ihn sogar erreichbar zu machen. Eines Tages greifbar für jedermann. Wenn nur niemand auf den Gängen wäre... Niemals. Nirgendwo.

Jujube sollte sämtliche Etagenwachposten in Panik versetzen, als sie schweißgetränkte Matratzen und Hausmäntel von einem Zimmer ins andere schleppte, getränkt mit dem Schweiß eines kranken, vor Fieber und Elend glühenden Mannes. Die Krankheit ist im Begriff, die Mutter seiner Kinder zu zerstören. Seine Frau. Die Etagenwächterin wird diesem Hin und Her der ungewöhnlichen Sängerin schließlich mit mitleidigem Blick zusehen. Pflegerin, Wäscherin.

Jujube leidet am Schmerz ihres Musikerfreundes. Sie möchte ihm Erleichterung verschaffen. Er arbeitet ohne eine Klage. Gestattet sich nicht die kleinste Schwäche. Er spielt wie immer, wie davor, wie danach. Großartig.

Die beiden Belgien öffnen ihr die Arme. Gréco mag das belgische Volk. Sie haben der Welt der Künste und der Literatur ein paar Genies geliefert, aber das befriedigt die Eitelkeit ihrer Nachbarn nicht. Das Publikum ist großherzig und zeigt seine Freude, sein Vergnügen. Das ist das schönste Geschenk, das einem Künstler gemacht werden kann. Oft wird sie zurückkehren in dieses freundschaftliche und gastfreundliche Land. Ob flämisch oder wallonisch.

Villars in der Schweiz sollte der Ort sein, wo ihre Tochter Laurence einen Hort fand, den sie dringendst benötigte. Gréco arbeitet und reist um die Welt. Mademoiselle W.

sollte jahrelang die Erzieherin von Laurence sein, die daran eine tiefe und zärtliche Erinnerung bewahrte. Ihre Erziehung gestaltete sich so, wie nur eine protestantische, unverheiratete Frau sie vermitteln kann. Heiter und streng. Gerade. Humorvoll. Mademoiselle W. liebte Laurence. Laurence liebt sie. Ein Erfolg. In diesem Chalet fand Laurence Freunde fürs Leben. Gréco singt so oft wie möglich in diesem friedlichen Land. Dort erfährt sie nur Freude. Gréco, die Mutter, bringt Mademoiselle W. grenzenlose Hochachtung und Dankbarkeit entgegen.

Ganz am Anfang ihrer Karriere, bei ihrer ersten Reise nach Genf, trägt Gréco ein zwei Monate altes lebendes Geheimnis in sich. Sie hat es niemandem gesagt, vor allem nicht dem Mann, den sie liebt. Sie ist schwach und schlapp. Als sie auf der Bühne steht und zum letzten Chanson ansetzt, beginnt dieses verschwiegene Leben aus ihrem Körper zu strömen. Sie singt bis zum Schluß und trocknet mit der Schleppe ihres langen schwarzen Kleides die Spuren ihres Mißgeschicks.

Bewußtlos wurde sie in eine Klinik gebracht. Der Arzt wich die ganze Nacht nicht von ihrem Bett. Stundenlang strich der Tod um sie herum. Der Mann hat davon nie etwas erfahren.

In Portugal singt Gréco vor einem Geviert von Königen. Im Exil. Die Direktion des Casinos ist in höchster Aufregung. Jujube nimmt keine Notiz davon.

Sie liebt es, im Auto über Land zu fahren. Sie ißt Fisch in Nazaré, wo die Frauen ihre während der langen Wintertage gekrausten und bestickten, in Schichten übereinander getragenen bunten Unterröcke wippen lassen. Manchmal sind es bis zu sieben. Bei Einbruch der Dunkelheit überwachen sie die Rückkehr ihrer zum Fischfang ausgefahrenen Väter, Gatten oder Brüder. Am Strand harren Ochsengespanne, um die Boote aus dem Wasser auf den Sand zu ziehen. Man zeigt ihr den in den Felsen eingeprägten Abdruck des Pferdehufs: Reiter und Pferd wurden durch die hochheilige Jungfrau Maria vor dem Tode errettet. Wirkungsvoll.

Sie trinkt den grünen Wein und betrachtet die in natürlichen Unterwasserbecken umherschwimmenden und zum Verzehr bestimmten Langusten. Abends lauscht sie Amalia Rodriguez und anderen, anonymen Stimmen, denen die Leidenschaft für den Fado, diesen melancholischen und starken Gesang, gemeinsam ist. Ein langes Gebet, unbeweglich und aufrecht zu singen.

In Ägypten teilt sie sich das Plakat mit Philippe Clay. Er ist wie sie ganz in Schwarz. Jujube hat kurz zuvor ihr Kind geboren und ist äußerst dünn und blaß. Nach einer katastrophalen Vorstellung (die folgenden wurden genauso schlecht) murmelte der arme Patterson: »Gréco ist bestimmt sehr krank, sie ist so mager! Und im ersten Teil dieser Philippe Clay, der auch nicht den Eindruck vermittelt, vor Gesundheit zu strotzen... Was für ein Schauspiel... ein echter Alptraum!«

Wir gefallen nicht. Zum Zeichen des Mißfallens wird mitten in der Vorstellung das Licht im Saal angedreht, und Jujube lief zu den Pyramiden, um Trost zu finden. Kurz zuvor war ein neues Wunderwerk entdeckt worden: Sakkara. Ein französischer Konservator führt sie durch die neue Pyramide, die zu jener Zeit noch nicht freigegeben ist für Besucher. Die Fresken sind von herrlicher Frische und Schönheit. Ein unkontrollierbares Angstgefühl beklemmt Jujube. Der Eindruck, in ein verbotenes Geheimnis einzudringen. Ein Sakrileg zu begehen. Sie wird ein seltsames

Unbehagen mitnehmen, obwohl ihre Augen Reichtümer schauen durften.

In Begleitung von Patterson schleift sie ihre Sandalen durch das Museum von Kairo, an dem sie sich beide nicht sattsehen können. Sie werden auch nach Sakkara zurückkehren, aber nur, um den Sonnenuntergang über diesem verzauberten Ort zu schauen. Abends wird das Publikum sie strafen. Eine schmerzliche und demütigende Erfahrung. Muß man büßen für zu großes Glück? Ehrlich gesagt, Jujube weiß sehr wohl, daß nichts teurer ist als Geld und ganz besonders solches, das man nicht verdient zu haben glaubt.

Die warmen Länder sind am schwersten zu erobern. Der größte Star der Welt, gegen den man nicht antreten kann, ist die Sonne. Für Gréco begannen die Dinge bereits in Béziers schwierig zu werden...

Spanien. Villa Rosa: Nachtklub von raffiniertester Eleganz, erfüllt vom Duft eines sanft erleuchteten Rosengartens. An den Tischen hübsche Frauen in wundervoll dekolletierten Abendtoiletten, Herren in Abendanzügen und auf der Bühne die Bluebell Girls. Sie gefallen.

Gréco tritt auf. Ein Summen wie im Bienenkorb steigt von den blumengeschmückten Tischen auf. Was ist denn das für ein Phantom? Nach den langen nackten Beinen und den gefälligen Busen ihrer Vorgängerinnen hat sie weder im konkreten noch im übertragenen Sinne etwas in die Waagschale zu werfen... Feuerzeuge flammen auf, der Lärm wird stärker.

Gréco ist keine aufblasbare Puppe. Von der Brandung eingeengt, wird sie immer weniger, doch das Feuer in ihr lodert um so stärker. Man muß sich die Stille erobern. Das Schweigen der Männer erreicht sie, das einiger Frauen ebenfalls. Weniger. Sie gefällt den Frauen nicht an jenem Abend. Sie fühlen sich nicht in Sicherheit. Den Kampf mit der Schönheit kann man aufnehmen, gegen das Befremdende ist es schon schwieriger anzutreten. In den Köpfen so mancher Leute stellt Gréco eine Gefahr dar. Daß sie gefährlich sein kann, ist erwiesen. Nicht auf gemeine Art. Sie warnt stets. Aber das will man ihr nie glauben.

Im Libanon badet sie im Duft von Jasmin, dem Duft ihrer ersten Hochzeitsreise. Philippe Lemaire und Gréco bilden ein hübsches Paar. Sie werden empfangen, wie es den Libanesen eigen ist. Damit ist alles gesagt. Sie werden gefeiert. Man wird ihnen ein von dem Festival noch unberührtes Baalbek zeigen. Eine strenge Grenze überschreitend, kommen sie bis Damaskus und bummeln durch die märchenhaftesten Souks. Duftend, von Menschen wimmelnd, farbig und lärmend. Sie kaufen kostbare Stoffe und kehren um, leicht schwindelig, in den Ohren noch die Schreie der Händler. An dem Abend muß Gréco nicht singen. Sie gondeln durch die Straßen, Jasminketten um den Hals. Schweigend.

Ganz anders sollte Grécos zweite Hochzeitsreise verlaufen. 1968, mit Michel Piccoli. Mitten im Winter ging's in die UdSSR. Auch das ein spannendes Erlebnis.

Ihr Leben spielt sich ab zwischen Koffern und Flughäfen, Hotels und Autos. Kulissen und Bühnen. Sie macht weiter, ohne je müde zu werden. Immer auf der Suche nach der Begegnung. Sie weiß noch nicht, wie viele Jahre das so weitergehen und wie sehr sich ihre Empfindungsfähigkeit, ihre Unruhe und ihre Leidenschaft noch steigern wird. Sie weiß auch nicht, daß sie weiterhin Erschöpfungszustände ignorieren, aber Müdigkeit kennenlernen wird, ohne großes Aufheben davon zu machen.

## *Wiedersehen mit Amerika – Ein Händedruck und seine Folgen*

Vier Jahre nach ihrer ersten Ankunft im Waldorf Astoria bittet Pierre Philippe, der ihren ersten Auftritt in guter Erinnerung bewahrt hat, sie möge wiederkommen. Wahnsinnig vor Freude teilt sie es Patterson mit, und so schiffen sie sich mit Crocodile, dem Hund, auf einem Luxus-Ozeanriesen ein.

Jujube hat sich eine Garderobe machen lassen, die der Einladung würdig ist. Strahlend nimmt sie von ihrer Kabine Besitz. Während der ganzen Überfahrt wird sie liegen bleiben, Opfer einer unbezwingbaren Seekrankheit. Noch grüner und noch durchsichtiger als die Werbung vermuten ließ, wird sie drüben ankommen. Im Empire Room wird sie die Show teilen müssen mit den Garçons de Paris, einem Vokalensemble, das in den USA einen immensen Erfolg hat. Verdientermaßen. Auf Gréco, diese überraschende Französin ganz in Schwarz, deren langes Kleid nur Gesicht, Hände und Stimme freigibt, diese junge Frau, die das Risiko eingeht, sich so zu zeigen, mit dem glatten, bis zur Taille herabfallenden Haar, das Ganze wie aus einer Karikatur von Charles Addams entsprungen, reagiert die Kritik verdutzt, aber entzückt. Geradezu übermäßig singt sie ihr Lob und veranlaßt somit das Publikum, für die ganze Dauer des Vertrags den Saal zu füllen.

Auch die Fotografen von *Life* und *Time* feiern sie, und eine volle Seite in *Life* mit einem großen Artikel, wie auch ein winziges Foto und ein sehr guter Artikel im seriösen *Time Magazine* stimmen mit den Tageszeitungen darin überein, daß es für das amerikanische Publikum eine Entdeckung im französischen Chanson neuen Stils zu feiern gilt.

Für Gréco ein erhebendes Ereignis. Sie beginnt, ihr Bild in einer Zeitung zu »rechtfertigen«. Das Bild gewinnt an Leben, von Tag zu Tag mehr. Selbst jenseits des Ozeans.

Patterson teilt Grécos Glück in der Stadt, doch diesmal nicht auf der Bühne. Die Musikergewerkschaft untersagt ihm, das Klavier auch nur anzurühren. Verzweifelt, doch tapfer müht er sich, Grécos Gesangsdarbietung zumindest die von ihm geschaffene Klangfarbe zu erhalten. Sie suchen sich einen Akkordeonspieler, finden ihn auch und lassen ihn insgeheim mit ihr proben. Zum Glück ist er fabelhaft. Nick Perito. Er wird Gréco ein Viertel ihrer Gage kosten, aber die Ehre ist gerettet. Pat tröstet sich mit langen Spaziergängen durch New York, begleitet vom Hund Crocodile, der verdutztes Erstaunen auf seinem Weg hinterläßt. Er ist ein Prachtexemplar von einem winzigen italienischen Windhund, der mit der Architektur der Fifth Avenue merkwürdig kontrastiert. Ihn scheint das nicht zu stören, denn er hebt das Bein genau wie an den Baumstämmen des Boulevard Saint-Germain. Da es hier leider keine Bäume gibt, müssen die Betonmauern herhalten.

Jujube steht spät auf. Tagsüber geht sie allein aus, um die Stadt zu erkunden. Aber der Rhythmus, in dem sich alles hier bewegt, ist ihr zu schnell; jeder läuft mit langen Schritten, den Blick starr auf das pünktlich zu erreichende

Ziel gerichtet. Bei einigen scheint das Zifferblatt im Inneren der Gehirnschale zu sitzen und den Blick nach außen zu versperren, damit sie nur noch die sich drehenden Zeiger wahrnehmen. Unerbittlich. Eine Zeitlang haben sie so die Fähigkeit zur Kontaktaufnahme mit anderen durch Vermittlung der Netzhaut, des Auges verloren. Des von jedem Zwang freien Auges, dem Zwang der Tür, die sich vor einem schließt oder öffnet und die einzurennen oder zuzuknallen man gar nicht mehr willens ist, diese Zufluchtstür, hinter der man sich verschanzt. Wie jene.

Die Nacht ist schön wie eine Art erhabene Hölle, wenn aus den Gullys die Dämpfe aufsteigen. Jujube liebt diese Nächte, wo Gut und Böse, ohne einander anzusehen, Seite an Seite leben, wo das Gemeine und das Bewunderungswürdige dieselbe Luft atmen und wo man im Vorbeigehen den Tod streift, ohne sich vorzusehen.

Nachdem sie ihre Ohren durch sämtliche Jazzkeller geschleift hat, sollte sie im Bird Land ihre Freunde vom Modern Jazz Quartet und den heißgeliebten Miles Davis wiedertreffen. In jener Nacht sprachen sie unzählige Stunden über Paris und die anderen und gingen erst im Morgengrauen auseinander, doch nicht, ohne beschlossen zu haben, am nächsten Tag gemeinsam zu Abend zu essen. Gréco lädt sie ins Waldorf ein, und sie nehmen an, wenn auch mit einem leichten Zögern, das in Anbetracht einer so banalen Einladung eigentlich unangebracht scheint. Eine entzückte Jujube wirbelt durch die Hotelhalle und fegt mit den schwarzen Mousselineflügeln ihres Chanel-Kleides an einigen frischrasierten, Attaché-case-bewaffneten Herren vorbei, die selbst das kaum aufzuwecken vermag. Sie geht jetzt schlafen, traumlos und schnell.

Am nächsten Tag ist keine Vorstellung. Sie wacht spät auf und erwartet dann ihre Freunde. Pat, Crocodile auf dem Schoß, schlürft mit ihr einen Martini dry. Endlich kommen sie, allerdings in Begleitung von zwei Kindern. Jujube achtet nicht weiter darauf, sie freut sich und klingelt nach dem Oberkellner, der ihnen fast jeden Abend das Essen serviert. Er ist nett, und er mag den Hund Crocodile, den er verwöhnt und zärtlich streichelt. Es klopft zweimal leicht an der Tür, und er tritt ein, die Speisekarte in der Hand. Doch nach dem ersten Schritt hält er inne, mustert die Gäste, und man sieht deutlich, wie bei fortschreitender Prüfung sein Gesicht zusammenfällt wie Schlagsahne, die sauer geworden ist. Er schlägt die Augen nieder, nimmt die Bestellung auf und zieht sich zurück. Man könnte eine Fliege humpeln hören, so tief ist die Stille. Das Gespräch setzt sich wieder in Gang. Mühsam.

Eine Stunde vergeht, und die Kinder haben Hunger. Gréco nimmt den Telefonhörer ab, ruft den Etagenservice an und reklamiert. Eine halbe Stunde später taucht ein Kellner auf, der ein Tischchen vor sich herschiebt, auf dem Geschirr und Bestecke klirren und dröhnen, dann läßt er das Ganze mitten im Raum stehen und zieht ab, ohne sich umzudrehen. Die Männer schauen einander an, es ist ihnen sichtbar peinlich, und da sie nicht mehr wissen, was sie sagen sollen, sprechen sie mit den Kindern, die essen und fröhlich sind. Sie retten, was zu retten ist, und dann brechen die Gäste sehr hastig auf nach dieser merkwürdigen Mahlzeit. Ungenießbar. Pat und Jujube enthalten sich jeglichen Kommentars und kehren in ihre Zimmer zurück, ohne wie sonst noch ein wenig zusammen zu plaudern.

Gegen fünf Uhr früh läutet das Telefon. Doch es weckt Jujube nicht, weil sie nicht schlief. Miles Davis ist am Apparat: »Wenn du deinen Ruf und deine Karriere in Amerika nicht aufs Spiel setzen willst, besuch uns bei uns da-

heim, aber zeige dich niemals mehr mit uns. Tue, worum ich dich bitte, denn ich will nicht, daß man dich als ›Negerhure‹ abstempelt. Ich hab dich sehr gern, das weißt du, aber du mußt begreifen, daß du nicht in Paris bist, sondern in New York, USA.«
Gréco weinte vor Trauer und Wut. Sie weinte auch, weil sie ihnen so etwas angetan hatte und weil der Zwang ihr wehtat. Sie sah sie heimlich wieder. Ein einziges Mal. Sie versicherten sie ihrer Freundschaft, und Miles spielte für sie ganz allein und ließ sie vom eigenhändig zubereiteten Brathähnchen kosten in der beruhigenden Atmosphäre der für einige Stunden wiedergewonnenen Freiheit.

Abgesehen davon ist das Publikum, das allabendlich den Saal füllt, herzlich, wunderbar. Das hat es gemein mit dem englischen, dem japanischen und dem deutschen Publikum. Diese Leute haben Hochachtung vor geleisteter Arbeit. Sie ist schon fast am Ende ihrer Vertragszeit angelangt, als eines schönen Morgens Mel Ferrer anruft. Vor kurzem haben sie gemeinsam Jean Renoirs *Weiße Margeriten* gedreht und sind dicke Freunde geworden. Mel ist in Mexiko. Er hat die in den Zeitungen erschienenen Kritiken seinem Produzenten gezeigt, der für eine kleine, aber hochinteressante Rolle in *Zwischen Madrid und Paris* unter der Regie von Henry King eine Französin sucht. Mel beschwört sie, sagt, er werde sich um alles kümmern und sie werde diese Reise nicht bereuen, sie solle sich freimachen und so schnell wie möglich kommen... Mexiko! Jujube träumt schon.

Und Patterson? Während des ganzen Mittagessens sah sie ihn an und sagte nichts. Den ganzen Tag über dachte sie nach und beschloß dann, im Anschluß an die Vorstellung mit ihm zu reden.

Eine gräßliche Vorstellung, eine geschlossene – anläßlich der Jahresversammlung einer Haushaltsgerätefirma! Es ist der letzte Tag der Feierlichkeiten, und die Stimmung ist auf dem Höhepunkt. Die Frauen kippen um wie betrunkene Fliegen, wenn sie nur aufstehen wollen, und die Männer fallen über sie beim Versuch, sie hochzuziehen. Gréco wird ihre und die eigene Qual abkürzen. Ein Blitzprogramm. Ratlos geht sie in ihre Suite hinauf und streckt sich auf dem Sofa aus. Crocodile spürt, daß etwas nicht stimmt; er hüpft zu ihr hinauf und beweist ihr seine zärtliche Liebe, indem er seinen schmalen Kopf auf ihre Hand legt und sie hilflos fragend anstarrt. Jujube fragt sich, wo sie wohl ihr Berufsethos vergraben haben könnte. Sie schnappt sich ein Kissen, und genau darunter liegt es, zusammengerollt mit ihrem Mut.

»Pat, wollen Sie mit mir nach Mexiko kommen?« Pat neigt leicht den Kopf und blickt sie unendlich zärtlich an. Das ätherische Lächeln der Katze in *Alice im Wunderland!* »Ja.« Als wäre das doch sonnenklar! Sie werden also fahren, alle drei, glücklich, beisammen zu sein.

Tatsächlich hat Mel Ferrer alles geregelt. Von der Produktion ist ein Mariachi-Orchester geschickt worden, das Crocodile in Panik versetzt und die Ohren der Reisenden mit Wucht durchpustet. Limousine mit Klimaanlage und Blumen, doch vor allem die Landschaft, die bis zum Hotel Bamer vor ihren Augen dahinfliegt. Die Produktion hat fast den gesamten verfügbaren Raum mit Beschlag belegt. Bequeme Einrichtung, Obst und Tequila, ungewohnte Geschmackseindrücke. Man ersucht Jujube, sich für den nächsten Morgen neun Uhr bereitzuhalten. Ein Wagen wird sie abholen, um sie zum relativ weit von der Stadt entfernten Studio zu bringen.

Beklommenen Herzens schläft sie nur wenig. Der Chauffeur ist pünktlich zur Stelle, was in diesem Land schon fast eine Leistung darstellt. Mel Ferrer ist da, als sie ankommt. Er will sie persönlich seinem Produzenten vorstellen. Er nimmt sie bei der Hand, und sie betreten gemeinsam die aufgebaute Szenerie. Jujube sieht einen Mann von kleinem Wuchs, dem eine riesige Zigarre vorangeht, auf sich zukommen. Mel, sehr mondän, schreitet zur Vorstellung: »Darryl Zanuck, Gréco.« In Sekundenschnelle gräbt Jujube aus ihrem Gedächtnis die märchenhaften Geschichten aus, die Orson Welles über die nun vor ihr stehende Figur zum Besten gab. Er kommt ihr vor wie eine Filmenzyklopädie in Anzug und Krawatte. Sie drückt der ersten Seite die Hand.

Abgelenkt wird sie durch eine andere Erscheinung, die ihr den Rücken zukehrt und sich in den Hüften wiegt. Die Erscheinung dreht sich um, und von vorne wie auch von hinten ist es eindeutig Ava Gardner. Ein Mann neigt sich aus dem Fenster seines Wohnwagens; es ist Tyrone Power. Die Stimme, in der alle Kiesel der Newa sich überkugeln, ist die von Gregory Ratoff, der mit offenen Armen auf sie zukommt. Ein toller Alptraum, den sie da erlebt, doch bald schon schiebt sich die Wirklichkeit vor das Traumbild. Mel ergreift wieder ihre Hand und bringt sie zur Kostümbildnerin.

Dort endlich, angesichts des Hutes, den man ihr darbietet, Stil Paris, doch Version Hollywood, findet Gréco ihre Sinne wieder. Ihr Zorn ist zum Greifen nahe, ebenso wie eine Schere, die sie nun packt, um alles zu zerstören, was ihr überflüssig erscheint. Ein hübsches Häufchen Straußenfedern türmt sich auf dem Fußboden. Die Augen der Kostümbildnerin wollen gerade aus ihren Höhlen treten, als unaufgefordert Monsieur Zanuck die Arena betritt. Er registriert, taxiert und sagt: »Setzen Sie das bitte auf Ihren Kopf.« Jujube stülpt das, was übrigblieb, auf die rechte Seite ihres Schädels und fixiert ihr Bild im Spiegel. »Sehr hübsch«, knurrt Monsieur Zanuck. »*Yes, yes*«, stammelt honigsüß und bleich vor Zorn die Kostümbildnerin. »Vollendet«, sagt Mel, der kurz hereinschaut. »Wir fahren ins Hotel zurück.« Auf Wiedersehen, auf Wiedersehen.

Jujube findet Pat und Crocodile wieder, die soeben von einem Spaziergang durch die Stadt zurückkehren. Hinreißend für den kultivierten und sensiblen Mann, und ideal für den Hund, der in Bäume vernarrt ist. Pat amüsiert sich über Jujubes Schilderung, und schon läutet das Telefon. Zunächst ist es ihr Freund Nat Shapiro, der aus New York anruft, um sich zu erkundigen, wie alles läuft. Er selbst befaßt sich gerade mit einer jungen Debütantin, in die er größte Hoffnungen setzt, eine gewisse Barbra Streisand. In ein paar Tagen wird er nach Mexiko kommen, Gréco besuchen. Dann lädt Monsieur D. F. Zanuck persönlich Gréco zum Abendessen ein. Sie lehnt ab. Argwöhnisch. Der Tanz des Produzenten beginnt. Gregory Ratoff spielt mit slawischem Charme den Vermittler. Nichts wirkt. Acht Tage später, während eines Mittagessens mit Mel, seiner Frau Audrey Hepburn und D. F. Z., beginnt Jujube den Produzenten mit anderen Augen anzusehen. Sie findet ihn faszinierend. Sie ist hingerissen. Sie nimmt seine Einladung zum Abendessen an und lauscht wie geblendet der Geschichte des Films, so wie er sie erlebt hat und noch heute erlebt. Ihr Gefühl diesem Mann gegenüber ist diffus, verworren. Kaum ist sie wieder in Paris, klärt es sich. Sie weiß es nicht, aber sie ist verliebt in ihn.

Im Augenblick genießt sie einen köstlichen Flirt mit Tyrone Power. Er macht ihr den Hof und geht oft mit ihr aus. Er hat sie »Pearl« getauft.

Er rät ihr, sich vor D. F. Z. in acht zu nehmen, vor seiner Macht, vor der Korruption, die dieses Milieu der großen Hollywood-Studios beherrscht, vor der Gefahr, die das Geld darstellt. Jujube weiß, woran sie ist. Auch Mel mischt sich ein. Er fürchtet, sie könnte sich verändern, und sagt es ihr. Eine Koalition also gegen den älteren, reichen und mächtigen Mann. Jujube lächelt innerlich. Ihr ist das egal. Ihr gefällt er. Er hat schöne Hände und strahlende Lapislazuli-Augen. Sie läßt sich lieben und liebt ihr Bild im blauen Widerschein seines Blicks. Manchmal ist sie fast glücklich. Geborgen.

Eine gewisse Presse spottet höhnisch. Der größte Teil der Journalisten wartet ab, was aus dieser merkwürdigen Story wird. Das Paar Gréco-Zanuck erregt Mißfallen. Man setzt alles daran, sie auseinanderzubringen, indem man D. F. Z., seine Eifersucht und seine für Europäer unverständlichen amerikanischen Launen ins Lächerliche zieht.

Gréco drehte (ohne Zanuck) einen englischen Film mit Richard Todd und einem Krokodil, einem echten, das tot war und stank, einem *bush baby* und einem Kameramann, der sich für Erich von S. hielt, wenn er den bleiernen Himmel über dem Victoria-See mit einer monokelartigen Lupe inspizierte und dann, in Erwartung eines weniger harten Lichts, eine neuerliche Partie Cricket begann. Jujube gewöhnte sich an die englische Küche, die gar nicht so schlecht ist wie ihr Ruf, blieb aber immer wieder sprachlos vor den »gelierten« Nachspeisen in den unglaublichsten Farben. Sie beendete die Drehzeit in London und lernte die Engländer lieben. Sie sind locker, charmant, heroisch, wenn es sich gehört, präsent, wenn es nötig ist, doch niemals, wenn es unangebracht ist. Sie trinken mit der gleichen Überzeugung Tee und Gin und öffnen einem ihr Haus, wie wir es nie verstanden haben. Oder sollte Jujube es nur schlecht getroffen haben?

Denn es hat sie getroffen, als sie neunzehnjährig draußen auf den Stufen eines Pariser Krankenhauses stand, wo sie hilfesuchend eingetreten war. Sie war ziellos durch die Straßen geschlendert und hatte im Schaufenster einer Bäkkerei gesehen, daß sie ganz grün im Gesicht war. Sie war dem Tod nahe, fühlte sich aber nur erschöpft. Sie hatte eine Abtreibung hinter sich. Ein Freund hatte ihr eine Adresse gegeben von einem verwachsenen, buckeligen Engelmacher. Er hatte sie auf seinem Eßzimmertisch festgebunden, die Beine in einem Metallreif gefangen, ihr einen Ätherbausch in den Mund gestopft und dann operiert. Sie wachte in einem blutbesudelten Bett auf, aus dem sie sich fast eine Woche lang nicht erheben konnte. Der Mann begann ungeduldig zu werden und machte einen besorgten Eindruck. Er drängte Jujube, fortzugehen. Sie bat, telefonieren zu dürfen. Der Freund war nicht zu erreichen. Es gelang ihr schließlich, vorsichtig aufzustehen, nachdem sie mehrmals dieselben Bewegungen gemacht hatte, um ihren Körper daran zu gewöhnen, senkrecht zu stehen, ohne zu schwanken. Sie schaffte es auch, die Arme zu heben, um in den Pullover zu schlüpfen, und sie zu senken, um in die Hosenbeine zu steigen, ohne daß ihr dabei schlecht wurde. Der Freund, der sich schon wunderte, keine Nachricht von ihr zu haben, traf genau im richtigen Moment ein, um sie in Empfang zu nehmen und ihr die Treppe hinunterzuhelfen. Er setzte sie mit einem Taxi in der Nähe ihres Hotels ab, doch sobald er weg war, drängte es Jujube schon wieder auf die Straße. Und da war es, daß sie niemanden traf.

Wie durch ein Wunder fand sie zu ihrem Hotel zurück, als sie sich mit großer Mühe wieder von den Stufen erheben konnte, auf denen sie das Bewußtsein verloren hatte, nachdem sie aus dem Hof des Krankenhauses herausgewankt war, ohne daß ihr jemand Hilfe geleistet oder sie auch nur mit dem Almosen eines Blicks beschenkt hätte. Ihr Freund, der kurz vorbeischaute, um sie zu trösten und zu umarmen und ihr ein Kuchenpaket zu bringen, erkannte, wie ernst es um sie stand. Er nahm sich ihrer an und brachte sie in einer Klinik bei einem befreundeten Chirurgen unter. Der Chirurg verlangte kein Honorar, sondern rettete ihr das Leben. Es gelang ihm auch, sie zu trösten, daß nun unnötig Milch ihre Brüste blähte, und er erweckte in ihr sogar den Wunsch nach einem Kind, das ganz allein ihr gehören würde. Das war ein anständiger, hochanständiger Mensch. Er starb an einem Krebsleiden, und Jujube hat – zwar ohne Blumen – um ihn geweint. Er verdient es, daß man sich seiner erinnert.

Jujube mag jetzt die Buckligen. Als sie bei der Geburt ihres Kindes die Augen aufschlug, nachdem Professor S. einen Kaiserschnitt gemacht und ihr Kind aus ihrem Bauch herausgehoben hatte wie eine reife Melone, sah sie, daß sie von Vene zu Vene mit einem Mann verbunden war, der ihr sein Blut spendete und bucklig und von kleinem Wuchs war. Das war nicht der falsche Engelmacher, sondern der richtige. Wir sind alle dazu da, einem anderen beizustehen, wenn wir die Mittel dazu haben, und wenn wir sie nicht haben, müssen wir sie auftreiben. Das ist das Minimum an Höflichkeit, die wir schulden. Die elementarste Form von Anstand. Jujube klettert so manches Mal in die Blutspendewagen. Erstaunt blickt man Gréco an. Dabei hat sie eine sehr alltägliche Blutgruppe.

Wer sich nur als Zuschauer verhält, erzeugt Spaltung. Das sind die gleichen Menschen, die an einem ohnmächtigen Mädchen vorbeigehen und es nicht aufheben. Sie fürchten sich vor den Folgen: »Wenn es jemals...« Deswegen stellen sie sich blind und taub. Diese Angst vor dem persönlichen Einsatz, vor dem Polizisten, vor der Eigeninitiative, die der Blick auf einen anderen Menschen beinhaltet...

Was sich die deutschen Bauern wohl gedacht haben, als sie die Deportierten in endlosen Kolonnen vorbeimarschieren sahen, zitternd unter ihren dünnen, gestreiften Uniformen, die nackten Füße in Holzpantinen, sich dahinschleppend wie Tiere, die bald verenden? Was dachten sie unter ihren Pelzmützen, ihr Gewissen warm verpackt, wenn sie sahen, wie die anderen auf den eisigen Straßen ausrutschten und hinfielen?

Jujube fürchtet sich auch, aber vor der Antwort. Auch sie sagt sich laut: »Und wenn jemals...« Nein, nein, niemals mehr. Sie möchte heulen wie ein Hund, schauerlich.

# *Dreharbeiten in Afrika – Begegnungen mit der Hollywood-Elite – Die Tarantel in der Puderdose*

D. F. Z. liebt Gréco. Ist Gréco fähig, ihn zu lieben? Sie glaubt es. Sie sollte die einzige bleiben, die das glaubt. In seinen zärtlichen Gesten entdeckt sie eine gewisse Ähnlichkeit mit ihrem Großvater. Da haben wir's!

Sie, die sich seit eh und je die volle Verantwortung für sich selbst und andere aufgehalst hat, fühlt sich nun von sich befreit, fühlt sich leicht und kann es sich fast leisten, nur an sich selbst zu denken, sofern sie das wünscht. Aber sie wünscht es nicht. Sie sieht nach wie vor ihre Freunde, lacht mit ihnen, und D. F. Z. wird zunehmend mißtrauischer, geradezu düster. Er läßt Filme drehen, die sie so weit wie möglich von Paris und von Frankreich entfernen. *Das große Wagnis* mit Stephen Boyd. Kitschiges Mammut-Machwerk. In Afrika gedreht. *Die schwarze Lorelei*. Kitschiges Mammut-Machwerk mit O. W. Fischer. Ein schreckliches Individuum, das sich den Haß und die Verachtung von fast allen Beteiligten zuziehen sollte. Jeden Morgen dreistündige Schminkprozedur, Haar um Haar zur Ordnung gerufen. In diesem Zusammenhang entstand ein Schauermärchen über einen Racheakt, das als Treppenwitz das Pinewood-Studio bei London, wo der

Film abgedreht wurde, in einen merkwürdigen Geruch brachte.

Gréco und O. W. Fischer waren sich aus mancherlei Gründen spinnefeind, wovon der harmloseste der war, daß Gréco ihm mit der ihr eigenen Heftigkeit Dinge ins Gesicht geschleudert hatte, die man eigentlich nicht sagt und noch weniger gern hört. Folglich hatte sich jeder von ihnen entschieden geweigert, mit dem anderen die letzte Szene zu drehen, wo sie sich einen langen, liebestrunkenen, allerletzten Abschiedskuß zu geben hatten. Man löste das Problem, indem man zu unterschiedlichen Zeiten und an verschiedenen Tagen eine Rückenansicht ihrer jeweiligen Doubles aufnahm: Star von vorne, Double von hinten, Körper gegen Körper. Was O. W. Fischer aber nicht wußte, war, daß eine boshafte Person die toten Härchen, die ihm allmorgendlich als Schnurrbartersatz unter die Nase geklebt wurden, angeblich durch andere, dem Satansweib an geheimster Stelle frisch abgeschnittene ersetzt hatte. Niemand hat je erfahren, was sich wirklich zugetragen hat. Doch alle hofften, daß es stimmte.

Während der Dreharbeiten hatte Gréco in William Sylvester einen großartigen und hinreißenden Schauspieler kennengelernt. Gemeinsam entdeckten sie das Städtchen Boppard an den Ufern des Rheins und den Felsen der blonden, der echten falschen Lorelei. Eindrucksvoll im Morgendunst, romantisch, wenn man an Bord eines schweren Schleppkahns daran vorbeischippert. Gréco amüsierte sich königlich, wohl zu sehr, denn plötzlich tauchte ohne Vorwarnung D. F. Z. auf, von irgendeiner wohlmeinenden Seele alarmiert. Ihm sträubte sich der Schnurrbart. Er blieb bis zum Abschluß der Dreharbeiten.

Nach London zurückgekehrt, sah Jujube William Sylvester wieder. Sie hatte noch nie Käfige gemocht, und schon gar nicht solche aus massivem Gold. Sie führte ein höchst abwechslungsreiches Leben in der schönen Stadt London, ohne sich um das Getuschel der Leute zu scheren. Darryl litt und forderte eines Tages eine Erklärung für dieses grausame Verhalten. Sie antwortete, man habe noch nie einen Tiger am Schwanz festhalten können, und schon allein der Versuch bedeute Gefahr. D. F. Z. wußte es und schwieg. Da er aber Grécos eindeutigen Überdruß und die alarmierenden Begleiterscheinungen richtig erkannte, entschied er kurzentschlossen, den nächsten Film in Paris zu drehen. Vorlage war ein französisches Buch, *Drama im Spiegel,* von Marcel Haedrich, einem mit Jujube (nicht zufällig) befreundeten Autor. Damit ging D. F. Z. kein großes Risiko ein, denn die Story war sehr schön und wundervoll geschrieben. Orson Welles, Bradford Dillmann und Gréco hatten unter der Regie von Richard Fleisher je eine Doppelrolle zu spielen. Für die Musik schlug Gréco ihren Freund Maurice Jarre vor, der damals mit Jean Vilar am Théâtre National Populaire arbeitete. Eingebettet in diese schöne und überaus herzliche Arbeitsatmosphäre, kam Jujube langsam zur Ruhe. D. F. Z. ganz und gar nicht. Jedesmal, wenn Bradford drehbuchgetreu Gréco in die Arme schloß, litt er Höllenqualen. Sie absolut nicht.

Orson Welles war satanisch, aber wunderbar, und blieb seinem Ruf, überall Panik zu verbreiten, treu. War er mit seinen Teufeleien fertig, kam er in Grécos Garderobe und führte ihr allein so manches Zauberkunststück vor. Genial. Und wenn er erst Hollywood-Histörchen zum besten gab, mußte Gréco Tränen lachen. Darryl fühlte sich von diesem Gelächter und diesen Narreteien ausgeschlossen. Sobald die häufigen und verhängnisvollen Liebesszenen zu drehen waren, paffte er zunehmend hastiger seine Zigarre, weil er sich hinter dem dicken Rauch vor unangenehmen Blicken in Sicherheit wähnte. Er war unglücklich, wenn er sich auch sein Unglück selber schmiedete, und trotz seiner kindischen Bemühungen entging es niemandem. Manchmal war er erschütternd. In diesen Augenblicken liebte Jujube ihn bedingungslos. Es schlug wie ein Blitz ein, war aber nicht von Dauer. Er erträumte sich Jujube, lebte aber mit Gréco. Abgesehen von seiner absolut aufrichtigen Liebe zu Gréco, liebte D. F. Z. Frankreich. Weil ihm die französische Literatur als solche gefiel und er speziell dieses Buch und dessen Geschichte liebte, erwarb er *Les racines du ciel* von Romain Gary. Wie jeder weiß, spielt die Story in Afrika. »Schon wieder!« dachte Gréco. »Welch merkwürdiger Zufall...« Doch diesmal sah sie sich vor. Sie ließ ihre Freunde Marc Doelnitz, Anne-Marie, deren Mann Philippe Héduy und noch viele andere engagieren oder einladen, womit Darryl sich widerspruchslos einverstanden erklärte.

Gréco wollte die Rolle der Minna in den *Wurzeln des Himmels* nicht haben, da zwischen ihr und dieser Figur keinerlei Gemeinsamkeit bestand. Sie erzählte D. F. Z. von ihren Skrupeln und bat, Romain Gary vor Vertragsabschluß noch persönlich sprechen zu dürfen.

Zanuck führte eine Begegnung zwischen dem Autor und der vorgesehenen Interpretin herbei, wobei Romain Gary Gréco versicherte, er sei begeistert, daß gerade sie für diese Rolle im Film ausersehen sei. Sie glaubte ihm. Später gab er vor, er habe dies nur gesagt, weil Zanuck so jämmerlich ausgesehen habe. Die Rolle war nicht sonderlich bedeutsam innerhalb des Handlungsablaufs der Geschichte und schon gar nicht ausschlaggebend für Grécos noch junge Filmkarriere. Außerdem konnte man Zanuck nachsagen, was man wollte, doch jämmerlich war er wirklich nicht. Jämmerlich war viel eher, daß Romain

Gary offenbar keinerlei Skrupel empfand, sein Werk zu verkaufen und von einem ebenfalls »jämmerlichen« Regisseur namens John Huston in Szene setzen und von so »jämmerlichen« Darstellern wie Errol Flynn, Trevor Howard und anderen Orson Welles spielen zu lassen... Die Adelsliste wäre zu lang, und man kann sich nur mit Fug und Recht fragen, was einen Mann wie Romain Gary veranlaßt haben könnte, derartige Erklärungen abzugeben.

Das volle Aufgebot der Produktion nahm also das Flugzeug, um in Fort-Lamy Fuß zu fassen. Während der Reise wird die Constellation von Wärmestaus gerüttelt und geschüttelt, was die Reisenden in Besorgnis versetzt. Jujube schläft. Anne-Marie ist bleich. Die Sonne ist gerade erst aufgegangen, und dennoch ist es schon recht heiß. Die Landschaft stimmt trübsinnig. Die Bäume sind ganz verrenkt, da sie sich seit ewigen Zeiten vor der Sonne zu verstecken und Wasser zu finden suchen. Flehentlich recken sie ihre hageren Äste. Stacheliges Buschwerk und das englische Skriptgirl Maggy Shipway überbieten sich auf der als Landebahn fungierenden Piste nach Aufsetzen der Maschine in Willkommensbezeugungen. Flugzeugwechsel.

Angesichts des aufgedunsenen und schlaffen Äußeren der Maschine rümpft Anne-Marie ihr Näschen, steigt aber dennoch ein. Sie verrenkt sich den Kopf, um zu sehen, was sich unter ihr tut, und findet es schließlich sogar belustigend. Es ist nämlich gar nichts zu sehen. Die Passagiere hingegen tragen, als sie aussteigen, ganz gewaltig zur Belustigung der Eingeborenen bei, die ihnen einen fröhlichen Empfang bereiten.

D. F. Z., in Buschkleidung, ist sichtlich erleichtert, die beiden gesund und munter wiederzusehen. Seit Stunden verzehrte er sich – wie seine Zigarre. Das Flugzeug hatte Verspätung. Und er war viel zu früh gekommen.

Aufbruch zum Lager. Das ist das richtige Wort. Es ist tatsächlich ein ehemaliges Militärlager, in dessen Mitte ein von der Armee schon längst aufgegebenes langgestrecktes, niedriges und rechteckiges Gebäude liegt. Hier quartiert sich der Generalstab ein, ferner Gréco, Trevor Howard, Patrick Leigh Fermor, der Dialogschreiber, John Huston, der geniale Regisseur, Großwild- und Vogeljäger, dazu eine Termitenkolonie, die hoffnungsfroh die Betonmauern emporklettert. Sie scheinen schnell vorwärtszukommen und keine Hindernisse zu kennen, die sie nicht blindlings und hartnäckig bewältigen könnten. Sie erinnern an Soldaten am Tag der großen Militärparade: Kolonnen zu je fünfzehn oder zwanzig »Mann«, weißlich und wimmelnd.

In Grécos Zimmer sitzen sie bereits an der Decke. Sie hat ein »ungenießbares« Eisenbett, überdacht von einem weißen Mousseline-Netz, das sie gegen fliegende Insekten schützen soll. Und ihrer sind Legion.

In der ersten Nacht macht sie Bekanntschaft mit einer Hyäne, die in der Nähe des Abfallhaufens hinter dem Lager nach Aas sucht, im Alleingang. Vögel heulen wie in Gruselfilmen, und Jujube hält die Augen offen, aus Furcht und aus Neugierde. Die anderen schlafen in etwa fünfzig Meter Entfernung in Strohhütten. Als sie ihre Morgentoilette machen will, entdeckt Jujube, daß man sich hier in Mineralwasser wäscht und es nicht einmal warm zu machen braucht. Kaltes ist schwer aufzutreiben.

Erste Kontakte mit der gesamten Mannschaft ergeben sich beim Mittagessen an einem riesigen Tisch unter einer Zeltplane. Der Küchenchef stammt aus dem Südwesten Frankreichs und ißt leidenschaftlich gern Cassoulet sowie Ragouts – auch bei vierzig Grad im Schatten. Noch scherzen alle. Mattigkeit hat sich noch nicht breitgemacht.

Gréco wird am nächsten Morgen mit den Dreharbeiten beginnen.

Maggy, das englische Skriptgirl, weckt sie, auf Fußspitzen heranpirschend, gegen fünf Uhr früh, noch vor Tagesanbruch. Jujube überläßt sich den Händen des Maskenbildners, des Friseurs: Bouban, Vater und Sohn, und um sechs Uhr schreitet sie mit Lockenwicklern im Haar durch das Lager, um mit ihren Freunden zu frühstücken. Der Tag beginnt und endet, ohne daß man vorher wüßte, wann und wo. Der Arbeitsplan wird nie eingehalten. Huston setzt sich oft ab, so oft wie möglich. Der rückwärtige Teil seines Landrover birgt ein echtes Arsenal. Peter Viertel hat über Huston ein Büchlein geschrieben, *Der weiße Jäger*. Und trotzdem hat man gerade ihm die Regie der *Wurzeln des Himmels* übertragen. Eine komische Situation, wenn man bedenkt, daß ausgerechnet ein passionierter Jäger die Geschichte eines Mannes ins Bild setzen soll, der für den Schutz der Tierarten, gegen die Ausrottung der afrikanischen Fauna und speziell gegen die der Elefanten kämpft... Es sind nur mehr so wenige dieser armen und prachtvollen, von reichen und mondänen Mördern gejagten Tiere übrig, daß eine dritte Mannschaft ausgesandt werden muß, sie ausfindig zu machen, ziemlich weit vom Drehort entfernt. Sie werden mit ihrem Gewicht das Budget schwer belasten, doch das ist nur gerecht.

Huston meistert auch diese Situation mit der für ihn charakteristischen Eleganz. Geschmeidig ist er und langbeinig, charmant und kokett bis zum Exzeß. Außerdem überragend intelligent. Jujube ist sicher, daß es ihm gelingen würde, einen Küchenhocker zu becircen, sofern es nötig sein sollte, erst ihn zu becircen, um den oder die auf ihm Sitzende zu becircen. Gréco und er sollten gut miteinander auskommen, denn John Hustons Humor rettete so manche schwierige Situation mit D. F. Z. Huston erreichte es sogar, daß D. F. Z. ihm eine Zigarre anbot. Eine im Lager bisher unerreichte Leistung. D. F. Z.'s Zigarren tragen nämlich einen Ring mit seinen Initialen, eigens für ihn in Kuba gefertigt, wo er Anteile an den renommiertesten Plantagen besitzt. Er ist sehr stolz auf seine Zigarren, die er in der Brusttasche seines Hemdes fein säuberlich aufgereiht trägt wie andere ihre Orden.

Die beiden Männer respektieren einander aus höchst unterschiedlichen Beweggründen und überwachen sich gegenseitig aus den Augenwinkeln, wie es zwei Prachtweiber tun würden. Beide sind ständig in Abwehrstellung, stets bereit, für ihr eigenes Prestige in die Arena zu steigen. Aber Huston hat einen Trumpf mehr: seine Grazie – und das weiß er sehr wohl.

Auf einen dritten Spitzbuben wird mit Ungeduld gewartet: Errol Flynn! Stabsarzt Forsythe im Film. Morgen wird er hier sein. Er hat ein riesiges Paket aus dem Hause Fortnum and Mason, London, vorausgeschickt. Jeder grübelt, was sich wohl darin verbirgt. Wir sollten es erst in der nächsten Etappe erfahren: Maroua, Kamerun. Wo eines Tages in der Affenhitze Rebhühner, Auerhähne und andere Hühnervögel ihre Weißblechsärge sprengten, als posthumes Zeichen ihrer Mißbilligung, und raketengleich in den afrikanischen Himmel aufflogen, um kurz darauf in den Sand abzustürzen, in ihr letztes und entwürdigendes Inferno.

Als Entschädigung hielten mit Errols Ankunft Scotch und Wodka Einzug ins Lager, gleich beim ersten gemeinsamen Frühstück. Auf ganz hinterhältige Weise. Gréco wunderte sich, daß er vor dem Kaffee andächtig ein großes Glas Grapefruitsaft bis zur Neige leerte. Sie sagte es ihm, und er brach in helles Lachen aus. Er hielt ihr das Glas hin und ließ sie das Gebräu kosten. Ein Viertel Fruchtsaft und drei Viertel Wodka. Stark, aber köstlich. Errol war ein schrecklicher Kindskopf, der nie auch nur eine Sekunde lang über die Tragweite seiner Handlungen nachdachte. So beschloß er manchmal kurzerhand, ohne Rücksicht auf Verluste, heute nicht zu drehen. Er streckte sich auf dem Bett aus und verlangte nach dem Arzt. In der Zwischenzeit schraubte er gewissenhaft einen seiner Vorderzähne aus und mimte heftige Schmerzen. Der ortsansässige Arzt erfüllte eine Doppelfunktion. Als Dentist hatte er sich eine ungewöhnliche Kraft in der rechten Wade erworben, denn sein Bohrer wurde wie eine Nähmaschine mit einem Pedal angetrieben. Um den durch seine Behandlung hervorgerufenen Schmerz zu mildern, verfügte er über eine beachtliche Reserve an Medikamenten. Errol war das zu Ohren gekommen. Der Trick mit dem Zahn klappte dreimal, ließ ihn aber beim viertenmal im Stich. Und da mußte er dann wirklich unter den Bohrer dieser grausamen Maschine, was er jedoch stoisch über sich ergehen ließ, im Bewußtsein, sich einen neuen Trick einfallen lassen zu müssen.

Gréco entdeckte eines Abends, als sie nach dem Essen vor seiner Hütte mit ihm plauderte, daß er ein echter Gentleman war, dessen intelligente und drollige Einfälle sie entzückten. Er mochte Zanuck nicht und sorgte sich um Gréco. Doch jeder, der aus Hollywood kam und Zanuck kannte, warnte sie vor den Gefahren, denen sie sich aussetzte... Dabei fühlte sie sich geborgen – und frei, wenn sie so entschied.

Errol war großzügig den andern gegenüber, Zanuck ausgenommen. Er war leidend, klagte aber nie. Bis zu seinem Tode hat er über alles, auch über sich selbst, gelacht. Während des Lagerlebens zog er sich häufig mit Trevor Howard zurück, um die geheimnisvolle und schmerzliche

Sprache jener zu sprechen, die sich verlieren, indem sie auf dem Grunde eines leeren, eines geleerten Glases nach ihrer eigenen Identität suchen. Darin hat er vermutlich das Antlitz seines Todes erblickt.

Zu Patrick Leigh Fermor, einem Schriftsteller von großem Talent mit unwiderstehlichem Akzent, empfindet Jujube echte Zuneigung. Die Wörter überkugeln sich am Ausgang seines Mundes, denn es drängt ihn, sie darzubieten, sie wie Blumen einer Angebeteten zu Füßen zu werfen. Er redet leidenschaftlich gern und hat auch überaus viel zu sagen, und das in gut zehn Sprachen. Es ist berauschend, ihm zuzuhören, denn er kennt alles, was schön ist, und scheint den Rest überhaupt nicht wahrzunehmen. Bewundernswert nuanciert und umfassend ist daher seine Bildung. Griechenland, das er, obwohl reinrassiger Engländer, als seine zweite Heimat ansieht, gilt seine Liebe. Aber er ist auch ein Mann der Tat, der sich als Fallschirmjäger im letzten Krieg durch die Entführung des Kommandierenden Generals der deutschen Truppen in Kreta auszeichnete. Bei der Erinnerung an die Wechselfälle seines Lebens bricht er in (wen wundert's?) homerisches Gelächter aus, sein einziger Kommentar zu den Absonderlichkeiten seines Daseins. Gréco verweilt abends zu lange bei ihm, läßt sich bis tief in die Nacht durch Zuhören verzaubern, während D.F.Z. dort, wo er seine Schlafstätte hat, auf- und abläuft und wartet, bis die Verräterin endlich in ihrer Behausung eintrifft. Am nächsten Morgen schleudern D.F.Z.s Augen dann schwarz funkelnde Blitze.

Jujubes Gehirn braucht Vitaminstöße, und die holt sie sich, wo sie sie findet. Auf sie wirken sie belebend, doch aushöhlend sind sie für den, der keinen Anteil daran hat. Gréco streunt nachts herum und lacht und trinkt mit ihren Freunden.

Claude Azoulay, Fotograf bei *Paris-Match,* trifft ein. Um aus dem Lagerleben auszubrechen, ist ihm jeder Vorwand willkommen, dient er doch dazu, eine möglichst umfassende Reportage zu erstellen. Azoulay ist nicht nur ein sehr begabter Fotograf, sondern auch ein Freund, ein stets zum Lachen aufgelegter, geistreicher und charmanter Mann. Niemand würde seine Abreise begrüßen. Außerdem fehlt es hier nicht an zu fotografierenden Motiven: Coco Aslan, der alles, was um ihn herum vorgeht, einfach nicht fassen kann; Olivier Hussenot, der in rotem Lendenschurz und Strohhut unter einem Sonnenschirmchen gleicher Farbe herumläuft; Graf Friedrich Ledeburg, ein aus den österreichischen Bergen herabgestiegener Riese, der sich – was er wirklich ist – als Insektenforscher betätigt und Morel-Trevor Howard in seinem Kampf zur Verteidigung der Elefanten unterstützt; Paul Lukas, ein nie zufriedenes und unablässig Beleidigungen brummelndes Ekel; Hettier de Boislambert, technischer Berater bei den Filmarbeiten, Held des Widerstandes und des Zweiten Weltkrieges, im Rang eines Obersten und Militärgouverneurs im Rheinland, der die Afrikaner liebt und in einer Sprache zu ihnen spricht, die sie zu verstehen scheinen, und der ausnahmslos ein so hohes Maß an Anstand und erlesener Höflichkeit bezeugt, daß alle, auch die Weißen, ihn verehren und lieben. Maurice de Cannonge, der Regisseur, der sich um der hehren Sache willen zum Schauspieler gemausert hat, weil er diese Karriere weiterverfolgen will, ist fünfundsechzig Jahre alt. Ein reizender Mann, der davon träumt, dem ganzen Berufsstand zu beweisen, daß er in der Lage ist, einen Film zu machen, der aufs Festival von Cannes kommen wird. Den Dollarmillionen, die hier täglich aus dem Fenster geschmissen werden, blickt er mit melancholischen Augen nach, zu Recht sinnierend, was man mit dem für unnützes Zeug ausgegebenen Geld alles hätte machen können. Und nicht zu vergessen ist Marc Doelnitz, der wie ein bunter Schmetterling, heiter und belustigt, über all dem Wirrwarr herumflattert, sowie all die anderen, die wirklich Verantwortlichen: John Huston und seine höchst eigenwillige Art, den Schauspielern Anweisungen zu erteilen, indem er um die Bühne herumtänzelt, graziös seine langen, geschmeidigen Glieder bewegend, sich zu D.F.Z. herunterneigt, um die Ansicht seines in Rauchschwaden gehüllten Produzenten einzuholen, und ebenso spielerisch tänzelnd zu den fasziniert dreinschauenden Schauspielern zurückkehrt. Trevor Howard, Errol Flynn, Eddie Albert... Armer Eddie Albert! Dieser berühmte amerikanische Schauspieler stirbt vor Angst, dem afrikanischen Kontinent die Stirn bieten zu müssen. Er ist ein besessener Amateurfotograf und hat eine Ausrüstung dabei, die so perfektioniert und vollständig ist, daß die Spezialisten vor Neid erblassen. Er träumt davon, den Sonnenaufgang zu fotografieren, was an sich ja ein harmloses Unterfangen zu sein scheint, doch daß es ihm nach achttägiger Anwesenheit noch nicht gelungen ist, Phöbus in dem Augenblick zu überraschen, da dieser seinem Bett entsteigt, beginnt allen ernsthaft Sorge zu bereiten. Ein mit Medikamenten vollgestopfter und in seiner Strohhütte abgestellter Koffer liefert die Erklärung: die Medikamente scheinen eine absonderliche Wirkung zu zeitigen. Um so absonderlicher, als Eddie Albert eine neue Schlafmethode entwickelt hat: Oberkörper, Kopf voran, außerhalb der Hütte, und auf dem Kopf, als Nachtmütze, seine Unterhose. Dennoch verpaßt er systematisch den flüchtigen Augenblick, da seine Kunst sich hätte entfalten können. Um sich darüber hinwegzutrösten, beschließt er, nach Ablauf seines Vertrags den Fluß hinauf- oder herunterzuschippern, mit dem Ziel, »Doktor S« ausfindig zu machen. »Bitte, wieviel Uhr ist es?« Er sollte nichts und niemanden finden, sich dennoch nicht verirren, aber mächtig rudern müssen. Seitdem hat er seine Kaltblütigkeit zurückgewonnen.

Philippe Héduy ist Anne-Marie nachgereist, die ihm nun entzückt das Lager zeigt, dessen Straßen die unwahrscheinlichsten Namen tragen: Via Veneto, Sunset Boulevard, Rue La Boétie, u. a. Er lächelt.

Am gleichen Abend ist der Generalstab beim Distriktsgewaltigen zum Essen eingeladen. Huston ist von seltener Eleganz, von Kopf bis Fuß in makellosem Weiß, und Derryl, in cremefarbenem Seidenanzug mit farblich abgestimmtem Hemd und Krawatte, schaut auch nicht übel aus. Jujube langweilt sich mächtig und führt große und tatsächliche Müdigkeit ins Feld, um den Abend abzukürzen. Darryl begleitet sie zum Lager zurück. So kommt sie wenigstens einmal früh ins Bett. Sie hat versprochen, am nächsten Tag wiederzukommen, um die Giraffen und Tiger und den pfiffigen Papagei zu sehen. Sie ging auch wirklich wieder hin, und diesmal machte es ihr Freude. Das Gespräch nahm eine ganz andere Wendung, und sie erfuhr den Lokaltratsch, der nicht ohne war und eine gewisse Besorgnis verriet. Der Schwarze Kontinent ist erwacht und beginnt, das ist unübersehbar, zu brodeln. In Sicherheit wähnen sie sich nicht mehr, die kleinen weißen Herren, aber sie wollen die Hoffnung nicht aufgeben, nicht glauben, daß das Ende ihrer Herrschaft naht. Sie werden lernen müssen, fortzugehen, den Platz zu räumen. Das wird sehr schwer sein.

Nach ihrem Besuch im Miniaturzoo begibt Gréco sich in eine von einem Franzosen geführte Bar, wo Philippe Héduy und Anne-Marie in Gesellschaft von Marc und

Claude Azoulay auf sie warten. Eine kecke Manguste kriecht zwischen den Tischen umher und will spielen. Jujube streichelt sie ausgiebig, und das Tier läßt es mit Wohlbehagen geschehen. Der Besitzer macht Gréco dieses Tier namens Kiki zum Geschenk, und Jujube ist glücklich. Das Tier übersiedelt ins Lager, wo es eine Reihe denkwürdiger Dummheiten machen sollte. Kiki hat die unangenehme Eigenschaft, jeden Gegenstand als etwas anzusehen, das man zerbrechen muß, weil ja ein Ei darinnen sein könnte, und alles, was sich nicht zerbrechen läßt, in seine Bestandteile zu zerlegen und Stück für Stück in Augenschein zu nehmen. Eines Abends in Maroua fand man sie in D.F.Z.s Strohhütte, wo sie bereits den Wäscheschrank und zwei Kisten jener prächtigen, mit den Initialen des Besitzers beringten Zigarren, die seine ganze Freude sind, zertrümmert und zerfetzt hatte. Der Besitzer wurde fast krank vor Wut. Seine Zigarren! Heißbegehrt von der gesamten Lagermännerwelt, seine kostbaren, langen Zigarren, Stütze seines Alters, einfach zernagt von diesem gewissenlos-vergnügten Biest!

Kiki, überrascht vom Zorn Darryls, der ihr doch sonst so manches nachsieht, macht sich auf allen vieren aus dem Staub und flüchtet sich auf Jujubes Kopfkissen, wo sie ihre Nächte zu verbringen pflegt. Doch als Darryl sie eines Morgens dabei ertappte, wie sie gerade – als seien es Spaghetti – die Überbleibsel einer Schlange verspeiste, wurde sie wieder in Gnaden aufgenommen. Kikis Mut und Appetit verdienten Darryls Absolution.

Aber noch ein anderes Tier sollte die Ruhe der Filmgewaltigen beeinträchtigen: ein drei Monate alter Panther, den man Gréco gebracht hatte, weil man wußte, daß ihr so etwas Freude macht. Aber nur ihr sollte er Freude bereiten. Man ist allgemein entsetzt, wenn Jujube auftaucht, den Panther wie einen Flanellgürtel um die Taille geschlungen, die Pfoten von ihren beiden Händen gestützt und unter ihren Armen festgeklemmt. Jujube ist selig und läßt das Pantherbaby unter ihrem Bett schlafen. Nachts neigt sie sich manchmal über die Bettkante, die phosphoreszierenden Augen des kleinen Raubtiers suchend.

Claude Hettier de Boislambert, der sich mit Wildtieren auskennt, hegt düstere Befürchtungen. Es wird bestimmt ein Unglück geschehen, sagt er sich und den anderen, die ohnehin schon in heller Aufregung sind. Er richtet es so ein, daß er, während Gréco zu Außenaufnahmen unterwegs ist, das Tier entführt. Als sie spätabends heimkommt, geht sie als erstes in ihr Zimmer, um nach dem Wohlergehen des Pantherbabys zu schauen. Verschwunden! In wilder Hast startet sie eine Suchaktion. Nichts. Undurchdringliche Gesichter. Gréco auf dem Kriegspfad! Darryl verschanzt sich in Hustons Zimmer und tut so, als arbeite er. Doch Jujube spürt, daß eines seiner Ohren ihren Schritten lauscht und ihre Suchaktion verfolgt. Eisiger Zorn packt sie. Sie bittet Maggy, das Skriptgirl, Darryl auszurichten, sie erwarte ihn in ihrem Zimmer.

Jujube weiß, daß sie verloren hat. D.F.Z. kommt erst spät in der Nacht, sich in den Mauerschatten duckend. Jujube erwartet ihn, hört ihn. Die Türen schließen nicht. Der Mond erhellt das Betongeviert. Jujube läßt sich auf den Boden gleiten, wie sie es als Kind tat, und schleicht lautlos in das Zimmer des Feindes. Dieser fährt hoch, die Maske ist verrutscht, nimmt die Wachskügelchen aus den Ohren und macht Licht. Da stürzt sie sich auf ihn und prügelt auf ihn ein, grausam, stumm, überallhin prasseln ihre Hiebe, schnell und heftig. Der Mann verteidigt sich, er wurde im Schlaf überrascht und hat vor allem unvernünftig viel getrunken. Er kennt Gréco und ihre Heftigkeit. Sie prügeln sich noch eine Weile, und sie schmäht und beleidigt ihn.

In jener Nacht hat sich niemand zu seiner Liebsten gewagt. Ausnahmsweise haben alle – vielleicht – geschlafen. Honigsüß ist man am nächsten Morgen, niemand beklagt sich, die stickige und klebrige Hitze macht niemandem etwas aus, man befindet allgemein, D.F.Z. sei charmant und habe »völlig recht«. Das stimmt, wenn's auch gelogen ist.

Jujube weiß es schon, als Maggy gegen fünf Uhr Gréco, die nicht schläft, wecken kommt. Maggy ist eine mustergültige Engländerin. Kein Wort über das Vorgefallene, nie und nimmer: *No personal remarks*.

Um sechs Uhr Frühstück, Lockenwickler im Haar, mit einem vergnügten Errol und einem majestätischen Trevor. Jeder weiß und schweigt. Hettier de Boislambert ist für mehrere Tage abwesend, auf der Suche nach einer unentbehrlichen Elefantenherde. Gewitzt. Noch einmal davongekommen. Jujube betrachtet ihre leeren Hände. Ihr ist weh und kalt, weil ihr rings um die Taille etwas fehlt. Sie sieht ihren Großvater vor sich, wie er eines Abends bei Tisch ein neues Hemd trug und beharrlich auf seine Handgelenke starrte. Großmutter fragte besorgt: »Was ist los, mein Guter?« – »Schauen Sie doch nur, meine Liebe, diese Ärmel sind um einen Zentimeter zu kurz, und deswegen ist mir von hier bis da kalt.« Genauso ist's. Wo es wohl heute sein mag, das sanfte und warme Tier? Jujube zieht sich zusammen wie eine Auster, die mit Zitrone beträufelt wird. Sie leidet und fährt allein mit ihrem afrikanischen Chauffeur davon. Sie hat keine Lust, sich an den Gesprächen dieser Heuchlerbande zu beteiligen.

Während der Fahrt macht ihr der Chauffeur ein eigenartiges Angebot: »Wenn du willst, kann ich dich unverwundbar machen gegen Revolverkugeln. Nur Gold- und Silberkugeln könnten dich dann noch treffen.« Jujube hat es zur Kenntnis genommen. Sie dankt, ohne Einzelheiten oder Erklärungen zu erbitten. Sie glaubt sie zu kennen. Sie erreichen eine riesige Prärie, dicht bestanden mit hohem grünen Gras. Erstaunliches Afrika. In weiser Voraussicht hat die Produktion für die Schauspieler Baracken errichten lassen. Während Jujube sich umzieht, wacht der Chauffeur vor dem Türvorhang. Sie ist fertig und will gerade hinausgehen, als sie sich plötzlich ein paar Zentimeter über dem Boden befindet, hochgehoben von den starken Armen ihres Wächter-Freundes, und im Geraschel von zerrissenem Seidenpapier eine lange schwarze Schlange verschwinden sieht. Sie schlingt ihre Arme um den Hals des Mannes, gibt ihm einen Kuß und verliert die Besinnung. Man wird sie für erschöpft halten, denn ihr Geheimnis wird sie – obwohl ganz grün im Gesicht – niemandem verraten.

Alle kehren ins Lager zurück, wo noch vor dem Abendessen, unübersehbar und unüberhörbar, Orson Welles seinen Einzug hält. Er rüttelt sogar die Techniker auf, die schon ein wenig abgestumpft waren. Besonderer Grund zur Aufregung: Orsons Zigarren sind genauso lang wie die von D.F.Z.! Der Produzent hebt die Augen, kneift sie zusammen und begutachtet mit Kennermiene. Alle halten den Atem an. Unnötig. Zanuck liebt Orson, und alles löst sich in ein riesiges beiderseitiges Gelächter auf. Es war auch Zeit.

Orson spielt die anderen mit seiner Präsenz, seiner Beleibtheit, seiner Intelligenz und seinem Genie an die Wand. Vor einem derartigen Kaliber bleibt einem einfach die Luft weg. Jujube hat *Citizen Kane, The magnificent Ambersons* und andere Filme zusammen mit Alexandre Astruc und

Anne-Marie bereits mehrmals gesehen. Sie sind Welles-Fanatiker. 1947 oder 1948 waren sie mit der schönen Annabel auf dem Wege zu Carrol's, einem Nachtlokal, das damals »in« war und von einem Homosexuellen namens »Frede« – in makellosem Smoking – geführt wurde, und da es noch geschlossen war, gingen sie in die Bar eines Hotels in der Nähe, um sich das Warten mit einem Gläschen zu verkürzen. Da saß Orson Welles. Der Gewaltige, der Zunder ihrer leidenschaftlichen Diskussionen, der Filmspulen- und Seelenvielfraß, da saß er ganz harmlos, in Gesellschaft eines riesigen Scotch, den er ihnen zuliebe sogar stehenließ. Er ging mit ihnen ins Carrol's und redete in dieser kurzen Nacht Stunden um Stunden. Trank, redete, trank. Sie hörten zu und stellten sogar ein paar Fragen. An eine kann sich Jujube noch genau erinnern: »Wie haben Sie das mit dem Spiegel in *Citizen Kane* fertiggebracht?« Anne-Marie hatte die Frage gestellt, und er hatte in aller Einfachheit darauf geantwortet. Astruc war außer sich gewesen vor Glück, sie beide auch. Er erzählte von Hollywood und all den Lügenmärchen, den Verbrechen, dem Rausch und der Magie. Dieses Hollywood, das er, dieser geniale Riese, damals in seiner Hand hatte. Er hatte diese Studios großgemacht, ihnen die vermutlich schönsten Filme zugespielt und sich im Alter von dreißig Jahren dann daraus zurückgezogen. Ihr Geld hat er in etlichen Metern perforierter Ewigkeit angelegt. In jener Nacht hat er begriffen, wie sehr diese grausame Jugend ihn liebte und wie unauslöschlich die Erinnerung an jede neue Begegnung bleiben würde. Er ist reizend zu Gréco, was Darryl stolz und glücklich macht. Leider sollte sein Aufenthalt im Lager nur von kurzer Dauer sein, da er aufbrechen mußte, um mit den vermaledeiten Elefanten im Busch Aufnahmen zu machen. Er hinterließ jedoch einen gewissen Schwefelgeruch. Den gleichen, der ihm nachhing, wenn er frühmorgens als erster im Studio auftauchte, sich in seiner Garderobe einschloß und sich an die Verwandlung seines Gesichts machte, wobei er es wild entschlossen auslotete, um darin den anderen, der er auf der Leinwand zu sein hatte, zu entdecken. Und noch bevor die Kollegen eintrafen, war die Verwandlung vollzogen. »Drama im Spiegel.«

Dieser Mann kann einfach alles. Er ist ein Wunder. Es gibt ihn, und dann erst die anderen. Keiner von ihnen hat je den Schminkkoffer durchsucht, in dem er die Gesichtsmasken seiner verschiedenen Kreationen verschlossen hielt wie einst Blaubart seine toten, ermordeten, ausgebluteten Frauen.

Gréco hat diesen geheimnisumwobenen Kasten oft fixiert, da für sie feststand, daß zwischen ihm und seinem Fast-Ebenbild, das Orson Welles in Marlowes *Faust* sichtbar vor sich hinstellte, eine Beziehung bestand. Der einzige offensichtliche Unterschied war der, daß aus dem schwarzen, verschlossenen Kasten, der eine Rolle zu spielen hatte, ein teuflisches Uhrwerksgeräusch hervorquoll, das von einem Zeitzünder hätte stammen können.

Ein paar Jahre später empfand sie die gleiche Beklemmung bei der ersten Vorführung von *Belle de jour* (»Schöne des Tages«) von Louis Buñuel, wo in einer Szene zwischen der großartigen Catherine Deneuve und einem monströsen asiatischen Kunden dieser den Deckel eines Kastens hebt und der jungen Frau den Inhalt zeigt. Beide scheinen fasziniert von dem Anblick, der uns verwehrt ist. Wir haben nur Anrecht auf den langweiligen Singsang, den er von sich gibt. Jujube schenkte Buñuel ein Kästchen aus Gold. Stumm. Ohne Erklärungen.

Wenn Jujube sich frei machen kann, fährt sie mit Vorliebe an Markttagen nach Maroua. Eine einmalige Gelegenheit, um unter Freunden zu sein, zu albern und zu lachen. Die Männer aus dem Dorf sind alle dort versammelt, und manche sind Schneider – auf ihre Art. In Windeseile nähen und sticken sie die herrlichsten Djellabas, mal in weißer Baumwolle, mal in natürlichem, pflanzlichem Blau oder auch in bunten Baumwollgeweben, made in Holland ... Man kauft, läßt anfertigen, und sie arbeiten unglaublich meisterhaft. Die Düfte, die einen hier umhüllen, sind von ganz besonderer Art: Da rivalisiert getrockneter Fisch mit den Kräutern aus den Bergen und den Pyramiden von exotischen Früchten. Alles liegt auf dem Boden, ausgebreitet auf Papier- oder Stoffetzen, die an allen vier Enden von in den Sand eingegrabenen Steinen beschwert sind. Die Düfte mischen sich so seltsam, weil sie dahingefegt werden von der in langen Gewändern mit weiten Ärmeln vorüberziehenden Kundschaft. Sogar hölzerne Gegenstände sind imprägniert mit dieser Marktatmosphäre und bewahren selbst in Frankreich diese Erinnerung noch unverfälscht. Jeder kauft wahllos irgendwas, weil jedes Irgendwas dazu verführt.

Marc, heil zurückgekehrt von seinen Begegnungen mit den Elefanten (die er wirklich gesehen hat) und unversehrt trotz einiger erheblicher Zwischenfälle, veranstaltet einen Ball zu Ehren der Vorsehung und zu Ehren seiner Kollegen von der dritten Mannschaft, mit denen er die Gefahren geteilt hat. Ein Anlaß, den Markt abzugrasen und sich in Windeseile Kostüme machen zu lassen, zur größten Freude der Händler, die zu diesem scheinbar belanglosen Trubel nur lächeln. Man tanzt und trinkt köstlichen Punsch, unter der Oberaufsicht von Marc eigenhändig von uns zubereitet.

Doch ein ganz in Weiß gehüllter Würdenträger des Dorfes sollte den vergnügten Geistern einen Dämpfer aufsetzen und ihnen zu denken geben, als er erzählte, wie er seine uneingeschränkte Macht auszuüben pflegte: Er läßt seine entlang der Mauern eines unterirdischen, an allen vier Ecken von dünnem Maschendraht abgeschlossenen Verlieses sitzenden Gefangenen anbinden und im Inneren des Verlieses ausgehungerte Hühner frei herumlaufen. Wer nach einigen Tagen freigelassen wird, hat Füße wie Spitzengewebe, während die anderen so total zerpickt werden, daß sich eine Freilassung erübrigt. Daß auch Hunde da sind, die bereits auf die Knochen warten, erwähnt er allerdings nicht.

Ekel würgt Jujube. Sie trinkt zuviel. Sie muß doch die Erinnerung daran hinunterspülen, wird aber bis zum Ende ihres Aufenthalts hier in Afrika kein Hühnerfleisch mehr anrühren. Sie ißt ohnehin von Tag zu Tag weniger und kommt sichtbar von Kräften.

Gegen Ende der Dreharbeiten wird sich die gesamte Mannschaft in einem klimatisierten Hotel mit einem Schwimmbecken voll glasklaren Wassers zusammenfinden, doch während die anderen baden, muß sie das Zimmer hüten. Sie ist krank, leidet an einem bösen Furunkel im rechten Augenwinkel und hat zudem ständig hohes Fieber.

An einem Nachmittag, der noch verdrießlicher ist als die anderen, steht sie auf und öffnet ihre Wandschränke. Sie vergnügt sich damit, richtige Schuhe mit hohen, nadelspitzen Absätzen anzuziehen, holt ihren Schminkkoffer hervor, klappt ihn an der Spiegelseite auf und betrachtet ihr Ebenbild. Angsteinflößend. Einen Moment lang verweilt sie unbeweglich vor ihrem entstellten Bild, und dann zieht sie instinktiv die kleine Schublade, in der auf seinem Reispuderbett der dicke, duftige Schwanenflaum ruht.

Als sie die Quaste hochhebt, scheucht sie offensichtlich

jemanden auf: eine sehr große und überaus lebhafte, rundum gepuderte Tarantel... Jujube zieht, ohne sie aus den Augen zu lassen, einen ihrer Schuhe aus, läßt das Biest zwei Hüpfer auf der weißen Wand machen und bohrt dann aus Leibeskräften den stählernen Absatz der Vorwitzigen in den Leib. Ein paar nervöse Zuckungen der langen Gliedmaßen, und dann ist's vorbei. Jujube starrt ihr Opfer einen Moment lang verwundert an. Sie ist beinahe traurig, getötet zu haben.

Seit einer Woche schon geht ein Raunen durch die Filmtruppe. Man hat den Eindruck, Gréco sei leicht meschugge. Jujube lacht nämlich von Zeit zu Zeit grundlos, ganz für sich allein... Von der Tarantel gestochen! Nicht einmal das. Ihre Kräfte kehren wieder, sie wird lebendig, schnappt sich ein Papiertaschentuch, packt vorsichtig die Tote. Ein paar Schritte, und ab geht's durch die Klosettbrille. Sie überwacht sie, zieht die Spülung nicht und kehrt lächelnd in ihr Bett zurück. Befriedigt. Das Ende des Arbeitstages naht, und bei der »armen Gréco, die Trübsal bläst«, findet sich Besuch ein. Jujube vergräbt sich unter ihren Bettlaken und empfängt die Besucher wie die Letzte Ölung. Doch plötzlich kann sie's nicht mehr aushalten. Sie reckt sich empor und verkündet: »Heute habe ich eine Tarantel getötet!« Allgemeine Bestürzung, entsetzte Blicke. Man redet beruhigend auf sie ein, sie dürfe sich nicht aufregen... »Wir werden jetzt gehen, du darfst dich nicht anstrengen.« – »Nein, nein«, sagt Jujube, »schaut nur in der Toilette nach...« Marc begibt sich dorthin und stößt einen Schrei aus. Jujube jujubiliert.

Dennoch fliegt man sie einige Tage später aus, um sie in Paris ins Amerikanische Krankenhaus zu bringen. Sie leidet an einer tiefgreifenden und schweren Anämie, von der sie nur langsam und mühsam genesen sollte. Als die Maschine landet, steht die Mama-Offizier-Großmama, umringt von Fotografen, am Fuß der Gangway, in den Armen Jujubes Kind. Jujube sieht nur ihr Töchterchen, die kleine Laurence, doch ganz verschwommen ist das Bild hinter den Nebelschleiern der Erschöpfung. Im Krankenhaus sind strenge Anweisungen erteilt worden. Alle Besucher werden bei Ankunft sorgfältig gemustert. Jujube atmet eine keimfreie und unheilverkündende Luft. Zum ersten Mal in ihrem Leben langweilt sie sich. Man murmelt das Wort »Krebs«.

## *Rückkehr zum Chanson – Ausflug in die Vergangenheit: Cocteau, Renoir und andere Fabelwesen*

Der Käfig ist schön und sauber, aber das Tier wird immer ungebärdiger. D.F.Z. wird es sich selber zuzuschreiben haben, wenn Jujube demnächst nicht mehr für ihn, sondern für andere singt. Eines schönen Tages kehrt sie in ihr Zuhause zurück. Für sie gibt es nur dieses Zuhause, denn bei anderen gewohnt hat sie nie. Teurer ist es, gewiß, aber auch unvergleichlich angenehmer. Und praktisch. Koffer packt sie nur, um zu verreisen. D.F.Z. geistert durch die Luxushotels, und Gréco besucht ihn. Sie begleitet ihn auf fast allen Reisen, und bei einer solchen Gelegenheit stellt D.F.Z. ihr in New York seinen Anwalt vor. Ein charmanter Mann, doch irgendwie macht er einen verlegenen Eindruck. D.F.Z. hat soeben sein Testament neu abgefaßt und beabsichtigt, Jujube noch zu Lebzeiten ganz erhebliche Schenkungen zu machen. Nach stundenlangen Diskussionen mit dem Juristen gelingt es Jujube endlich, die Gründe ihrer Ablehnung verständlich zu machen. Dennoch erhielt sie eine Abschrift des Testaments mit gewissen Klauseln zu ihren Gunsten, was ihren heiligen Zorn heraufbeschwor. Später, nach ihrer Trennung, schrieb Gréco mit Unterstützung von Anne-Marie Cazalis eine

Artikelserie für *Match*, in der von D.F.Z. die Rede war. Er hängte ihr einen Prozeß an, während der Anwalt des großen Produzenten ihr brieflich anbot, zu ihren Gunsten auszusagen. Ein mutiger Herr. Integer.

Ein paar Monate später brach Jujube endgültig mit D.F.Z. Sie verließ ihn. Was Gewitterstürme auslöste. Seine Klage zog er zurück, doch seinem Wehklagen verlieh er Ausdruck. Er ist aufrichtig, doch Jujube ist entschlossen.

Er war unglücklich, und sie war nicht glücklich. Sie kehrt zu ihrer großen Liebe zurück, zum Chanson. Und um das Glück vollzumachen, singt sie im Bobino, auf der Bühne, wo sie debütiert hat. Und erst nach der ersten Vorstellung sollte sie erfahren, daß der große kleine Mann dagewesen war, eigens angereist, um sie zu hören. Allein und ohne ein Wort war er wieder fortgegangen, wie er gekommen war.

Und Jujube tauchte wieder ein in ihr Leben, in ihr freies Wildkatzendasein, ohne Gewissensbisse. Sie liebt das Kino, aber gefällt sich nicht auf der Leinwand. Dabei hatte sie für ihr Debüt in der siebenten der Künste vor einigen Jahren eine märchenhafte Chance gehabt: *Orphée* von Jean Cocteau, unter seiner Regie. Cocteau, auf dem schmalen Grat zwischen Erdenschwere und Schwerelosigkeit, Giacometti-Figürchen, gegossen aus einem geheimnisvollen Edelmetall, strahlend und beweglich, tötend und wiedergebärend mit Worten und Gesten, einem Zauberritual entnommen. Cocteau, der Gréco die Rolle der Königin der Bacchantinnen anträgt, Partnerin der brodelnd-eisig bebenden Maria Casarès, neben Jean Marais, sanft und schön, wie die Engel sein dürften, neben François Périer, dem wunderbaren Komödianten, bei dem man nie weiß, ob die Holzkohlenaugen erloschen sind oder verschämt weiterglühen, neben Maria Déa, der unterwürfigen Eurydike, und Doudou, inzwischen Cocteaus Sohn geworden, aufmerksam und staunend wie ein Kind (das er ist), durch die Zauberkraft des Dichters weiter wandelnd durch die Bilder seines zugeklappten Textbuches. Jujube schaut, lauscht, vom Zauber gebannt. Ihre Augen funkeln im Widerschein der dargebotenen Schätze.

1949 hatte sie eine Statistenrolle in Julien Duviviers *Eine Heilige unter Sünderinnen* gespielt und dabei gelernt, daß Geduld eine der Haupttugenden des Schauspielers ist. Abwarten, ohne mit der Wimper zu zucken, unter dem Gebrüll des Regisseurs und den Befehlen der Regieassistenten. Damals war der Typ des sadistisch-genialen Regisseurs in Mode. Cocteau, dieses dem Zeitlichen entrückte Wesen, bildete eine Ausnahme.

1951 bot der amerikanische Film in der Gestalt von Rudolph Maté ihr eine (im Gegensatz zum Film) interessante Rolle in *The green glove* (»Der grüne Handschuh«) an, wodurch sie Gelegenheit bekam, die Angstzustände Glenn Fords zu beobachten, als er entdeckte, daß sich sein Haar lichtete, worüber er in eine Verwirrung geriet, die all seine Gesten, ja sein ganzes Gehabe beeinflußte. Ein wirklicher Schauspieler, ein Profi.

Jujubes Großvater war alt gewesen, aber nicht kahl. Sie wußte nicht, daß auch Männer von dem befallen werden können, was man ihr als »Frauenängste« erklärt hatte.

1953 erhält sie ein Telegramm aus London, dem ein Hin- und Rückflugticket (erster Klasse) sowie eine Reservierung für eine Suite im Hotel Savoy beigefügt ist. Unterschrieben war das Ganze mit David O. Selznick. Zur Ablehnung bestand kein stichhaltiger Grund.

Kaum dem Flugzeug entstiegen, wird sie von einer Sekretärin in Empfang genommen und direkt zur Wohnung von Mister David O. Selznick geführt. Dieser befindet sich in seinem Salon: silbergraues Haar, gefällige Erscheinung, eine Akte in der Hand. Er läßt Jujube in einem Sessel Platz nehmen, während das Fräulein Sekretärin ihren kleinen Popo auf einer Stuhlkante absetzt und ihrer Handtasche Federhalter und Notizblock entnimmt.

Angebot. Schweigend hört Jujube zu, wie Mister David O. Selznick ihr seine Pläne, die er mit ihr hat, sowie die Art, nach der die Dinge bei der Arbeit abzulaufen haben, auseinandersetzt. »Das sind die üblichen Regeln bei Abschluß eines Siebenjahresvertrags...«

Jujubes Augen erstarren. Mister David O. Selznick fährt fort: »Zu sagen bleibt noch, daß das Studio sich die Entscheidung über die Rollenvergabe, über die Art der Werbung – Ihre Frisur, zum Beispiel –, vorbehält.« Gréco steht aufrecht, wie von einer unter ihrem Sessel versteckten Feder emporgeschossen, und verabschiedet sich. »Ich danke Ihnen, mein Herr, aber ich habe einen schauderhaften Charakter, ich bin ein entsprungenes Pferd...« Schon ist sie an der Tür, und Mister David O. Selznick hatte nicht einmal Zeit gehabt, sie dorthin zu begleiten. Sie sagt: »Auf Wiedersehen«, ist schon im Gang, der zu ihrer Suite führt, schnappt ihr Köfferchen und nimmt ein Taxi zum Flughafen. Frei! Sie ist sechsundzwanzig Jahre alt.

1954. Jean-Pierre Melville bietet Jujube die weibliche Hauptrolle in *Und keine blieb verschont* an. Philippe Lemaire, das Idol der jungen und weniger jungen Frauen, wird ihr Partner sein. Wie das Drehbuch es vorschrieb, trug Jujube eine Nonnenkutte, worüber sie sich weidlich, aber heimlich, belustigte. Dem Film wurde ein Achtungserfolg zuteil, mehr nicht.

Doch Jujube hat aus jedem mit dem geliebten und bewunderten Melville verbrachten Augenblick Nutzen gezogen. Bei dieser Gelegenheit heiratete sie übrigens auch den Vater ihrer Tochter, den blonden, zauberhaften, strahlend lachenden Philippe Lemaire. Den sehr guten, aber zu schönen Komödianten.

1955. Begegnung mit Jean Renoir. *Weiße Margeriten*. Darin singt und spielt sie Komödie. Renoir bestellt sie ins Studio und läßt einen riesigen Berg nicht zueinander passender Unterröcke, Blusen und Schultertücher in ihrer Garderobe aufhäufen. Er erklärt Jujube, wie seiner Meinung nach die Figur darzustellen sei, und läßt sie dann vor dem Lumpenhügel stehen, um mit seinem federnden Tanzbärenschritt zu seiner Arbeit zurückzukehren. »Such dir aus, was dir gefällt, und zeig es mir dann.« Sylvia Bataille, die kurz hereinschaut, um sie zu begrüßen, findet sie in einem Zustand völliger Hilflosigkeit. Sylvia, die sanfte und schöne Sylvia, macht ihr Mut, und Jujube, neu gestärkt, beginnt mit der Auswahl. Ein Heidenspaß! Zufrieden mit ihrer Wahl, betrachtet sie sich im Spiegel. Das Spiel ist aus, sie muß hinunter auf die Bühne und sich wie ein Fragezeichen vor dem Richter aufpflanzen. Sie wagt ihren Auftritt, ein wenig zu bleich. Renoir erklärt sich befriedigt. Langer Rock aus schwärzlich abgeschabtem weichen Samt, geblümte Bluse, die ihre ursprünglichen Farben längst vergessen hat, und Schultertuch aus abgewetzter Seide – das ist Miarka, die Zigeunerin.

Jujube atmet tief durch und blickt um sich; sie hält inne beim Zauberlächeln von Mel Ferrer und beim strahlenden von Ingrid Bergman. Eine sehr schöne Dame, die Bergman, hineingegossen in ein rohseidenes Spitzenkleid und gestützt auf den Arm von General Boulanger-Jean Marais in Galauniform, sein eigenes, prachtvolles Ebenbild.

Trotz dieses aufzehrenden Metiers hat Jean Renoir es verstanden, ein warmherziger Mensch zu bleiben. Jujube gibt sich wahnsinnig Mühe, ihn nicht zu enttäuschen, und schaut sich alle Szenen an, um zu sehen, wie die anderen spielen, und zu lernen, was sie verarbeiten kann.

Eines frühen, verschneiten Morgens kommt sie mit vom Weinen verschwollenen Augenlidern daher. Roland Alexandre, der junge Schauspieler vom Théâtre-Français, mit dem sie seit kurzem liiert war, hat sich in dieser Nacht umgebracht. Mehrmals hatte er sie angerufen im Laufe dieser Nacht, aber Jujube hatte allein sein wollen. Sie steht um sechs Uhr auf, um zu drehen, spielt abends *Anastasia* im Théâtre Antoine und singt nachts in der Villa d'Este. Sie ist erschöpft. Sie schläft halb, während Roland auf sie einredet. Sie hält seine Worte für das Gerede eines Betrunkenen. Schon vorher, in der Villa d'Este, hatte er sie irgendwie gequält, kurz bevor sie auf die Bühne mußte; er hatte sie mit hinterhältigen Telefonanrufen bombardiert, sie beschuldigt, ihn aus finsteren Beweggründen nicht sehen zu wollen, sie des Verrats bezichtigt... Sein letzter Anruf sollte das Präludium zum endgültigen Schweigen sein.

Mel Ferrer, der ihr Freund geworden war, nimmt sich ihrer an. Er versteckt sie in seiner Garderobe und schirmt sie ab vor den Journalisten, die von allen Seiten heranstürmen, und nach jeder Aufnahme läuft sie in diese Garderobe zurück, um sich wie ein frierendes Tier in eine Decke zu kuscheln. Sie hört Mel zu, der auf sie einredet, ihr erklärt, daß sie nicht verantwortlich sei. Mit allen Kräften bemüht sie sich, daran zu glauben.

Unbehelligt erreicht sie das Theater. Simone Berriau, schwarzsamtener Umhang (den Umständen angepaßt), zusammengezurrt mit einer groben Lederschnalle, hält ihren Auftritt. Sie bewahrt unter allen Umständen und bei jedem Anlaß ihren Sinn für das Theatralische. Gréco sitzt vor ihrem Schminktisch und bemüht sich verzweifelt, die Spuren ihres Kummers zu verwischen. Nicht einfach.

Mit weitausholender Tragödinnengeste und ernster Miene hebt Simone Berriau zur Moralpredigt an, doch dann geht sie unvermittelt zum brennenden Tagesthema über: »Die Fotografen sind da, und es dürfte dir nicht unbekannt sein, mein Kleines, daß die Presse über dich herfällt. Rolands Freunde machen dich für seine Tat verantwortlich.«

Gréco schweigt und wird auch weiterhin allen gegen sie geschleuderten Angriffen schweigend standhalten. Sie glaubt und weiß sich nicht schuldig. Inzwischen, nachdem sie diesen endlos langen Tag über nachgedacht hat, ist sie überzeugt, daß man sich nicht um eines anderen als seiner selbst willen das Leben nimmt.

Ihr Ruf als grausame Kreatur erreicht seinen Höhepunkt. Sie schert sich nicht darum. Später wird sie ihn geschickt ausnützen. Man fühlt sich dadurch irgendwie freier in seinen Handlungen. So wild man sich auch gebärdet. Rolands Briefe und die Erinnerung wird sie bewahren.

1956 folgte mit Jean-Claude Pascal, dem jugendlichen Liebhaber, und Jean Servais *Die Herrscherin vom Libanon* und anschließend *Gangster, Rauschgift und Blondinen:* Gréco, in eine sadistische Eurasierin verwandelt, die Nadine Tallier mit einem Lederkoppel auspeitscht. Das von der Männerwelt angebetete Starlet ist Baronin geworden. Sie ist glücklich und kann sich von nun an, falls sie es wünscht, den- oder diejenige, der sie auspeitschen soll, aussuchen. Aber sie ist eine sanfte und charmante Person.

Eddie Constantine, der Star des Films, lacht sich kaputt,

wenn die Aufnahmen des Vortages abgespult werden. »Ein fürchterlicher Kerl«, sagt er, sich selbst in die Augen blickend. Eddie ist lieb und nett. Freundschaftlich und gut gelaunt, kümmert er sich um jeden, und so wird die Dreharbeit ein reines Vergnügen, im Gegensatz zur Story. Sie werden die besten Freunde der Welt. Das Fest, das unser Star nach Beendigung der Dreharbeiten gab, wurde recht melancholisch. Man hatte keine Lust mehr, auseinanderzugehen. Und so etwas ist ein Erfolg.

Das tolle Abenteuer mit *Belphégor,* dem Gespenst des Louvre, begann 1965 unter der Leitung von Claude Barma, dessen Lob zu singen sich inzwischen erübrigt. Der Name Belphégor sollte Gréco verbleiben. Die Wirkung dieses Fernsehfeuilletons war so stark, daß in Zeitungsartikeln auf die Gefahr hingewiesen wurde, die dieser Film für die Psyche und den Schlaf der Kinder bedeute. Gréco war in Japan, als die Serie anlief, doch als sie bei ihrer Rückkehr auf dem Flughafen Le Bourget landete, stand sie sprachlos vor dem Beamten, der ihr die Zollschranke aufhielt und feierlich sagte: »Bitte, gehen Sie nur weiter, Belphégor.« Dieses Fünkchen Humor wirkte erfreulich in einer Situation, die ja häufig in Zwistigkeiten endet. Nun verstand sie das vom Fernsehen ausgelöste Phänomen. François Chaumette, die schwarze Seele der Geschichte, erwies sich während der Dreharbeiten, seinem äußeren Erscheinungsbild zum Trotz, als ein von Natur aus fröhlicher und unvergleichlich ausgeglichener Mann, von dem es jedoch hieß, er sei das Opfer seines »beunruhigenden« Äußeren; dabei ist er betörend, was etwas völlig anderes ist. Mit einem Mann von diesem Niveau zu arbeiten, Komödie zu spielen und ihm die Stichworte zu liefern, ist ein Privileg. Ein beispielhafter Gewinn. Und lachen kann er! Sobald das Stück zu Ende ist und er das Theater verläßt, legt er die Figur, die er zu spielen hatte, in seiner Garderobe ab und macht sie sich erst am nächsten Tag, für die folgende Sequenz, wieder zu eigen, was eine Gabe ist.

Während dieser Zeit arbeitet Gréco viel für den Rundfunk. Claude Dufresnes nimmt mit ihr eine ganze Serie von Sendungen über das Leben von George Sand auf, der Gréco ihre Stimme verleiht. Sie liebt diese Arbeit in der Anonymität, die ihr völlige Gestaltungsfreiheit läßt. Sie ist unsichtbar und folglich geschützt. Unerreichbar. Fast fühlt sie sich wohl. Claude Dufresnes hilft ihr, und so werden die in den winzigen und unbequemen Studios verbrachten Augenblicke für sie zu einer Bereicherung.

In den trüben Korridoren begegnet sie häufig einem blutjungen, dunkelhaarigen, blassen jungen Mann, Jazzpianist und Schöngeist mit nach innen gewandtem Blick. Pierre Bouteiller. Was aus ihm wurde, ist bekannt. Das Merkwürdigste an diesem Wesen ist weder seine brillante Intelligenz noch sein hochmütig beißender und mörderischer Humor, noch seine profunde Kenntnis der Dinge, von denen er spricht (was außergewöhnlich und daher erwähnenswert ist), sondern vielmehr seine vollkommene Integrität, was notgedrungen einen außergewöhnlichen Mut erfordert. Erstaunlich, dieser Bouteiller. Vornehm. Elegant.

Jean Chouquet bietet Gréco die Mitwirkung an Lyriksendungen an. Dieser mächtige Kater mit dem stechenden Blick ist verliebt in Lyrik und Lyriker. Sanft schnurrend liest er die Texte, bevor er sie den Interpreten übergibt, wobei er sich nur ungern von dem Blatt Papier trennt. Hinter der gläsernen Trennscheibe der Aufnahmekabine lächelt er, wenn er die Verse hört. Er hat den Beruf, den er liebt. Seine geistige Ungezwungenheit sollte ihm die Leitung unseres heutigen *Radio-France* einbringen. In der Tat! Die Muse der Dichtung versetzt ihre Liebhaber manchmal in merkwürdige Positionen...

Ein wenig später ließ José Artur, wie noch niemand vor ihm, die Worte auf das Trommelfell seiner Zuhörer prasseln; er eroberte sie mit diesem neuen Ton, mit seiner Art, die versteckte Gallenbitterkeit der Worte in kostbarer, luxuriöser Verpackung darzubieten.

Immer wieder auf ihrem Lebensweg sollte Gréco außergewöhnlichen Menschen begegnen. Da war Fritz Lang, mit dem sie zu Mittag aß, mit dem sie trank und zu Abend aß. Vor allem aber hörte sie ihm zu. Sie war entsetzt über seine riesigen, maßlosen Hände, die einen erwürgen oder auch beschützen können, was man aber nicht so genau weiß; diese fabelhaft gepflegten Hände, die er einem mit ihrem ganzen Gewicht auf die Schultern oder auf die Knie zu legen pflegte. Seine Augen lassen ihn im Stich. Seine Arbeit auch. Er leidet, und darin liegt vielleicht der wahre Grund dafür, daß man sich unbehaglich fühlt, wenn man ihn anblickt, daß er einem fast Angst einflößt. Die Hand des Todes überschattet seinen Blick. Eisig ist sie. Jujube ist bekümmert. Während im Hintergrund das Drama eines jeden Augenblicks von Fritz Langs Leben abläuft, erzählt seine Gefährtin: Wie Marlene Dietrich, ihre Jugendfreundin, sich in einem dreiflügeligen Spiegel betrachtet, den sie, damit sie sich besser sehen kann, mit starken Lampen hat umranden lassen, um in diesem prachtvollen Lichtschein auch die geringste Unebenheit wahrzunehmen, Marlene, die rastlos neue Schminkmethoden ausprobiert, neue Lidschattenfarben sucht, obwohl die Filme noch schwarzweiß sind. Ihr Spiegel wird in der ganzen Welt kopiert werden, ebenso wie alles, was sie tut, erschafft oder auswählt. Marlene schminkt sich, erprobt einen neuen

Farbton auf ihren makellosen Augenlidern, und die dicht hinter ihr auf dem Bett sitzende Freundin betrachtet sie, die sich betrachtet. Jujube ist ganz gefangen und glaubt schon, Marlene an jenem Tag und genau in diesen Augenblicken selbst gesehen zu haben. Sie lebt die Vergangenheit der alten Dame mit. Intensivst. Die Freundin fragt Marlene: »Was ist das für ein neuer Farbton, den du auf deine Lider aufträgst?« – »Wie kann dich das interessieren, da dich doch nur so wenige Menschen ansehen«, entgegnete Marlene...

Sie ist noch immer sehr schön, Marlenes Jugendfreundin. Marlene auch. Sicherlich schöner als jede andere. Man begreift, daß sie immer die Schönste sein wird und daß im Herzen der treuen Freundin noch immer jener winzige Riß blutet. Diese Freundin sollte die letzte Person sein, die auf Fritz Langs letzte Atemzüge lauschte.

Eine Zeitlang vergaß Jujube den Film und kehrte zu ihrer großen Liebe zurück. Zum Chanson. Zur Einsamkeit. Und damit kam wieder die Schwierigkeit der Wahl, die Zerreißprobe der Ablehnung, die Suche nach dem möglichst Reinen, das Gegenteil von Leichtlebigkeit.

Françoise Mallet-Joris und Michel Grisolia haben über Gréco ein Buch geschrieben, das sie in tiefste Bestürzung versetzt. Zwei erstaunliche Deuter der geheimen Sprache der Seele, sofern... Sie haben über Grécos Arbeit gesprochen wie niemand je zuvor. Gréco ist empfänglich und aufnahmebereit für Kritik. Sie trägt ihr Rechnung. Sie möchte der Wahrheit nahekommen, der geläuterten Vollkommenheit. Sie ermißt den zurückzulegenden Weg, hält aber hartnäckig durch. Sie hat nur wenige Freunde in ihrem Metier, abgesehen von den Musikern, den Autoren und den Komponisten, deren Werke sie gesungen und interpretiert hat.

## *Die Männer, die Gréco, die Sängerin, liebt – Ihre Berufsfamilie*

Es ist fünfundzwanzig Jahre her, daß bei Gréco, in der Rue de Berri, ein junger Mann auftauchte, eine Art ausgemergeltes Rassepferd, mit auffallend blassem Gesicht, und unten an seinem rechten Arm baumelte in ihrer Hülle eine Gitarre. Er begann zu singen und wurde schön. Gréco hörte ihm zu, hielt den Atem an, bis er aufhörte und die Zeit ihre Rechte zurückforderte und ihren dumpfen, unentrinnbaren Glockenschlag hören ließ. Sie war wie betäubt. Er hieß Jacques Brel. Kam aus Belgien und war praktisch unbekannt.

Nach langem Schweigen sagte Jujube, er singe seine Lieder bestimmt besser, als irgend jemand anders es vermöchte, und dann fragte sie ihn, welches seiner Lieder wohl am schwersten dem Publikum nahezubringen sei. *»Ça va, le diable.«* Ein schreckliches Lied, voll warnender Vorzeichen.

Das Publikum lehnte zunächst die von Brel geschriebenen und von Gréco übermittelten Wahrheiten ab, störten sie doch ganz erheblich die sanft-mollige Behaglichkeit. Auch die Natur mischte sich ein. Kurz nach dieser Begegnung brach Gréco auf zu einer langen Sommertournee.

Und sobald sie unter freiem Himmel die ersten Worte dieses Chansons intonierte, kam häufig Wind auf, wurden unschickliche Geräusche hörbar, beeinträchtigte irgend etwas Ungewöhnliches, ja Seltsames genau in diesem Augenblick den Abend. Aber Gréco, die Hartnäckige, setzte sich durch, und die bösen Geister verließ der Mut. Mit der Zeit wurde dieses Chanson ein großer Erfolg.

Jacques wurde Brel. 1959 kam er in Begleitung von Gérard Jouannest erneut zu ihr, in die Rue de Verneuil. Er brachte ein Lied mit: *On n'oublie rien.* Er hatte nichts vergessen und vergaß niemals die, die er liebte. Die anderen aber auch nicht. Gérard Jouannest wurde Jacques Brels Mitarbeiter und schrieb die Musik zu mindestens vierzig seiner erfolgreichsten Chansons.

Jacques schuf seine Texte gern nach der Melodienvorlage Gérards. Diese Melodien waren bildhaft, beschleunigten die Gedanken, ließen sie Form annehmen, wenn sie sie nicht sogar gebaren. Jujube ist stolz. Brel hat für sie ganz allein Lieder geschrieben, die sie weiterhin darbringen wird mit all der Liebe, die sie für diese beiden Männer empfindet.

Brels Körper ist tot. Das war unnötig. Sein Werk aber lebt, wie auch sein Andenken. Jetzt wird Jujube am Klavier begleitet von Gérard Jouannest, demselben, der Jacques' Begleiter war bis zu seinem letzten Konzert. Niemand singt oder lebt wie ein anderer dessen Leben, und Jacques ist gewiß mehr als ein anderer unersetzlich. Gréco singt Brel, und Jouannest und Brel. Das ist ihre Art, Blumen auf sein Grab zu legen. Er hatte sie gesät. Es genügt nicht, sie mit Tränen zu gießen, man muß ihnen auch weiterhin zum Blühen verhelfen.

Auch Brassens hat Gréco beschenkt. Brassens, der große, der herrliche Anarchist, den die Kinder schon in der Schule trällern, Brassens, die Inkarnation der Freundschaft. Unwirsch, aber zuverlässig. *L'Auvergnat*... 1954 hatte sie ihn im Olympia gehört und war mutig bis hinter die Kulissen vorgedrungen, was bei einer Matineevorstellung, wo nur wenige die Grenze zwischen Zuschauerraum und Künstlergarderobe passieren durften, eine Leistung war. Sie sagte ihm, wie glücklich er sie gemacht habe, und Georges fragte, welche Chansons ihr am besten gefielen. Von der Art des *Auvergnat*. Er schnappte sich einen Bogen grünes Durchschlagpapier und schrieb ihr den Text auf. Dann übergab er ihr, ungemein zärtlich lächelnd, diesen Schatz: »Hier, 's ist für dich...« Gréco faltete das Blatt nicht und trug es, eng an sich gepreßt, zum Hotel. Drei Tage später sollte ihr Debüt im Bobino steigen, und sie hatte keine Zeit zu verlieren. Das Chanson wurde ein Triumph und ist heute ein Klassiker, wie fast alle Chansons von Brassens. Später schrieb er für sie *Le temps passé*. Das liebt sie auch sehr.

Mit großem Erstaunen las sie vor ein paar Tagen nochmals die Liste ihrer Autoren und Komponisten durch: Prévert und Kosma, Jean-Paul Sartre, François Mauriac und seine Jugend mit *L'ombre,* Léo Ferré, der Erfinder einer neuen poetischen Sprache, sinnlich, sexuell wie seine Liebesrasereien und seine logischen Haßtiraden, Gainsbourg, der Musiker, Maler, Schriftsteller, Dichter, der Mann des schwarzen Lichts, der Mann aller Begabungen und aller Heimsuchungen. Bobo, Boris Vian, das war Musik und Chanson im Rhythmus dieses zu großen Herzens, an dem er so früh starb, das Herz der anderen, derer, die er liebte und die ihn liebten, mitnehmend. Desnos, in eisigem und unwürdigem Nebel untergetauchtes Geschöpf. Aznavour, der große kleine Mann. Guy Béart und die unter seinem Lächeln versteckten geheimen Verletzungen. Mac

Orlan und seine bewegungslosen Reisen, Mac Orlan und seine karierte Baskenmütze, unter der er die tollsten Anekdoten festhielt, die er hervorholte wie ein Zauberkünstler Tücher oder Kaninchen aus seinem Klappzylinder. Die Schriftstellerin Françoise Dorin mit der Musikerin Gaby Verlor: *Je voudrais faire une chanson*. Françoise Dorin, der es gelang, die anderen zu verzaubern, ein kleines Wunder an Charme, Weiblichkeit und schärfster Intelligenz. Gaby Verlor, die Leidenschaftliche, Großzügige, die den *Petit bal perdu* und *Déshabillez-moi* vertonte, zu welchem die Worte vom lässigen und begabten Robert Nyel stammen, der es schaffte, sich eine fast vollkommene Schlichtheit zu bewahren. Jean Ferrat, seine Stimme und seine purpurne Blume Aragon auf den Lippen. Pierre Louki, grausame Mondviole, schrill und dramatisch lachend: *L'arbre mort*. Fanon, Maurice, leidenschaftlich, großherzig, in das Wort und in die Liebe verliebt. Zärtlich, rührend: *L'embellie, La folle, Mon fils chante* und viele andere Meisterwerke. Gougaud, Henri, der Wundermacher, Henri, dem Herzen der Geheimnisse und dem der Frauen, der Menschen so nahe: *Vivre, Non, monsieur, je n'ai pas vingt ans*... und viele andere. Georges Neveux und *Les amours perdus*. Florence Véran, die die Musik schrieb zum berühmten *Je hais les dimanches* nach dem Text von Aznavour und Pierre Roche. Pierre Delanoë, der sich in diesem Metier auskennt wie kein zweiter, der jedem Chanson den letzten Schliff gibt: *De Pantin à Pékin*. Jean Dréjac und Hubert Giraud mit ihrem Lied *Ciel de Paris*, das Gréco nach wie vor behutsam auf all ihren Reisen um die Welt mitführt, um es dann auf der Bühne wie eine Fahne zu entfalten. Botton, Frédéric, umringt von seinen *Pingouins* und *Pingouines*, den Garten seiner Freundschaften pflegend. Jean-Loup Dabadie, der sich niemals, was er auch anpackt, irrt und immer darüber lächeln wird; aber wie er lächelt: *Ta jalousie*. Georges Walter und Philippe-Gérard: *Les canotiers,* reine und vollkommene Schönheit, ein Manet, ein Monet, ein Renoir in Musik. Georges Walter, der Schriftsteller, und Philippe-Gérard, der sensible und vollendete Musiker, als den wir ihn kennen. Maurice Vidalin, der Mann mit seinen keuschen Schätzen, der Verschwiegene, der Nicht-Einzuordnende, der am Rande der Gesellschaft Lebende, der Dichter, der sich niemals änderte und niemals Konzessionen machte und dennoch das Herz eines riesigen Publikums gewann und sich zu bewahren vermochte. Jacques Datin, der Musiker, der verschwundene Freund, nach dem jeder immer wieder suchen wird, nur um einen Augenblick lang nochmals seine Hände auf dem Klavier und sein zärtliches Lächeln wiederzufinden, Jacques, der Freund von Vidalin und von uns allen. Fort. *Jusqu'à où jusqu'à quand*...

Vom polternden und produktiven Bernard Dimey das wundervolle *Nos chères maisons* sowie eine mit Pierre Brasseur aufgenommene lyrische Serie, die nie an die Öffentlichkeit kam. Jean-Max Rivière und Gérard Bourgeois, das unwiderstehliche blond-braune Tandem, zwei große, schöne Burschen mit Schockwirkung auf empfindsame Damen und eine gewisse Sängerin, die gute Chansons sucht: *Un petit poisson un petit oiseau*... Freund Yvan Audouard und seine Vitriol-*Propriétaire,* ein echtes Produkt Audouardschen Humors, in Musik gesetzt von einem jungen Unbekannten, der sich zum herzensbrechenden Crooner-Sänger entwickelte: Charles Dumont. Sehr, sehr gut. Henri Tachan, der mimosenhaft Empfindliche, der von den »in Hirn und Seele brennenden Flammen Versehrte«: *La mort de juju*. Marguerite Duras und Georges Delerue, Begegnung zweier Genies für *Le square*. Henri Colpi und nochmals Delerue: *Trois petites notes de musique,*

Kommentar überflüssig. Die *Dreigroschenoper,* die Gréco von Anfang an in der Rose rouge sang. Pierre Seghers, Dichter und Mann, lebensstrotzend, lebensbejahend. Raymond Queneau und sein gewaltiges Lachen, das niemals erlöschen, sein Werk, das bleiben wird, immer wieder von neuem überraschend, warm wie der Pulsschlag seines Herzens zwischen Buchseiten. Françoise Sagan und die paar Minuten ihres ureigenen Universums, mit einer Musik von Michel Magne, die den Text zum Tragen bringt. Zwischen zwei Träumen dann Moustaki: *Madame.* Und dann Jacques Brel und seine für sie geschriebenen und ohne viel Aufhebens übergebenen Geschenke: *Je suis bien, Vieille,* etc. Das letzte, den Tränen nahe Lächeln besagte *Voir un ami pleurer.*

Monsieur Charles Trenet, Sie, ohne den das Chanson nicht das wäre, wozu Sie ihm verholfen haben, Sie, dem Autoren und Komponisten so viel verdanken, Sie, der Sie – ungeachtet dessen, was Sie in den Augen aller darstellten – für eine kleine Gréco *Coin de rue* fertigschrieben, auf dem Zipfel jenes weißen Papiers, das in dem Restaurant, wo Sie einer Ihnen völlig ergebenen Jujube die Hälfte Ihres Omelettes anboten, als Tischtuch diente. *Les nuages . . .* Niemals wurde einem Restaurant eine so hübsche Rechtfertigung seines Namens zuteil!

Jean-Paul Sartre, Jules Laforgue, Aragon, Eluard, Marie Noël, x-mal Prévert, Jean Renoir, François Billetdoux, Louise Labé . . . Die Liste ist zu lang, und die Begegnungen waren zu schön, als daß Jujube es zu glauben vermöchte. Gréco hat ihr Lebtag diese Texte mit Hingabe und einem fast sinnlichen Vergnügen ausgekostet, denn sie ist ja besessen von dem Wunsch, sich die Gedanken derer, denen sie zu dienen beschlossen hat, anzueignen und sie zu vermitteln. Alles wurde erarbeitet und erlebt.

Auch die sie begleitenden Instrumentalisten hat sie sorgfältig ausgewählt. Ihnen kommt eine entscheidende Rolle zu bei der Darbietung eines Textes und seiner Melodie. Zu nennen sind die Komponisten André Popp, Alain Goraguer, Jean-Michel Defaye, Claude Bolling, Philippe Gérard, Bernard Gérard und für ihre Schallplattendebüts: Michel Legrand! Verwöhnt, diese Gréco.

François Rauber, das bedeutete Freundschaft und Komplizenschaft auf musikalischem Gebiet. Das gleiche gilt für seine Frau Françoise. François Rauber, der alle Platten von Brel orchestriert hatte, ein strenger und fröhlicher Mensch, ein von allen respektierter und geliebter Musiker. Schwierig. Im Laufe der Jahre ist daraus eine ganz besondere Beziehung erwachsen.

Einen wichtigen Platz in Jujubes und Grécos Leben nimmt seit mehr als zwanzig Jahren Pierre Carrère ein. Er bringt sie auf der Bühne ins rechte Licht, streichelt sie mit langen Lichtstreifen, verwandelt sie, verhüllt sie oder bietet sie dar, ganz nach seinem Ermessen. Aber diese Entscheidung beruht auf einem tiefen Verständnis des Textes und seiner spezifischen Färbung. Er besitzt ein immenses Talent. Er ist Jujubes Freund. Und Jujube ist seine Freundin. Sie liebt ihn. Er ist bei allen Reisen, bei allen Abenteuern dabei. Jedes Risiko tragen sie gemeinsam.

Wie neun Zehntel aller Sänger hat auch Gréco einen Marouani. Die Marouanis sind eine riesige Sippe, Künstler-Agenten seit Urväter Zeiten, von Vätern über Brüder, von Söhnen über Vettern, von Onkeln über Neffen. Ihrer ist Maurice D. Marouani. Ihm ist sie zärtlich zugetan, in echter Freundschaft. Auch er reist, wenn nur irgend möglich, mit seiner Sängerin. Er mag sie.

Während einer Lateinamerika-Tournee durch Chile, Argentinien, Brasilien kam sie nochmals nach Mexiko, ins Opern-Theater der Stadt Mexiko. Hierher, wo sie D. F. Zanuck kennengelernt, gedreht, gelacht und gelebt hatte mit Tyrone Power, Mel Ferrer, Ava Gardner, Henry King, Gregory Ratoff, Audrey Hepburn und so vielen anderen; es war ein gewaltiges Abenteuer gewesen, jeder Film kann ein solches Abenteuer werden, einer Kreuzfahrt auf einem geschlossenen Schiff ähnlich, einem Schiff, das nirgends anlegt, bevor es seinen endgültigen Bestimmungshafen erreicht hat. Eine Zwangsehe, von dreimonatiger oder auch längerer oder kürzerer Dauer, aber eine Zwangsehe. Das kann herrlich, unerträglich oder wahnsinnig lustig und lehrreich sein, wenn man's durchsteht... Jujube steht solche unbeweglichen Kreuzfahrten durch. Sie geht geglättet und um eine neue Erfahrung bereichert daraus hervor.

Jahre gingen ins Land, bis sie eines Abends wieder auf der riesigen Opernbühne stand, allein wie anderswo, doch bedrängt von Erinnerungen, von Klängen, und einiger geliebter Gesichter, die schon abgetreten sind, beraubt. Der erste Abend brachte einen Riesenerfolg vor halbgefülltem Saal. Am nächsten Tag war der Saal voll und für die gesamte Dauer ihres Auftretens ausverkauft.

Dieses Erlebnis war kein einmaliges Phänomen in Grécos Karriere. Da ihr der Ruf einer »intellektuellen« Sängerin voranging, reagierte ein gewisser Teil des Publikums zunächst ablehnend. Das wiederholte sich fast jedesmal. Das Dementi kam dann jeweils von der Lokalpresse. Jujube liebt die Journalisten. Viele hat sie kennengelernt und unter ihnen wenige, aber zuverlässige Freunde gefunden. Sie hat Verständnis für diesen Beruf, sofern er mit Würde ausgeübt wird; doch mit Abscheu begegnet sie jener Form von Presse, die nur niedermacht und in den Schmutz zieht.

Totengräber-Kloakengelichter. Viel verdankt Gréco jenen, die sich mit ihrer Arbeit befaßt haben, die sie kritisierten, um sie stark zu machen, ob sie sie nun liebten oder grausam verletzten. Es gibt Schauspieler und Sänger, die mit einem gewissen Lächeln behaupten, Kritik und Kritiker »könnten sie mal«. Gréco bekennt, daß sie nach jeder Generalprobe und jedem Konzert eine schlaflose Nacht hat. Sie fiebert den Morgenzeitungen entgegen...

# *Frauen – Freitod – Freundschaften*

Jujubes Beziehungen zu Frauen sind ebenso komplex, wie Frauen selbst es sein können. Sie wollen Gréco treffen, ihrem Geheimnis, ihrem »Image« als *femme fatale* auf die Spur kommen, jene ergründen, die sie singen gehört und gesehen haben. Gréco entzieht sich. Jujube zieht am Horizont auf, und was wie ein Spiel aussehen könnte, wird zum gefährlichen Zweikampf. Jujube ist stärker als die, die ihr gegenübersteht, sie manipuliert die andere. Gréco, von Jujube manipuliert, ist fast nicht zu fassen. Dies ist das permanente und unentwirrbare Doppelspiel. Der Gegner ist von vornherein verloren. Ob Mann oder Frau. Gréco rückt die Schlüssel nicht heraus.

Für sie ist Weiblichkeit die Antwort auf die gestellte Frage. Untätig ist sie nicht, diese Jujube. Sie liebt die Frauen, ihre Art zu sprechen, ihren Humor, ihre Liebesfähigkeit, und an ihrer Schönheit weiden sich ihre Augen. Sie bewundert ihren Mut und ihre Stärke. Jujube und ihre Schwester können noch miteinander lachen und kichern wie damals, als sie noch zwei kleine Mädchen waren.

Das gleiche gilt für Jujube und Françoise, ihre Freundin Sagan. Mit ihr hat sie märchenhafte, heiße, pikante, kindlich-fröhliche Sommer verbracht, in Begleitung von Freunden wie Bernard Frank, Marcel Lefranc, der schönen Sophie Litvak, dem Nachtfalter Chazot, der bei Einbruch der Nacht eine wirbelige Aktivität entfaltete, sowie mit all den anderen, die das Schlafen dem Zufall überließen und die Nachtlokale von Saint-Tropez heimsuchten und eine ausgeklügelte Unordnung hinterließen. In Paris wurde natürlich verhältnismäßig mehr gearbeitet. Aber auch nur tagsüber. Die Nacht verlockte dann wieder zu tun, wonach uns gelüstete, zu sagen, wonach uns der Sinn stand... Jujube mußte sofort ins Feuergefecht. Oft war die aufbrausende Gréco mit ihrem heftigen Temperament zu bändigen. Die schönste aller Freundschaften ist auch heute noch intakt, sowie die Sorge um die andere und das Wissen um die Flüchtigkeit der Zeit.

Françoise Sagan ist ein Wesen von außergewöhnlichen Qualitäten. Intelligent, großzügig, humorvoll und irrsinnig begabt. Ihr muß man einmal begegnet sein. Ob bei Régine, der treuesten aller Freundinnen, die so viel arbeitet, daß man unweigerlich errät, daß auch sie insgeheim etwas zu vergessen hat, oder bei Castel, dem Mann mit den offenen Armen und den für alle nebulösen Phantastereien der Freunde aufnahmebereiten Ohren (Gréco weiß, wovon sie spricht). Françoise meistert die Nacht wie andere den Tag. Gréco lebt ebenso, aber verschlossener.

Indes – weder diese Präsenz noch diese Freundschaft vermochten Gréco abzuhalten, das zu tun, was sie tun wollte, als sie eines unrühmlichen Abends zu einer »Gesellschaft« eingeladen war. Seit diesem Abend weigert sie sich, »auszugehen«... Für sie bedeutet das jetzt »heimgehen«. Sie findet es unnötig, sich an einem öffentlichen und eisigen Ort zu betäuben und zu betrinken. Obwohl besagter Abend rein äußerlich sich nicht von anderen seiner Art unterschied, wollte Jujube lieber sterben. Sie ging allein nach Haus, kramte die im Ausland gekaufte und seit Monaten sorgfältig aufbewahrte Schachtel Tabletten hervor, riß das Etikett ab und schluckte seelenruhig den Inhalt hinunter. Die Folge waren ein dreitägiges Koma und ein angeblich schrecklicher Kampf um Leben oder Tod. War es das eine oder das andere? Man hat es nie erfahren. Man hatte größte Mühe, sie zu retten, da man über die Art der Tabletten, die sie geschluckt hatte, völlig im unklaren war. Der Grund für ihre Geste war simpel. Sie kannte jeden in dieser »Gesellschaft«, hatte aber keinen einzigen Gesprächspartner gefunden. Jedermann schleuderte seinen eigenen Monolog wie eine Waffe gegen den der anderen und beabsichtigte nichts weiter, als jene abzuschmettern, um selbst wieder zum Zuge zu kommen. Heimtükkische Gefechte um eine Anekdote, ein Sensatiönchen, von dem man sich blitzschnell anzueignen suchte, was Flinkeren als man selbst entfallen war. Steriles Wortgetöse. Schöne Münder voller Schlangengift. Jujube sah hinter der eleganten Hülle das Skelett. Sie war entsetzt. Oursine war nicht mehr da. Lauter Taube. Lauter Aasgeier. Sie kam sich nutzlos vor. Allein. Das war's. Später war sie allerdings froh, daß ihr Vorhaben gescheitert war. Immerhin.

Zu jener Zeit lebte sie mit einem hübschen, zerstreuten und großmütigen, mageren und leidenschaftlichen Jungen. Eine Spielernatur. Jujube hat niemals begriffen, wie man spielen kann, ohne seine Augen in den tiefen Blicken des Partners zu verlieren. Warum überhaupt spielen? Um zu vergessen? Wen? Was? Was ist das Geheimnis dieses Mannes, der alles hat, was das Leben bietet, der augenscheinlich alles besitzt, was man sich nur wünschen kann? Jujube wird sich immer wehren gegen all die Locktöne, die sie hindern, die Wahrheit zu vernehmen. Er ist Russe mütterlicherseits und Milliardär väterlicherseits, eine verlockende Beute auf den Rennplätzen und in den Bridge-Clubs. Er weiß es. Nimmt keine Notiz davon. Er spielt und verliert. Jujube, machtlos, wird fortgehen. Sie mag ihn und befürchtet das Schlimmste, aber das vom Dämon gemalte Porträt seiner Lieblingsmätresse lockt auf einer der zweiundfünfzig Spielkarten. Sie wird ihn dieser Passion überlassen.

Andere, weniger Wohlhabende, begeben sich freiwillig in die Klemme der Dreierwette oder spielen Lotto. Aus freien Stücken lassen sie sich ausschlachten von einem raffgierigen Staat, der ein üblerer Zuhälter ist als die bunten Vögel aus dem »Milieu«; sie hoffen von Sonntag zu Sonntag. Immer das gleiche. Jujube könnte es ja auch tun, aber wenn sie auf den Zufall setzt, verliert sie regelmäßig. Das einzige, was sie bewußt ins Spiel wirft, ist ihre Person. Und dabei kann sie nichts aufhalten.

Diejenigen, die Jujube zugetan sind, machen sich Sorgen. Sie haben es fast aufgegeben, sie verstehen zu wollen. Marcel Lefranc, der bei Jujube, die keinen Bruder hatte, Bruderstelle einnimmt, bewegt sich seit mehr als zwanzig Jahren auf dem über Grécos Entschlüssen ausgespannten dünnen Seil. Noch ist er nicht abgestürzt. »Du bist unausstehlich«, sagt er, ohne sie anzusehen. Und aus Angst, nicht mehr ernst bleiben zu können, macht er sich über irgendeine Arbeit her, schnappt sich die Heckenschere und läßt seine Nervosität an toten Rosenstockzweigen oder deren verwelkten Blüten aus. Jujube wartet ab, und sobald er zurückkommt, plaudern und lachen sie wieder, als sei nichts vorgefallen. Ihm hat Jujube ein für allemal ihre zärtliche Zuneigung und ihr Vertrauen geschenkt. Sie teilen ein ihnen allein vorbehaltenes täglich Brot. Er spielt den

Gestrengen? Sie kümmert sich nicht darum. Sie liebt ihn. Er ist und bleibt einer der wenigen Menschen, mit denen sie regelmäßig zusammen ist.

Seit mehr als zwanzig Jahren besitzt Jujube ein Haus in einem Dorf des Departement Oise, und dieses Haus ist umrankt von einer besitzergreifenden Glyzinie, von der sie schon als Kind geträumt hat. Ganz in der Nähe liegt das Haus von Anne-Marie und ihrem Gatten Philippe Héduy, ein Satan, aber ihrem Herzen ein treuer Freund. Jujube hat selten Gäste. Auch ihre Schwester, ihr Schwager, der Architekt Emile Aillaud, dem sie mit »respektvoll zärtlicher, kindlich stummer Bewunderung« begegnet, ihre Nichte, die von ihrer Tante verhätschelt wird, der sie, als sie noch ein Dreikäsehoch war, den Spitznamen »schwarze Julot« verliehen hat, ihre Tochter (nicht zu vergessen) mit ihrem tollen Sprößling Julie – sie alle bilden keine Ausnahme. Noch ein Mädchen! Sie ließ sich scheiden, bevor sie Witwe wurde, ein Glück für den Mann, das heißt: den Vater. Julie gefällt ihrer seltsamen Großmutter sehr. Die Dame und die Enkelin eint ein wunderbares menschliches Verhältnis. Nur einzelne Charakterzüge der Enkelin versetzen die Dame in Aufruhr: Sie erkennt sich wieder ... und nicht in ihren besten Eigenschaften.

Auch Grécos Musiker sind schon einmal in ihr Refugium vorgedrungen. Einzig Jacques Chazot hat sie dort nicht besucht! Chazot, dieser Chazot, den Gréco doch so liebt, der tragische Clown, unermüdlich auf der Suche nach seinem schwierigen Glück. Chazot, dem seine Freunde von Herzen einen friedlichen und freudigen Höhenflug gönnen würden.

Madame Rigal, genannt Nanine, fühlt sich bei Gréco wie zu Hause. Ein großes Glück war Gréco hold an jenem Tag, da sie auf diesen Menschen traf. Großgewachsen, ein

Modell, wie man früher sagte, lange Beine und grüne, weitgeschlitzte Augen, blond, und im Kopf eine kleine Fabrik. In kürzester Frist hatte sie sich zu Grécos Freundin und deren Interessen zu den ihren gemacht. Sie brachte Grécos verworrene Geldangelegenheiten in Ordnung, wehrte Quälgeister ab und schützte sie knurrend vor sich selbst. Sie hat ihr das Leben erleichtert, indem sie schwer zu ertragende Sorgen von ihr nahm. Nanine besitzt einen widerlichen Charakter, das sagt sie selbst, doch bevor sie ihre Drohungen wahrmacht, vergißt sie sie oder tut zumindest so. Jahrelang hat sie Gréco auf all ihren Reisen begleitet und allerlei Geheimnisse mit ihr geteilt. Gréco ist ihr zutiefst zugetan, denn hinter den Rache- und Sühneblitze schleudernden Augen funkelt das Lichtchen der Freundschaft. Und dies ist gleichzeitig das Lichtchen einer einmaligen Liebe, die sie verlor, ohne Hoffnung auf Wiederkehr. Gréco weiß, was sie der »schrecklichen Nanine« mit ihrer Unbestechlichkeit und ihrem Weitblick verdankt, und für Nanine, die Zartbesaitete, die Verwundete, die Sich-Versteckende, repräsentiert Gréco die »immerwährende Freundschaft«.

Eines Tages trat ganz einfach durch die Haustür in Grécos Leben eine Frau ein, die sich »vorstellen« wollte. Seitdem erfüllt sie das Haus mit Lachen und Liedern. Mit ihren zu den Schläfen hin hochgeschürzten Augen entdeckt sie in jedem Augenblick das Poetische, und niemals verpaßt sie den komischen Aspekt einer Situation. Ihre Probleme bleiben verschwiegen. Niemals erklärt sie, warum das Feuer in ihren schwarzen Augen erlischt. Sie liebt ihre Nächsten und beweist es. Sie sieht das Unsichtbare und lächelt ihm zu, aufrecht, die Stirn bietend einem Leben, das jedem anderen unerträglich scheinen könnte. Seit mehr als zehn Jahren arbeitet sie mit und für Jujube; und ihren vielfältigen Tätigkeitsbereichen verleiht sie besonderen Glanz, indem sie Vögeln, Katzen und Hunden, die ihr Spanisch durchaus zu verstehen scheinen, lange Vorträge hält. Julia verzehrt sich, aufrecht und stolz, zum größten Nutzen ihrer Nächsten. Was für manche größtes Glück bedeutet.

# Hunde und Katzen

Nichts, aber auch gar nichts auf der Welt kann an verschenkte, uneigennützige und geteilte Liebe heranreichen. Denn sie ist in Wirklichkeit empfangene Liebe.

Trompette und Jujube haben einander nicht gewählt. Dieser schwarzgefleckte weiße Bastard ist vielmehr das Ergebnis einer Wahllaune. Einer Wahl, die man für zufällig halten könnte.

Zu dritt waren sie an jenem Tag beim Tierschutzverein. Der Vater und zwei Kinder, von denen eines nicht seines war. Diese Geste steigerte sein Image als starker Mann und Wohltäter. Er rettete ein dem Todesurteil hilflos ausgeliefertes Tier. In diesem speziellen Moment war der Mann zweifellos aufrichtig. Die Hündin witterte eine neue Chance von Leben und Glück und schlich sich unaufgefordert in das von Jujube.

Unaufdringlich, passiv und unbeabsichtigt nahm sie, die für so etwas wirklich nicht geschaffen schien, das Gehabe eines Wesens an, das unter Besenstielhieben und Schlägen aller Art gelitten hat, das Gehabe eines Wesens, das nur noch leben darf, wenn es sich duckt und dem Gebrüll gewisser Scheusale, für die Hunde nichts weiter sind als stumme, unterwürfige Sklaven, weil der »Mensch« dem Tier ja so haushoch überlegen ist. Äußerst behutsam, ganz langsam eignete sich dieses Tier einen Platz in Jujubes Herzen an. Auf den Spitzen seines eigenen. Für Jujube wurde daraus eine große Liebe.

Unzählige Tricks und täglich erneuerte Liebesbeweise waren nötig, bis die Hündin vergaß, sich vor etwas, das einem Besen glich, zu ducken. Der Gegenstand ihres Entsetzens, ihrer Schmerzen und ihrer Demütigungen verwandelte sich schließlich in ein Spielzeug, das gerettet werden mußte, sobald es ins Wasser geworfen worden war. Dieses Glück währte vierzehn Jahre lang.

Sie ist tot. Ihr Platz wird leer bleiben. Trompette hat ihre Liebesfähigkeit mit sich genommen, und Jujube bleibt ihrer beraubt.

Vor Trompette hatte es eine ganze Dynastie italienischer Windhunde gegeben. Crocodile. Der erste. Scheu und distanziert. Beängstigend zärtlich. Katia, rundlich wie ein Pfeifchen, fröhlich und gutartig. Ihre Tochter Pensée, die immer alle verpfiff und Jujube strafte, wenn sie auf Reisen ging, indem sie ihr hübsches Köpfchen abwandte, um die infame Person nicht zu sehen, nachdem sie doch alles versucht hatte, um mitgenommen zu werden, ja sogar auf den vorbereiteten und gefalteten Kleidern im Koffer geschlafen hatte, dessen Deckel bis zur letzten Minute offenstand. Utopie, ihre Tochter, schön und närrisch, geschmeidig und leicht wie ein Seidenstrumpf. Der schwarze Pudel Léon, der Gréco als Dank für eine Gratisvorstellung für ausländische Studenten geschenkt worden war und der leider acht Personen ihres Hausstandes die Krätze verpaßte. Man stelle sich die Gesichter der Leute vor, als Michel Piccoli mit Gréco und sechs anderen Infizierten als Gefolge im Hôpital Saint-Louis vor der Infektionsabteilung aufmarschierte! Alle wurden geheilt. Léon litt am ärgsten.

Inzwischen sind sie alle abgetreten, diese Gefährten, die bei Spiel und Schlaflosigkeit Gesellschaft leisteten, diese lebendigen Geschöpfe, die alle Geheimnisse Jujubes bewahrten, diese geduldigen und aufmerksamen Tiere, diese besorgten und herzerwärmenden Wesen, diese verläßlichen und vertrauensvollen Freunde. Jujube hat sie alle geliebt. Auf sehr verschiedene Art. Jedes um seiner selbst willen. Nicht um Jujubes willen. Ihretwegen hat sie sie geliebt, um ihr stummes und doch so vielsagendes Glück besorgt. Genauso verfährt sie mit den Katzen. Kehrt sie von einer Tournee zurück, wird sie schon an der Wohnungstür mit befriedigtem Schnurren umschmeichelt.

Jetzt gibt es in Jujubes Leben ein springlebendiges und seidiges Etwas, eher einem Spielzeug als einer Hündin ähnlich, das von Tag zu Tag anhänglicher wird. Jujube hat kein Bedürfnis zu leiden, aber wer weiß? Manchmal blüht die Liebe, die man für tot, für ausgeblutet hielt, plötzlich wieder auf. Man staunt. Wie vor einem Baum im Frühling, da doch der Winter endlos schien, ohne Hoffnung auf Erneuerung.

Jujube fühlt sich zu Tieren ernsthaft hingezogen. Ihnen gegenüber kennt sie sogar Nachsicht, während sie doch mit den Menschen... und mit sich selbst... Habt Dank, ihr Tiere!

# *Zwei Ehen*

Die Männer? Welche?

Also gut: Diejenigen, die ihrem Körper näher waren als ihrem Herzen, hat Gréco zum Kochen gebracht und den Schaum, sofern einer da war, sorgfältig abgeschöpft.

Den anderen bewahrt sie ein Andenken und zusätzlich noch ihre Freundschaft. Beispielsweise Sacha Distel, der charmanteste aller jungen Männer, wenn er im Club Saint-Germain Gitarre spielte und stumme Leidenschaften erzeugte, indem er gewissen Dämchen und Damen die Köpfe verdrehte. Gréco wurde das Glück zuteil, daß er den seinen zu ihr hin drehte und das lange durchhielt. Eines Tages ergriff dann jeder von beiden sein Paar Flügel, die er in den wärmenden Tiefen des Bettes abgelegt hatte, und flog wieder allein seines Weges. Sacha ist fast so berühmt geworden, wie er es verdient, und verdreht weiterhin raffiniert Köpfe. A.L.D. rennt und jagt wie eh und je dem Glück nach, mit der für ihn charakteristischen Eleganz, die nichts zu beeinträchtigen vermag. D.F.Z., zur längsten aller Reisen aufgebrochen, hinterließ einen unbesetzten und vermutlich für immer leeren Platz. Allen anderen geht es bestens, hofft und wünscht Gréco.

Und was die Ehemänner anbetrifft, so hat sie deren zwei gehabt. Der erste war Philippe Lemaire. Blond, blauäugig, zauberhaft, lachend. Er hat ihr ein Kind geschenkt, ein Mädchen, Laurence Marie. Ihre Verbindung dauerte nur wenige Monate, genau so viel Zeit, wie nötig war, um das prachtvolle Baby in die Welt zu setzen (äußerlich das Abbild des Vaters), das die brünette Jujube sich genauso gewünscht hatte, wie es ihr dann geschenkt wurde: ihr absolutes Gegenteil. Aus dem Kind wurde eine hübsche, witzige und intelligente Frau. Verschwiegen. Vornehm.

Das Fest, das die jungen Gréco-Lemaire anläßlich ihrer Verehelichung gaben, wurde von Marc Doelnitz und ihren gemeinsamen Freunden organisiert. Es war zu Beginn des Sommers, der strahlende Ausklang eines schon sehr warmen Juni. Am Morgen dieses denkwürdigen Tages, als die beiden Verlobten sich in Begleitung ihrer Trauzeugen Jean-Pierre Melville und Guy Desson, Joseph Kosma und Jean Vietti, zum Rathaus des achten Pariser Arrondissements begaben, begannen Arbeiter einer Spezialfirma mit dem Aufbau eines Zeltes und einer Bar rings um und über einem gewachsten Holzplankentanzboden, in jenem Garten, der an Grécos Erdgeschoßwohnung in der Rue de Berri anschloß, wohin sie sich ein paar Monate zuvor zurückgezogen hatte, um gewissen sentimentalen Quälereien auszuweichen, die diese formvollendete Eheschließung notgedrungen hervorrufen würde. Sie hatte die Seine überquert und sich in der Nähe der Champs-Elysées etabliert, weil ihr das angemessen erschien bei einer so tiefgreifenden Veränderung (wie jene, die sich etwas zuschulden kommen lassen, Grenzen überschreiten, sich auf hohe See begeben oder ihre Nationalität wechseln). Ein gewaltiger Irrtum: Kaum brach die Nacht herein, waren sie auch schon alle da, die zerknitterte Einladung zwischen den

Fingerspitzen. Sie schlängelten sich hindurch zwischen den Tischen, bis tief hinunter in den Garten, der erleuchtet war von Kerzen in schweren versilberten Leuchtern, geliehen wie Stühle, Geschirr, Besteck und Personal. Alle waren gekommen. Mehr oder weniger düster, mehr oder weniger belustigt, mehr oder weniger neugierig dreinblickend – aber gekommen waren sie alle. Sie hatten den Strom überquert, wußten sie doch, daß dieses Fest ihnen zu Ehren veranstaltet wurde. An diesem Abend begann Gréco den sehr gut aussehenden und sehr berühmten jungen Mann zu verlassen, dessen Namen zu tragen sie sich vergeblich mühen sollte.

Es war ein Jahr später auf den Stufen des Justizpalastes, wo soeben die Scheidung Gréco-Lemaire ausgesprochen worden war, als ihre Schwester zu ihr sagte: »Nichts von alledem erscheint mir von Bedeutung. Deine Tochter wurde dir zugesprochen, und das Fest, das ihr zu eurer Hochzeit gegeben habt, war zauberhaft. Ich wüßte nicht, was du dir noch wünschen könntest.« Vermutlich hatte sie recht. Gréco empfindet ihrem ersten Mann gegenüber nach wie vor tiefe Zuneigung und den verdienten Respekt vor seinem Talent und seiner Eleganz. Sie treffen sich – mit Vergnügen.

Etwa zwölf Jahre später, anläßlich eines festlichen Dîners, das von der Rundfunkzeitung *Télé 7 jours* in den Sälen des Pariser Hilton veranstaltet wurde, um alle jene zusammenzubringen und zu ehren, die im Laufe des Jahres ihrem Titelfoto auf dem Deckblatt dieser Zeitschrift Ehre gemacht hatten, stutzte Gréco bei Betreten des ersten Saales vor einem Männerrücken. Grandios! Sie machte eine Vollbremsung, nahm erneut Anlauf und ging um ihn herum. Es war Michel Piccoli. Sie kannten einander nicht und saßen Seite an Seite während dieses Essens, das sehr lange dauerte, ihnen aber sehr kurz erschien. Sie lachten während und zwischen den einzelnen Gängen, trennten sich an jenem Abend und sahen sich am nächsten Tag wieder, heirateten ein paar Wochen später und lachten immer weniger häufig.

Es war fast unmöglich, die Puzzle-Steinchen beieinanderzuhalten. Jeder für sich ging auf in einer Arbeit, die ihn begeisterte. Die sengende Glut des Erfolges und die Tränen der Niederlage wuchsen sich aus zu ebenso vielen stummen Einsamkeiten, die für jeden von beiden schließlich zu einer einzigen zusammenschrumpften. Völlig damit beschäftigt, sich selbst zu verzehren, vergaßen sie den anderen. Gréco reichte die Scheidung ein, und obgleich sie den herrlichen Mann und Schauspieler auch jetzt nicht häufiger sieht als während ihres sogenannten gemeinsamen Lebens, mag sie ihn letztlich doch. In Freiheit.

Jujube konnte nur ein Kind bekommen. Ihre Tochter gestattete ihr nur eine einzige Liebe. Was sie auch nicht wirklich bedauert.

## *Der Tod von Jujubes Mutter*

Sie ist tot. Ich glaube es nicht, denn indem sie langsam mit der Erde verschmilzt, beginnt sie endlich zu existieren. Läßt man eines Tages Gras aus ihrem Körper sprießen, werde ich – mag es Unkraut sein oder nicht – mir ein wenig davon nehmen und bei mir daheim wieder einsetzen, in meine Erde. Ich werde es hüten und ihm einen Rosenstock schenken, damit meine Mutter die Luft mit Duft erfüllen und somit weiterleben kann. Sie liebte Rosen. Mich liebte sie nicht. Ich mußte erst allein aufblühen, damit sie mich sah. Als ich berühmt war und bewundert wurde, sah sie mich durch die Augen der anderen, liebte mich aber dennoch nicht.

Heute abend habe ich ihren Holzkorb in mein Zimmer geholt. Gezähmtes Holz und geschmiedetes Eisen. Wie könnte es anders sein... Er gefällt mir nicht. Er befriedigt mich. Mein Erbe ist schmerzlich. Anstelle eines Testaments ein paar Namen, Vergessenes, Ausgestrichenes, in ein kleines Notizheft gebannt. Für mich, der ganze kupferne Hausrat und meine Möbel. Das heißt: fast alle. Fast anständig. Nicht ganz, sehr grausam aber auf jeden Fall. Für den Kaminspiegel aus dem Vorraum, dessen Dekor mich so ängstigte, als ich Kind war, erhalte ich als Geschenk: Zwei Männer, ein junger, der eine zu Tode verschreckte Frau zu einem entfesselten Meer hinschleift, während der andere, der alte, dem bereits entschlossenen jungen Mann die Fluten weist.

Heute habe ich den Staub abgewischt, der wie Schminke auf dem Rahmen und seinem zerfressenen Spiegel lag. So langsam bin ich sicher, daß sie in gewisser Weise tot ist. Ihre Vögel singen bei mir, und die Samen, die sie nicht vergessen, für die sie nur keine Zeit gefunden hatte, habe ich bei mir ausgesät. Ich habe sie gesät, ich. Bordeaux-Salat, Vier-Jahreszeiten-Salat, Eissalat. Vielleicht ist das mein wirkliches Erbe. Das Erbe für die, die sät und manchmal erntet. Die sich seit Jahren jeden Augenblick ihres Lebens erarbeitet, als sei alles noch zu tun, die, der nichts je erreicht scheint.

Sie liebten Ihren Garten, haben darin Obst, Gemüse und Blumen geerntet, um der Freude willen, sie in hübschen Körben Ihrer ältesten Tochter und Ihrer Enkelin bringen zu können. Wie Sie sie liebten! Sie, und tot? Lebendiger denn je!

Aber Ihr Haus, Mama, dieses zerbrechliche Gebilde, eher für die Katzen, den Hund und die Vögel gebaut als für uns, dieses kleine Gebilde, auf dem zwei Betten mit passenden Gardinen dahinschaukelten, diese zwei Betten waren Quarantäne-Schiffe mit eingezogenen Segeln. Das mußte einmal gesagt werden. Und nun, Frau Marineoffizier, prachtvolle, integre Frau Heldin: Ich habe auf dem Grunde eines alten, schäbigen, nicht registrierten kleinen schwarzen Plastiksacks Ihren Dreispitz gefunden. Keine Eintragung in dem kleinen schwarzen Notizbuch verrät, wem Sie ihn zugedacht haben. Ich habe ihn! Solange ich lebe, soll ihm bei mir das Licht des Tages und meiner

Nächte leuchten. Sie hatten zwei Töchter. Ich war die zweite und letzte. Die kleine Idiotin, die Ihnen bei ihrer Geburt Leib und Seele zerriß. Ihre Schultern waren so breit. Auf dem Bauch kam sie daher, und der Herr Professor, der bei allen Geburten in der Familie als Geburtshelfer fungierte, rückte sein Monokel zurecht, um auch nichts von diesem Schauspiel zu verpassen. Als er ausrief: »Oh! Dieser schöne Knabe!«, drehte man mich um, und es war nur ich.

Da begann alles zu enden zwischen Mutter und Kind. Der korsische Vater war beleidigt, in seinem Selbstbewußtsein getroffen. Noch ein Mädchen. Gréco! Ich glaube den Namen Gréco getragen zu haben wie ein Mann und vermutlich besser als ein Mann, denn ich bin eine Frau. Ich bin eine Frau und genieße es, wollüstig und stolz. Wir waren doch schon immer eine Familie von Frauen und sind es weiterhin. Ich weiß nicht, ob ich Sie liebe oder hasse, aber ich achte Sie. Dessen bin ich sicher. Das ist alles.

# *Jujube ist niemandes Kind*

Zwischen den beiden kleinen, hochangesetzten Brüsten strahlt die Bernsteinkette. Schwer. Die auffallend weiße Hand streift mit ihren schmalen Fingern über die honigfarbenen Rundungen. Die an den Schädel angelegten Rabenflügelhaare unterstreichen dessen vollendete Form und halten sanft im Nacken inne.

Die cremefarbene, tiefdekolletierte Seidentunika läßt aus seitlichen Schlitzen eine schwarze Satinhose hervorblitzen. Und bei jeder Bewegung entwischt ein Hauch »Cuir de Russie« von Chanel, untrügliches Anzeichen, daß Sie, Mama, gleich fortgehen werden. Wie schön Sie waren, Mutter! Wie sehnlich habe ich auf Sie gewartet.

»Ich gehe zu Flory ...« Flory ... dieses Wort war Musik in meinen Kinderohren, und ich war bereit, an diesen Zaubersatz zu glauben. Ich deutete ihn mir so, daß meine Mutter mit Armen voller Blumen zu mir zurückkehren würde. Ich wartete einsam. Im Dunkeln. Mit jagendem Herzen. Der Kater legte sich zu mir schlafen. Seine Wärme ließ mich das Unmögliche träumen. Und wenn ich, trunken vor Stille, endlich einschlief, begann dieses Biest mit seinen zärtlichen Berührungen. Zunächst die Schulter, dann die Wange, auch kurz die Nase und schließlich der Mund. Das alles war so sanft, so zart, daß man ihm vergeben mußte, ohne daß er wissen konnte, warum. Er wußte nicht, was Vergessen bedeuten kann. Nur das Geräusch Ihrer zurückkehrenden Schritte vermochte mir Ruhe zu schenken.

Manchmal befiel mich nachts unerklärliche Furcht, und dann schlich ich in Ihr Zimmer, aber nur, wenn ich sicher war, daß Sie fest schliefen; ich wollte Sie nur schlafen hören. Laut. Wie Sie mich nie haben leben hören.

Ich liebte Sie dennoch, Mutter. Diejenige, die ich nicht zu verdienen glaubte. Diejenige, die mir mit ihrer schönen Stimme durch weiße Zähne hindurch aus grausamem, mit »Rouge baiser« schwalbenförmig gezeichnetem Mund gesagt hatte, ich sei ein Findelkind. Ich war verloren.

Mutter, Mutter . . . So lange und so weit trägt ein Schrei, ein stummes Aufheulen. Abgebrochen.

Aus den Tiefen ihres Schweigens wird Jujubes Stimme erwachen.

Jujube will nicht krepieren. Sie muß wahrgenommen werden.

Existieren.

Leben.

Aufrecht. Selbst im Liegen aufrecht. Kraftlos, aber aufrecht. Allein. Bis zum Umfallen aufrecht. Aufrecht vor der Frage, vor diesen splitternackten Leuten, vor all diesen Nackten, nur sie ist komplett angezogen, gekleidet. Fast, aber auch nur fast ist er ein Schutz, dieser aus ihrem Schweigen, ihren erkalteten Tränen, ihrer Ohnmacht gewebte Panzer.

Rein, sauber. Wild, unbarmherzig ist ihre Wahrheit.

Allein, das wird aber niemals zugegeben. Niemals.

Jahre aufrechter Liebe. Nur wenige Stunden im Liegen. Liegend, aber gleichzeitig aufrecht. Aufrecht. Selbst im Liegen aufrecht.

Oft ist sie so sehr allein, daß der Lärm ihrer Einsamkeit die Katzen ängstigt. Sie reist so schnell umher, daß sie unbeweglich wirkt. Nur scheinbar hält sie inne, um die Katzen zu beruhigen und zu füttern, damit sie ihre Gesten nicht fürchten. Denn nichts ist beunruhigender als die Gesten derer, die man für unbeweglich hält.

Vielleicht ist sie abwesend.

Das Geräusch der verstreichenden Zeit stört sie. Diese katholische Glocke, die ihre Ohren verletzt, dabei hat sie selbst mitgeholfen, ihr Atem und Stimme zu verleihen. Warum? Sie mag und achtet den Priester. Den Pfarrer.

Er wohnt ganz in ihrer Nähe in einem toten und schönen Haus.

Heute ist sie dort zu Besuch und betrachtet den Mann Gottes. Sie friert. Der Pfarrer ist ein außergewöhnlich nobler Mann. Ein paar blaue Zigarettenpackungen prallen in das Grau des Raumes. Der Mann hat eine verschlissene Soutane und von Müdigkeit benommene Augen. Beides paßt zusammen. Die Kälte im Raum ist feucht und durchdringend. Das herausgezogene Kabel des elektrischen Ofens liegt zusammengerollt wie eine Schlange, der man das Gift entzogen hat und die sich nun nutzlos fühlt. Der Pfarrer braucht Bänke für seine Kirche. Einverstanden.

Sie hat seit der Zeit noch nie diese geweihten Holzbänke gedrückt, vermutlich wird sie auch nie dem Schauspiel der Messe, der Taufe oder der Aussegnung beiwohnen, aber der Mann ist der Mühe wert. Der Mühe, die er sich gibt. Derjenigen, die er lautlos all jenen widmet, die nicht mehr wissen, zu wem sie sprechen sollen. Er wäre beinahe daran gestorben. Die Kälte hatte sich stärker erwiesen als seine menschliche Wärme. Er schlotterte in seinem Pfarrhaus, aß kaum etwas, um alles verschenken, alles weitergeben zu können. Bis er eines Tages mutterseelenallein im Spital lag.

Gott hat ihm Leben verliehen. Gott ist sein Vorgesetzter. Er versteht zu warten, kann warten. Sein Arbeiter macht weiter. Er ist sehr bleich, sehr mager. Er entrichtet seine Beiträge fürs ewige Leben. Die Glocke ist inzwischen elektrisch. Und Gott?

Jujube liebt die Liebe. Als Kind schon träumte sie von einer anderen Kommunion als der hypothetischen, fast sexuell erregenden, die die Religion ihr anbot. Die einzige Möglichkeit, Kontakt aufzunehmen, die ganze Wahrheit zu sagen, war die Beichte.

Ergo: lügen. Was soll man denn einem schwitzenden Dickwanst sagen, der eigens zu diesem Behufe in einem wachsglänzenden Holzverschlag sitzt? Lügen. Keinesfalls die Sünde der eigenen, deren Duft für Jujube der betörendste war.

»Ich habe alles gesagt«, sagte sie. »›Die Sünde meiner Sünden.‹ Sie hat einen ganz besonderen Duft, eine Mischung aus Orangen-, Kastanien-, aber auch und vor allem Geranienblüten, diese Pflanze, die im Sommer aus allen Blumenkästen quillt. Na ja! Dieser Duft hat mich niemals betrogen, wenn ich – was allerdings selten vorkam – ihn mir aus einem Mundwinkel holte, der mich reizte, die ganze in großer Frage stehende Blume zu begießen.«

In diesem Augenblick schließt sie die Augen, plötzlich fast glücklich. Sie hat einige der Gesichter, die ihr Leben geteilt haben, wieder nachgebildet. Die Leidenschaften sind zerrissen, haben sich verzehrt, aber die Freundschaft bleibt intakt. Jujube, die Grausame, die stets den anderen verließ und ihm skrupellos Leid zufügte, lächelt. Sie kennt keine Melancholie, da sie noch nie Zeit gehabt hat, ihr zu begegnen. Sie steht auf und geht zum Fenster, öffnet es und läßt die Oktobersonne ein, die sich redlich müht, die Tomaten- und letzten Rosenstauden zu begatten. Sie wärmt wie ein alter Musiker, der weiß, daß er sein letztes öffentliches Konzert gibt. Sie schließt das Fenster wieder, dreht sich um und kreuzt den Blick dessen, den sie seit einer gewissen langen Zeit liebt. Er ist da. Lebendig. Sie kann also ihre unbewegliche Reise wieder antreten, nochmals die Augen schließen und den sich zurückspulenden Film betrachten. Soeben ist er abgerissen. Manchmal wikkelt er sich auch jemandem um den Hals und würgt ihn. Blitzschnell. Oder schlingt sich jemandem um den Fuß, ihn kopfüber in beabsichtigte Vergessenheit stürzend. Ab und zu läuft er auch von selbst im Zeitlupentempo weiter, um gewisse Bilder von Glück dauern zu lassen, wobei er sie aber derart in die Länge zieht, daß sie schließlich verzerrt sind.

Sie versteht es nicht, rückwärts zu laufen, höchstens um jemanden, Mann, Frau oder Tier, vorbeizulassen, die ihrem Schicksal entgegenlaufen und für die niemand mehr etwas vermag. Weil sie in solchen Fällen überflüssig ist, tritt sie zur Seite, mit zusammengebissenen Zähnen. Seltsame Lieben, ihre Freundschaften. Sie sind der Sauerteig ihres Lebens, den sie im Wandschrank ihres Erwachsenenlebens bedächtig, endlos, heftig knetet. Ohne diese Freundschaften wäre nichts zustande gekommen.

Irgendwo spielt ein Klavier. Immer noch.